보육과정

보육과정

윤매자 · 안창희 공저

CHILDCARE
CURRICULUM

동문사

머리말

영유아기는 인간발달의 기초가 형성되는 결정적인 시기로서 이 시기의 전인적인 발달은 이후의 삶에 지대한 영향을 미치므로, 개별 영유아의 다양한 특성이 발현될 수 있는 보육을 필요로 합니다. 단순히 보육과정을 통해 아이들에게 가르쳐줄 내용을 알려주는 것이 아니라 시간과 공간, 사람과의 관계를 만들어 주는 놀이 중심·경험 중심의 방식으로 제공되어야 합니다.

영유아 및 보육과 관련된 전공에서 보육과정은 가장 핵심이 되는 과목 중 하나입니다. 어린이집과 유아교육기관에서 매일같이 보육과정을 영유아 대상으로 직접 운영하면서 보육과정의 본질에 대해 고민하게 됩니다. 영유아 교사들은 영유아 중심의 교육문화를 조성하기 위해, 매 순간 보육과정의 내용과 활동을 현명하고, 지혜롭게 계획하고 실행하며 평가합니다. 이때 보육의 청사진이자 설계도라고 할 수 있는 국가수준의 표준보육과정과 누리과정을 내실 있게 적용하고 활용해 왔으나 현장의 목소리는 단호하였습니다. 즉, 영유아 발달에 맞지 않는 교과 위주의 인지적이고 학습적인 요소가 유아교육의 핵심인 놀이 중심의 교육을 실현하기에는 무리가 있다는 것입니다. 즉, 동일한 생활주제 내에서 연령별 보육활동의 차별성과 이후 연령에서 심화되는 계속성과 계열성이 부족하며, 현행 누리과정의 내용이 너무 방대하고, 미세먼지 등 각종 환경에 대한 현실을 반영할 때 어려움이 많으며, 영유아 중심, 놀이 중심의 교육에 대한 부모 인식이 부족하다는 등의 문제점이 거론되었고, 이에 대하여 공청회를 통해 개선의 방향성을 제공하였습니다. 이에 2019년 7월, 개정 누리과정이 발표되어 2020년 3월부터 적용하게 되었고, 이어서 2020년 9월부터는 제4차 표준보육과정으로 0~5세 영유아에게 새로운 패러다임의 보육과정을 적용하고 있습니다. 그러나 예비보육교사를 비롯하여 어린이집 교사 및 유치원 교사는 이에 대한 이해와 바람직한 적용은 실질적인 당면 과제가 되었습니다. 이에 필자는 수년간 대학에서 보육과정을 강의한 경험을 토대로 보육과정 관련 이론과 함께 제4차 표준보육과정과 개정 누리과정을 포함한 본 교재를 집필하게 되었습니다.

이 책은 총 4부로 13장으로 구성되어 있습니다. 제1부의 제1장은 보육과정의 이해로, 보육과정의 정의와 특성, 변천 과정을, 제2장은 보육과정의 이론적 기초로 철학적, 심리적, 사회·문화적 기초를 살펴보았습니다. 제2부는 보육과정의 구성체계 및 평가로서, 제3장은 보육과정의 구성 및 내용으로, 보육과정의 목표 설정, 구성 원리, 내용 선정과 조직을, 제4장은 교수-학습방법 및 평가로, 어린이집 평가제의 이해를 다루었습니다. 제3부에서는 표준보육과정으로, 제5장은 표준보육과정의 이해로, 어린이집 표준보육과정의 개정과 추진, 제1차~제4차 개정, 영유아·놀이중심 보육과정, 표준보육과정의 기초, 성격, 구성 방향, 운영을, 제6장은 기본생활 영역으로, 영역의 필요성, 이론적 기초, 연령별 기본생활 영역의 이해, 연령별 목표와 내용을, 제7장은 신체운동·건강 영역으로, 영역의 필요성, 이론적 기초, 연령별 신체운동·건강 영역의 이해, 연령별 목표와 내용을, 제8장은 의사소통 영역으로 영역의 필요성, 이론적 기초, 연령별 의사소통 영역의 이해, 연령별 목표와 내용을, 제9장은 사회관계 영역으로, 영역의 필요성, 이론적 기초, 연령별 사회관계 영역의 이해, 연령별 목표와 내용을, 제10장은 예술경험 영역으로, 영역의 필요성, 이론적 기초, 연령별 예술경험 영역의 이해, 연령별 목표와 내용을, 제11장은 자연탐구 영역으로, 영역의 필요성, 이론적 기초, 연령별 자연탐구 영역의 이해, 연령별 목표와 내용을 살펴보았습니다. 제4부에서는 보육과정 운영으로, 제12장은 영아를 위한 보육계획과 운영을 다루었으며, 영아반 보육과정 특성, 운영 계획, 하루 일과 운영, 환경구성을, 제13장은 유아를 위한 보육계획과 운영을 다루었으며, 유아반 보육과정 특성, 운영 계획, 하루 일과 운영, 환경구성을 살펴보았습니다. 특히, 보편적인 보육과정에 대한 이해를 돕기 위해 제4차 어린이집 표준보육과정(0~2세)과 개정 누리과정(3~5세)의 구성체계 및 내용을 이해할 수 있도록 노력을 기울였으며, 이를 보육현장에서 적용할 수 있도록 각 영역별 내용범주에 해당하는 내용을 영유아의 경험에 따른 교사의 지원 방법을 구체적으로 제시하여 예비보육교사가 영유아 중심, 놀이 중심의 보육과정을 잘 펼칠 수 있도록 연관성 있게 제시하였습니다.

이 책은 보육과정의 본질에 충실하면서 예비보육교사들에게는 배우기 쉬운 반면, 교수님들에게는 가르치기 쉬우면서 현장 적응력이 높은 현장실천 중심의 교육과정으로 꾸미고자 하였으나 미진한 부분들이 있음을 부인할 수가 없습니다.

앞으로 보육과정을 위해 영유아보육에 관심을 두고 지속적인 연구를 통해 계속 보완할 계획이며, 여러분의 많은 지적과 검토를 기다립니다.

이 책을 저술하는 데 있어 기꺼이 사진 속 모델이 되어준 장예준, 최우성 조카들에게 고마움을 전합니다. 그리고 이 책이 나올 수 있도록 도와주신 도서출판 동문사 이중수 대표님과 편집진들의 노고에 감사한 마음을 전합니다.

2021년 8월

저자 일동

CONTENTS

PART Ⅲ 국가수준의 표준보육과정

보육과정은 보육교사가 영유아에게 최적의 발달과 교육을 제공하기 위해서 지원해야 할 것과 가르쳐야 할 것을 무엇인지를 알아보고 이해할 필요가 있다. 보육교사는 영유아의 능력에 대한 신념을 가지고 영유아가 능동적으로 경험을 할 수 있도록 보육과정 구성을 통해 기회를 제공하여야 한다. 또한 영유아의 발달적 욕구를 존중하고 가족과 사회 · 문화적 요구를 반영하는 보육과정을 펼쳐 나가야 한다. 제1부에서는 보육과정의 기초를 이해하기 위해 보육과정의 개념과 특성, 새로운 패러다임의 변화 및 보육과정의 변천 과정, 그리고 철학적 기초, 심리적 기초, 사회 · 문화적 기초에 대해 구체적으로 살펴보고 보육과정의 이해를 돕고자 한다.

PART I

보육과정의 기초

일련의 과정을 말한다. 미국 유아교육협회(NAEYC)와 미국교육부 유아교육 전문가협회(NAECSSDE)에서는 영유아가 학습하는 내용과 명시된 보육과정의 목적을 영유아가 성취해 나가는 과정(process), 또한, 영유아가 이 목적들을 성취할 수 있도록 돕기 위해 교사가 하는 모든 것, 교수-학습이 발생하는 상황 등에 대해 서술한 조직화된 틀이라고 정의하였다(김계중 외, 2015). 즉, 영유아교육기관에서 영유아들의 보육을 위하여 적용되는 총체적인 보육활동 계획을 보육과정이라고 정의할 수 있다.

1) 보육과정의 개념

보육과정은 어린이집을 포함하여 영유아교육기관에서 영유아를 어떻게 돌보며, 어떠한 경험과 프로그램을 제공할 것인가에 대한 기본 틀이자 청사진 또는 설계도로서, 연령별 보육활동에 대한 전반적이며 체계적으로 구성해 놓은 계획이라고 할 수 있다. 이는 보육철학과 목표를 효과적으로 성취해 나가는 구체적인 접근방식이며, 영유아 발달에 대한 철학과 신념, 그리고 영유아가 어떻게 성장해 나가야 할 것인가의 대한 명확한 목적이 나타나 있어야 하고, 그 목적을 달성할 수 있어야 한다.

어린이집에서는 보육과정을 기초로 교사는 연령과 수준 및 발달 단계별 목적을 구체적으로 정의하고, 각 발달 단계에 따라 목적 달성에 필요한 경험을 선정하고 조직한다. 영유아의 발달 수준에 맞지 않는, 즉 단순히 지식 전달이나 기술 위주의 보육보다는 영유아들이 적극적으로 참여하고 능동적으로 경험할 수 있는 보육과정이어야 한다. 또한, 보육과정에는 영유아들에게 무엇을 가르칠 것인가에 대한 보육 내용, 목표를 달성하기 위해서 어떻게 가르칠 것인가의 교수-학습방법, 그리고 영유아 개개인을 진단하거나 평가하는 보육 평가의 과정들이 포함된다. 이때 어떤 보육철학을 기반으로 하느냐에 따라 보육 평가를 보육과정 속에 포함시키지 않을 수도 있다. 「영유아보육법」 제29조와 여성가족부고시(2007-1호, 2007)에서 제시하고 있는 보육과정의 개념을 살펴보면 표 1-1과 같다.

❙표 1-1❙ 보육과정의 개념

구분	개념
영유아보육법	영유아의 신체 · 정서 · 언어 · 사회성 및 인지적 발달을 도모할 수 있는 내용을 포함하여야 한다.
여성가족부	영유아들이 자신의 잠재능력을 최대한 발휘하여 성장할 수 있도록 보육 목적, 보육 방법, 보육 프로그램으로 구성된 일련의 계획과 실천이며, 영유아 보육의 연구 영역이라고 할 수 있다. 우리나라 영유아 보육과정은 출생부터 6세 미만 영유아의 전인적인 성장과 발달을 돕고, 인격 형성 및 기본생활 태도를 돕는 어린이집에서 영유아가 경험하는 모든 내용의 총체이다.

앞에서 설명한 보육과정의 개념을 종합해 보면, 보육과정이란 영유아를 건강하고 안전하게 보호 · 양육하고 영유아의 발달 수준과 특성에 적합한 교육을 제공하여 보육 목적을 달성하기 위한 조직화된 기준이다. 또한, 영유아 개개인의 독특하고 무한한 가능성을 잘 발현시킬 수 있도록 하는 데 초점을 두어야 하며, 그리고 무엇을, 왜, 어떻게 보육과정을 수행할 것인가를 결정해야 한다. 따라서 보육과정이란 영유아의 잠재성 발달을 촉진시키기 위해서 이루어지는 상호작용, 경험과 학습 환경을 최적화하는 기준이라고 할 수 있다(서영숙 외, 2017).

보육대상 영유아에 대한 용어 재정립

- 보육대상 '영유아'란 「영유아보육법」 제2조 제1항'에 의거하여' 6세 미만의 취학 전 아동'을 의미한다.
- '어린이집에 재원하는 0세부터 취학 전까지의 영유아' 가 보육대상이다.
- '취학 전 6세 미만 아동'이란 용어와 '3~5세 누리과정'이 개발되면서 영유아의 연령을 지칭하는 용어를 일관되게 사용할 필요가 있다.
- '제4차 어린이집 표준보육과정(누리과정)'의 보육대상은 '0세부터 5세 영유아'로 일관되게 사용한다.
- 이에 따라 각론은 '0~1세 보육과정', '2세 보육과정', '3~5세 보육과정(누리과정)'으로 구성한다.

출처: 보건복지부(2020). 제4차 어린이집 표준보육과정 해설서. 재구성.

2) 보육과정의 패러다임 변화

보육과정은 2007년 문서화된 국가수준의 어린이집 표준보육과정이 고시되기 전까지 대부분의 어린이집에서는 유치원 교육과정을 참고하여 어린이집 보육과정을 연간, 월간, 주간, 일일 계획안으로 편성하여 운영해 왔다. 2004년 개정된 「영유아보육법」 제29조 제1항에서는 “보육과정은 신체 · 인지 · 언어 · 정서 · 사회성 발달을 도모할 수 있는 내용이 포함하여야 한다.”고 밝히고 있다. 또한, 시대적 흐름에 따라 교육부는 “유아 중심 · 놀이 중심 교육은 유아의 행복감뿐 아니라 제4차 산업혁명 시대를 살아갈 우리 아이들이 자율 · 창의 · 융합 능력을 키우는 교육이다.”라고 강조하며, “누리과정 개정이 현장에서 실현되는 데는 교사의 전문성이 가장 중요하므로, 시 · 도교육청과 함께 현장교사에 대한 지원을 아끼지 않겠다.”라고 밝혔다(교육부 · 보건복지부 · 육아정책연구소, 2019a). 또한, 보건복지부는 “이번에 개정하는 누리과정이 현장에서 성공적으로 실현되기 위해서는 교사의 역량과 함께 유아의 자율성에 대한 학부모, 교사, 원장 등의 믿음이 필요하며, 이를 뒷받침하기 위한 다양한 노력을 기울여 나가겠다.”라고 하였다.

한편, 보건복지부(2020)는 아이들이 “잘 놀아야 잘 자란다.”, “놀이 중심 표준보육과정”으로 아동 중심, 놀이 중심을 기본 방향으로 하는 제4차 표준보육과정(0~5세)을 고시하였다. 제4차 표준보육과정은 이미 개정된 「3~5세 누리과정」(2019)과 같은 방향으로 구성되었고, 영유아 중심, 놀이 중심 보육과정을 통해 자율성 · 창의성을 높이는 것을 목적으로 한다. 또한, 보육 현장에서는 제4차 표준보육과정(0~2세)과 누리과정(3~5세)과의 연계를 통해 0~5세 영유아의 경험, 연령 간 발달 연결이 가능하고 어린이집 현장에서는 일관된 보육과정을 제공할 수 있다(보건복지부 · 육아정책연구소, 2020).

과거의 보육과정은 전통적 관점으로 지식 중심, 교사 중심, 지식의 양 중심이었다면, 현대의 보육과정은 자율적 참여의 관점으로 경험 중심, 영유아 중심, 지식의 질 중심으로 패러다임의 변화를 가져왔다. 구체적인 내용을 살펴보면 다음과 같다(이순형 외, 2005).

(1) 지식 중심에서 경험 중심으로 변화

보육과정이 전통적 지식보육 관점에서 자율적 참여보육 관점으로 변화되었으며 보육 내용은 수동적 지식 편중에서 벗어나 스스로 참여할 수 있는 능동적으로 전환되었다.

(2) 교사 중심에서 영유아 중심으로 변화

교사나 성인의 지도만으로는 영유아가 직접 경험한 것을 대신해 줄 수는 없다. 영유아가 자신의 경험을 질서 정연하게 정리하도록 도움을 주는 것이 중요하다. 또한, 지식 자체는 새로운 경험에 대한 의미가 되지 못하므로 교사의 주입된 지식보다 경험 중심과 놀이 중심의 보육과정으로 전환되어야 한다.

(3) 지식의 양 중심에서 지식의 질 중심으로 변화

많은 지식 자체가 영유아에게 새로운 의미를 주는 것은 아니다. 자율적 참여의 보육에서는 지식의 양보다는 지식의 의미와 질을 강조하게 되었다.

현대의 보육과정은 듀이(Dewey)의 '진보주의'에 의해 유아의 흥미와 관심을 존중한 교육과정으로 구체화되었다. 20세기 후반 이것은 피아제(Piaget)의 '구성주의'와 비고츠키(Vygotsky)의 '사회적 구성주의'로 발전되어 '경험 중심 교육과정'과 '프로젝트 접근법'으로 발전하였다.

2 보육과정의 특성

보육과정을 이해하기 위해서는 보육과정의 특성에 대해 살펴보아야 한다. 보육과정의 특성은 학자에 따라 보는 관점의 차이가 있다. 보육과정을 어떻게 편성하고, 어떻게 운영하며, 어떻게 교수-학습지도를 할 것인가에 따라 그 특성을 살펴볼 수 있다. 다음은 고정곤 외(2015)가 제시한 내용을 참고로 하여 보육과정의 특성을 살펴보고자 한다.

1) 보육과정의 편성

보육과정의 편성은 매우 다양하지만 전인적 발달 도모, 영유아의 발달 수준 고려, 보육과 교육의 통합, 보육대상의 다양화, 보육과정(보육시간)의 다양화, 초등학교와 연계 등이 있으며, 이 밖에도 주제 중심, 놀이 중심 등이 있다.

(1) 전인적 발달 도모

영유아들은 다양한 사물을 보고, 직접 만져보고, 느끼면서 다양한 체험활동을 통해 성장한다. 영유아기의 아이들에게 있어 놀이는 생활 그 자체이며, 효과적인 학습매체이자 전인발달을 이루는 토대라고 할 수 있다. 즉, 전인적 발달이란 인간의 모든 측면의 발달을 뜻한다. 보육과정을 편성할 때, 영유아의 신체적·심리적·인지적·정서적·사회적 발달 등 온전한 사회의 한 인격체로서 필요한 모든 측면의 발달이 동시다발적으로 일어나는 것을 의미한다. 또한, 4차 표준보육과정(2020)에서는 기본생활, 신체운동, 의사소통, 사회관계, 예술경험, 자연탐구 등 6개 영역과 누리과정(2019)의 신체운동·건강, 의사소통, 사회관계, 예술경험, 자연탐구 등 5개 영역의 균형 있는 지도를 통하여 심신의 건강과 조화로운 발달을 도와 민주시민의 기초를 형성하는 전인적인 발달을 도모한다고 하였다.

(2) 영유아의 발달 수준 고려

영유아마다 발달 수준이 다르기 때문에 모든 영유아에게 동일한 보육과정을 제공할 수 없으므로 개별 영유아의 발달 수준에 적합한 탄력적인 보육과정이 제공되어야 한다. 또한, 영유아의 발달 수준을 고려하여 교사의 지원과 환경구성에서의 질적인 차이를 반영해야 하며, 0~1세, 2세는 표준보육과정으로 구성하였고, 3~5세 누리과정으로 구성하였다.

최근 교육부(2017)는 유아교육에 대한 국가 책임 강화와 교육문화 혁신을 통해 교육의 공공성 실현이라는 제목으로 「유아교육 혁신방안」을 제시하였다. 교실 혁명을 통한 유아 중심의 교육문화를 조성하기 위해 누리과정(2019) 개정을 통해 개별 유아의 다양한 특성을 고려한 내용 구성, 유아의 자유놀이 권장 및 관찰기록 등 유아와의 상호작용 강조, 현장의 자율성 존중을 위해 세부내용을 내용과 통합하여 대폭 축소하였다. 또한, 제4차 표준보육과정[1]은 2019년 개정 누리과정을 시작으로, 3~5세 보육과정(누리과정)의 총론과 각론 개정이 우선적으로 이루어졌다. 제4차 표준보육과정은 영유아 기본 권리의 개별 보장을 중시하여 영유아는 개별적인 특성을 지닌 고유한 존재로 존중받아야 함을 강조하였다(보건복지부, 2020). 이처럼 국가수준의 표준보육과정과 누리과정의 개정된 내용범주와 내용을 살펴보면 다음과 같다.

① 0~1세 보육과정 : 기본생활, 신체운동, 의사소통, 사회관계, 예술경험, 자연탐구 등 6개의 영역을 중심으로 구성하고 보육과정 내용범주는 총 14개, 내용은 40개로 구성되어 있다.

② 2세 보육과정 : 기본생활, 신체운동, 의사소통, 사회관계, 예술경험, 자연탐구 등 6개의 영역을 중심으로 구성하고 보육과정 내용범주는 총 14개, 내용은 43개로 구성되어 있다.

③ 3~5세 보육과정 : 신체운동·건강, 의사소통, 사회관계, 예술경험, 자연탐구 등 5개의 영역을 중심으로 구성하고 보육과정 내용범주는 총 15개, 내용은 59개로 구성되어 있다.

1) 보건복지부(2020). 제4차 어린이집 표준보육과정(이하 '제4차 표준보육과정'이라 함)

(3) 보육과 교육의 통합

누리과정이란 어린이집과 유치원에 다니는 3~5세 유아들의 공평한 교육과 보육기회의 보장을 위해 2012년부터 국가가 공통으로 시행하도록 만든 보육과정을 말한다.

2012년 3월부터 '5세 공통과정'을 전국공모를 통해 '온 세상'이라는 의미를 담고 있는 '누리'라는 용어가 채택되었다. 2013년 3월부터는 3~4세까지 확대하여 3~5세 모든 유아에게 적용하였다. 즉, 누리과정은 3~5세를 대상으로, 어린이집 표준보육과정과 유치원 교육과정을 통합한 공통과정으로 구성되어 있다. 이 누리과정은 3~5세 유아들의 심신의 건강과 조화로운 발달을 도와 민주시민의 기초를 형성하는 것을 목적으로 하며, 어린이집과 유치원 등 장소에 구분 없이 동일한 보육과정의 내용으로 배우게 되었다. 또한, 개정 누리과정(2019)은 교육부 정부혁신의 일환으로, 2017년 12월 '유아교육 혁신방안'에서 제시한 '유아 · 놀이중심 교육과정 개편 방향'을 구체화한 것이다.

3~5세 유아를 대상으로 적용되는 공통 교육과정으로서의 성격을 명확히 하였고, 유아교육 현장의 자율성을 기반으로 21세기 핵심역량인 창의성, 감성, 사회성을 키울 수 있도록 하였다(교육부 · 보건복지부 · 육아정책연구소, 2019a).

(4) 보육대상의 다양화

현행 「영유아보육법」에서는 보육대상을 취학 전까지의 연령(0~6세 이하)으로 하고 있으나 어린이집에서 12세까지 연장하여 방과후 아동보육을 할 수 있도록 규정하고 있어(「영유아보육법」 제27조), 연령적으로 보육대상의 연령이 매우 다양하다. 즉, 보육대상은 우리나라에서 생활하는 비장애아동과 장애아동을 포함하며, 일반가정의 영유아, 저소득층 영유아, 「국민기초생활보장법」에 의해 보장받는 영유아, 차상위 계층 자녀, 한부모가정의 자녀, 입양된 자녀 등 위기가정의 자녀뿐만 아니라 일반가정의 영유아 등 우리나라 모든 가정의 영유아를 보육대상으로 하고 있어 매우 다양해졌다.

(5) 보육시간의 다양화

보육시간의 다양화는 보육과정의 다양화를 기대한다. 어린이집에 따라 보육시간이 다양하므로 보육기관의 유형(국 · 공립어린이집, 법인 · 단체어린이집, 직장어린이집, 민간어린이집, 가정어린이집, 협동어린이집)에 따라 다양한 보육과정이 운영되고 있다. 예를 들어, 시간제, 반일제, 시간 연장제, 종일 보육, 야간 보육, 24시간 보육, 휴일 보육 등 보육시간이 다양함으로 보육시간에 따른 보육과정을 구안하고 적용해야 하기 때문에 보육과정의 다양화라고 할 수 있다. 다음은 통합반 운영에 대한 내용을 살펴보면 다음과 같다(보건복지부, 2021).

① 당초 편성된 반 유지를 원칙으로 하되, 조기 등원 및 귀가 등으로 보육 아동이 현저히 적을 경우 당초 편성된 동일 연령반 및 혼합반을 연령별 교사 대 아동의 비율을 준수하는 범위 내에서 통합하여 '통합반' 편성 운영이 가능하다.

② 기본보육 시간(09:00~16:00) 전후에는 당초 편성된 반 유지를 원칙으로 하며, 통합반은 09:00 이전 또는 14:00 이후에만 편성 가능하고, 담당교사를 지정하여 보육하여야 한다.

③ 보육일지에 통합반 운영을 기록하고 관리하여야 한다.

(6) 초등학교와 연계

3~5세 표준보육과정(누리과정)은 어린이집과 유치원에 다니는 3~5세 유아들에게 제공되는 공통과정이다. 즉, 3~5세 유아들에게 공통적으로 양질의 보육과 교육경험을 제공함으로써 공평한 출발점을 보장하려는 취지이므로, 3~5세 누리과정의 내용과 활동이 초등학교 저학년 교육과정과 체계적으로 연계되도록 구성하였다. 예를 들어, 표준보육과정과 누리과정에서 '예술경험 영역'인 경우 초등학교 교육과정에서는 과거의 저학년 교과목인 경우 '즐거운 생활'이라는 교과목으로 체육 · 음악 · 미술이 포함되어 있었다. 그러나 제7차 교육과정의 개편으로 체육은 그대로 '체육' 교과목

놀이중심 보육과정으로 전환하여, 영유아가 충분히 놀이를 경험함으로써 놀이 과정에서 영유아가 몰입과 즐거움 속에서 자율성과 주도성을 키우도록 하였다. 영유아 주도의 '자유놀이'에서 교사가 '계획한 활동'까지 교육과정 내 놀이의 범위를 확대하여 획일적이었던 교실 내 환경을 다양한 놀이와 활동을 경험할 수 있는 환경으로 구성해야 한다(교육부 · 보건복지부 · 육아정책연구소, 2019a).

(3) 가정과 지역사회 협력 및 참여 운영

어린이집과 가정 · 지역사회 간의 협력적인 관계는 영유아의 보호와 교육에 긍정적인 영향을 미친다. 어린이집이 위치한 지역의 문화적 · 지리적 환경의 특성을 감안하여 보육과정에 반영하여 운영한다면 효과적일 것이다. 다양한 직업군(의사, 간호사, 소방관, 경찰관 등), 취미 및 특기를 가진 가족 구성원과 지역사회의 인적 자원들을 활용하여 보육과정에 적극적으로 참여시켜 가정과 지역사회와의 교류를 통해 효율적으로 운영한다.

다음은 NCS 학습모듈의 지역사회와의 협력(2019)에서 제공하는 지역사회의 특성을 반영한 보육과정 계획이 영유아 발달에 사사하는 바는 다음과 같다(서영숙 외, 2017).

① 지역사회 특성을 고려한 다양한 보육 경험들은 영유아가 자신이 속한 지역사회에 대한 자부심과 애향심을 기를 수 있다.

② 영유아들에게 제공되는 보육계획은 그 지역의 특성을 반영한 문화 · 축제 등에 영유아들이 참여할 수 있도록 하여 보존되어야 할 문화유산을 사랑하고, 지역사회에 적합한 보육이 이루어질 수 있도록 구성한다.

③ 영유아 주변에서 경험할 수 있는 지역사회와 연계한 다양한 현장학습은 직접 또는 구체적인 관찰을 통해 학습의 기회를 제공하는 역할을 한다.

④ 어린이집과 지역사회가 협력한 보육활동은 영유아의 삶의 맥락 안

에서 의미 있는 경험을 할 수 있다.

⑤ 서로 다른 지역사회와의 교류를 통해 소통과 지역사회에 대한 깊이 있는 이해와 더불어 다른 지역에 대한 관심을 높일 수 있다.

(4) 부모교육 운영

부모교육은 보육과정의 실시 효과를 극대화 시킬 수 있는 중요한 요인 중 하나이다. 부모가 일관성 있는 양육 태도로 부모역할 및 영유아의 특성과 상황에 따른 적절한 대처 기술을 알고 실천할 수 있도록 부모교육을 연간 보육과정 계획안에 적절하게 안배하여 실시한다. 부모교육은 가정과 어린이집 사이를 오고 가는 연락장, 가정통신문, 게시판 안내, 등·하원 시 자유로운 대화 및 면담, 수업관찰 면담, 자원봉사 활동, 부모 참여수업, 보조교사, 그리고 어린이집 운영위원회 참여 및 의사결정 참여 등에 이르기까지 다양하게 이루어질 수 있다. 어린이집은 지역의 특수성과 여건, 상황에 따라 보육환경, 학급 연령, 부모의 요구 등을 고려하여 부모교육의 내용과 방법을 계획하고, 정상적인 보육과정이 운영할 수 있도록 가능한 범위 내에서 하루 일과, 교사 구성 등을 고려하여 융통성 있게 운영하도록 하고 있다.

3) 교수-학습지도

영유아 교수-학습지도는 영유아를 대상으로 가르치고 배우는 보육과정에서 '어떻게'에 해당되는 부분이다. 보육 현장의 교사들은 영유아들이 어떻게 배우며 어떻게 그들을 가르칠 것인가에 대해 늘 고민하고 연구한다. 영유아기의 발달적 단계에 맞는 놀이, 활동, 영유아의 흥미와 관심, 생활 중심으로 교수-학습방법에 중점을 두고 지도한다(주현정 · 신혜원, 2018).

(1) 놀이 중심의 통합적 지도

놀이 중심의 보육과정을 운영하는 어린이집이나 유치원은 영유아가 놀이를 통해 학습됨을 인식하고 있으며, 놀이 중심의 보육과정을 운영했을 때 의미 있는 학습이 진행될 수 있다. 또한, 놀이 영역은 어른들의 세계와 달리 상상할 수 없는 곳에서 의외로 영유아들이 아이디어를 내고 흥미를 느끼면서 놀이에 집중하는 모습을 종종 목격할 수 있다.

놀이에 중요성

① 영유아에게 즐거움을 주어야 한다.
② 재미있기에 영유아는 자신의 모든 능력을 동원하여 놀이에 참여한다.
③ 놀이를 하는 가운데 신체를 움직이고 자신의 감정을 조절하고 다른 사람의 의견을 이해하고 존중하는 힘을 갖게 된다.

| 그림 1-1 | 탐구 놀이

| 그림 1-2 | 숲 체험 놀이

기존의 장난감이나 쓰지 않는 물건을 유아가 직접 분해해 보고 다른 물체와 융합하여 특별한 장난감을 만들어 보면서 창의적 사고 역량을 키울 수 있을 것이다. 어린이집이나 영유아교육기관은 주변의 공원, 옥상, 하늘 정원을 활용하여 이야기가 있는 산책 활동을 진행할 수 있다. 또한, 숲 체험 놀이는 계절에 따라 달라지는 자연을 오감으로 느끼고 탐색함으로써, 정서적으로 자연과 교감하고 생태적 감수성과 생명의 소중함을 길러주는 놀이 중심의 통합적 지도가 가능한 보육과정이 될 수 있다. 즉, 영유아 교육은 영유아의 발달 수준과 흥미를 고려하여 놀이 중심의 통합적인 교육 활동으로 전개한다.

따라서 놀이 속에서 0~1세, 2세 영아는 기본생활, 신체운동, 사회관계, 의사소통, 예술경험, 자연탐구 등 6개의 표준보육과정 영역에 통합되어 있으며, 3~5세 유아는 신체운동 · 건강, 사회관계, 의사소통, 예술경험, 자연탐구 등 5개의 영역이 놀이 중심 및 생활 중심으로 통합하여 지도한다 (교육부 · 보건복지부 · 육아정책연구소, 2019a).

(2) 흥미 중심의 교육적 지도

흥미 중심 놀이는 영유아의 놀이 발달 수준을 높이고 활성화하기 위하여 영유아의 기능놀이, 상상놀이, 구성놀이, 실외놀이를 준비하여 놀이 참여를 촉진시키고, 놀이를 다른 활동과 연계 및 통합으로 이어질 수 있도록 한다.

흥미중심 놀이 방법

① 영유아는 흥미를 가지는 놀이에서 시작한다.
② 놀이를 단편적으로 하는 것이 아니라 지속적으로 할 수 있는 기회를 제공한다.
③ 흥미 있는 활동은 계속 반복할 수 있도록 유도한다.

그림 1-3 요리활동 놀이

그림 1-4 소방관 놀이

영유아에게 흥미와 관심이 있는 주제로 활동이 제공되었을 때, 영유아는 활동에 사로잡혀 관람자가 아니라 적극적인 참여자가 되고 이를 통해 학습이 일어난다. 따라서 영유아의 연령에 맞는 세심한 관찰을 통하여 흥미가 무엇인지를 파악하고 이에 적합한 활동을 제시한다. 또한, 영유아의 흥미와 관심은 개인차가 있으므로 보육교사는 다양한 활동을 준비하여 영유아가 자신이 원하는 활동을 직접 선택할 수 있는 기회도 충분하게 제공하여야 한다(고정곤 외, 2015).

(3) 주제 중심의 통합적 지도

보육과정은 영유아의 주도적인 놀이와 흥미, 주변의 친근한 생활환경 및 경험을 중심으로 자신에게 의미 있는 지식, 기술, 태도를 형성하는 데 중점을 둔다. 보육교사와 영유아 간의 신뢰로운 관계를 바탕으로 개별적인 놀이 및 활동과 교사·환경·또래와의 능동적인 상호작용이 활발히 이루어지도록 하며, 여러 활동이 통합적으로 이루어지도록 한다(고정곤 외, 2015).

주제 중심 지도의 장점

① 주제 중심 교육은 기존의 보육과정을 수정해 감으로써 더욱 심화시킨다.
② 영유아의 흥미와 반응에 따라 기존 계획을 수정한다.
③ 교사 주도가 아닌 영유아가 함께 만들어 가는 보육과정이다.

그림 1-5 동물 농장

그림 1-6 가을 낙엽

영유아는 자신을 둘러싼 세상에 대해 분리된 영역이 아니라, 상호연계성을 가진 각 영역을 통해 통합적으로 배워나가게 된다. 통합은 부분들을 전체에 관련시켜 결합해 가는 과정이며, 영유아는 자신의 경험들을 통합하여 전인적인 발달로 성장해 나간다.

(4) 교수-학습방법의 개별화 지도

보육과정은 영유아의 개별적 발달에 맞게 개별화 지도를 고려해야 한다. 영유아들은 개인차가 있기 때문에 영유아가 가지고 있는 기질, 환경, 상황, 문화 등이 서로 다르다. 그뿐만 아니라 개개인이 갖고 있는 유전적·환경적 영향을 끼치는 영역이기도 하다. 따라서 발달영역도 개인에 따라 차이가 있음을 보육교사들은 분명히 인식하고 영유아들을 지도할 필요가 있다.

교수-학습방법의 개별화 유의점

① 같은 연령이라도 각자의 관심사와 경험을 중시한다.
② 개개인의 독특성을 인정하고 학습을 지원해야 한다.
③ 모든 영유아가 동시에 같은 것을 하도록 기대하지 말고, 난이도가 다른 다양한 활동을 제공하여 영유아 스스로 선택하도록 지도한다.

┃그림 1-7┃ 모양 만들기

┃그림 1-8┃ 나무 구성하기

(5) 경험 중심의 학습과정 지도

주변에 다양한 자료와 자연물을 적극 활용하여 영유아들이 직접적이고 구체적인 경험을 할 수 있도록 지도해야 한다. 경험의 능동적인 측면은 '해보는 것'으로 여러 가지 시행착오를 통해 내재되어 있던 사고가 능동과 수동 사이의 세밀한 관계를 파악하는 수준에 이르게 될 때 그 질의 시행착오적 경험은 반성적 경험이라는 새로운 질의 경험으로 발전하게 된다(Dewey, 1897). 따라서 영유아는 놀이나 일을 통해 자신의 경험을 확장시키며, 다른 사람과의 의사소통은 영유아 개인의 경험과 연결되어 경험의 성장을 가능케 해주는 중요한 교육과정이 된다. 또한, 영유아들은 감각기관을 사용하여 사물을 조작할 뿐만 아니라 동시에 자신이 경험한 바에 대한 정신적인 조작도 함께 이루어짐을 의미한다. 영유아들은 주변에 다양한 사물을 통해서 자신을 표현하려는 욕구를 가지고 있다.

경험 중심의 학습

① 단순히 사물을 보고 만지는 등 감각적 경험만을 의미하는 것은 아니다.
② 경험은 연속성을 지니며 반복적으로 일어난다.
③ 경험 중심은 문제해결력으로 일상생활에서 지혜와 태도를 기르게 된다.

그림 1-9 가게 놀이

그림 1-10 무당벌레 놀이

직접 자연물을 감상하고 일상생활에서 경험한 것을 활용하여 만들고 그릴 수 있는 경험을 통해서 자연의 생명력과 신비함을 느끼고, 이러한 과정에서 영유아는 자연보호에 대한 필요성과 자연에 대한 고마움을 느낀다(고정곤 외, 2015).

3 보육과정의 변천 과정

우리나라는 1991년 「영유아보육법」이 제정되어 보육의 법적 토대를 구축하였고, 2004년에 전면 개정된 「영유아보육법」 제29조에 의거하여, 국가수준의 표준보육과정 개발 및 보급을 위한 근거를 마련하였다. 그 이후 2005년 여성가족부가 표준보육과정을 연구 · 개발하여, 2006년 11월 10일에 「영유아보육법」 시행규칙 제30조 관련 표준보육과정령을 제정하였다. 이듬해 2007년 1월 3일 최초로 국가수준의 표준보육과정(여성가족부 고시 제 2007-1호)을 고시하기에 이르렀다.

반면, 유치원 교육과정은 문서화된 교육과정을 제정 · 고시하여 국가수준의 교육과정으로 운영한 것은 1969년 이래로 2019년 개정 누리과정에 이르기까지 9번의 개정을 거듭하면서 질적인 향상을 해왔다. 따라서 유치원 교육과정의 변천 과정을 이해한다는 것은 어린이집 보육과정의 역사성을 이해하는 데 도움이 될 것이다. 그 내용을 살펴보면 다음과 같다.

1) 유치원 교육과정의 변천 과정

국가수준의 교육과정은 법적인 근거하에 교육부장관이 교육과정의 기준과 내용을 정할 수 있는 권한을 가지며, 정해진 교육과정의 내용은 전국적으로 적용되는 '교육의 기본 설계도'인 동시에 일종의 '지침서'로서의 역할을 한다. 다음은 교육과학기술부(2008)에서 제시한 내용이다.

국가수준의 유치원 교육과정 고시문의 구성 체계는 각 유치원 교육과정의 개정 시기마다 조금씩 변화해 왔지만, 공통적으로 교육과정 목표 및 편제와 편성, 운영지침을 담고 있는 총론에 해당하는 부분과 유치원 교육과정의 각 영역에 관한 내용을 담고 있는 영역 부분으로 구분할 수 있다. 다시 말하면, 문서상에 나타난 국가수준의 유치원 교육과정은 크게 두 부분, 총론과 영역으로 나누어져 있다. 총론은 유치원 교육과정의 전반적인 목적 및 목표, 편제와 편성 및 운영에 관한 내용을 담고 있으며, 영역은 각 교육과정마다 명칭이 상이하지만 건강, 사회, 언어, 표현, 탐구 등 5개 영역에 준하는 내용을 기준으로 나누어져 구성되어 있다.

우리나라는 국가수준의 유치원 교육과정은 1969년 제1차 유치원 교육과정이 처음 제정된 이후, 1979년, 1981년, 1987년, 1992년, 1998년, 2007년, 2012년 누리과정, 2019 개정 누리과정에 이르기까지 9차례에 걸쳐 개정·고시되었다. 다음의 표 1-2는 유치원 교육과정의 제정과 개정 과정 및 내용에 관한 것이다.

| 표 1-2 | 유치원 교육과정의 제정과 개정 과정 및 내용

구분	공포 및 고시	교육목적	교육영역	주요내용
제1차	1969.02.19. 문교부 고시 (제207호)	건강한 신체와 전전한 정신으로 행복하게 생활할 수 있는 유능한 국민이 될 기초를 닦음	1. 건강 2. 사회 3. 자연 4. 언어 5. 예능	경험 중심, 아동 중심, 생활 중심, 흥미 중심의 교육
제2차	1979.03.01. 문교부 고시 (제424호)	1. 자아실현 2. 국가발전 3. 민주적 가치의 강조	1. 사회·정서발달 영역 2. 인지발달 영역 3. 언어발달 영역 4. 신체발달 및 건강영역	인지발달 강조하는 추세로, 영역 구분이 발달영역 중심으로 구성
제3차	1981.12.31. 문교부 고시 (제442호)	아동들의 전인적인 성장 조력	1. 신체발달 영역 2. 정서발달 영역 3. 언어발달 영역 4. 인지발달 영역 5. 사회성 발달영역	인간중심 교육과정, 통합 교육과정에 대한 중요성 강조

구분	공포 및 고시	교육목적	교육영역	주요내용
제 4 차	1987.06.30. 문교부 고시 (제87-9호)	유아의 전인적인 발달 조력	1. 신체발달 영역 2. 언어발달 영역 3. 인지발달 영역 4. 정서발달 영역 5. 사회성 발달영역	인간중심 교육과정, 통합 교육과정에 대한 중요성 강조
제 5 차	1992.09.30. 교육부 고시 (제1992-15호)	유치원 교육목적을 달성(「교육법」 제146조, 제147조)	1. 건강생활 2. 사회생활 3. 표현생활 4. 언어생활 5. 탐구생활	3세아 교육과 종일제 운영에 관한 사항, 발달영역에서 생활 영역 중심으로 구성, 수준별 교육과정 (Ⅰ, Ⅱ 수준으로 구분)
제 6 차	1998.06.30. 교육부 고시 (제1998-10호)	유아의 전인적 성장을 위한 기초 교육 (「초 · 중등교육법」 제35조)	1. 건강생활 2. 사회생활 3. 표현생활 4. 언어생활 5. 탐구생활	초등교육과의 연계 사항, 기본생활교육, 인성교육, 창의성교육, 전통문화 존중교육의 중시
제 7 차	2007.12.19. 교육인적자원부 고시 (제2007-153호)	유아에게 알맞는 교육환경을 제공하여 심신의 조화로운 발달을 조장함	1. 건강생활 2. 사회생활 3. 표현생활 4. 언어생활 5. 탐구생활	전통문화와 창의성, 다문화 교육 중시
누리 과정	2012.01.18. 교육과학기술부 고시 (제2012-16호)	3~5세 유아의 심신의 건강과 조화로운 발달을 도와 민주시민의 기초를 형성함	1. 신체운동 · 건강 영역 2. 사회관계 영역 3. 의사소통 영역 4. 예술경험 영역 5. 자연탐구 영역	유아의 생애 초기 출발점 평등 보장, 유아기부터 타인을 배려하고 존중하며 공감하는 역량을 기르기 위한 인성교육 강화
개정 누리 과정	2019.07.14. 교육부 고시 (제2019-189호)	유아가 놀이를 통해 심신의 건강과 조화로운 발달을 이루고 바른 인성과 민주 시민의 기초를 형성함	1. 신체운동 · 건강 영역 2. 사회관계 영역 3. 의사소통 영역 4. 예술경험 영역 5. 자연탐구 영역	국가수준의 공통 교육과정으로서 구성 체계 확립과 유아 중심, 놀이 중심의 교육과정으로 내용 구성의 간략화를 통한 현장의 자율성을 확대하고, 교사의 교육과정 실행을 지원

출처: 김은하(2015). 국가수준 유치원 교육과정 제정 및 개정 과정에 나타난 유아교육 지식과 권력. p.19. 재구성.

2) 어린이집 보육과정의 변천 과정

어린이집에서 운영하는 보육과정은 국가수준의 보육 목표와 영유아의 발달과 개인차를 고려하여 이들이 경험하게 될 보편적인 보육 내용을 제시하고 있다.

우리나라는 2004년에 전면 개정된 「영유아보육법」 제29조에 의거하여 표준보육과정을 개발·고시함에 따라 2007년부터 제1차 표준보육과정으로 2세 미만 보육과정, 2세 보육과정, 3~5세 보육과정이 보육 현장에 적용되어 왔다. 이후 점차 급변하는 사회와 보육 여건의 변화에 따라 표준보육과정에 대한 부분 개정의 필요성이 대두하게 되었다. 이를 반영하여 2010년 6월 표준보육과정 개정안 연구가 시작되었고, 2011년 3월 공청회를 거쳐 고시를 앞두고 있었다. 그런데 2011년 5월 2일 국무총리 주제로 어린이집과 유치원에서 이원화로 운영되던 표준보육과정과 유치원 교육과정을 통합한 '공통과정'을 제정하겠다고 발표하였다.

이로 인해 제2차 표준보육과정 개정안 고시는 잠시 유보되었고, 우선 최초로 어린이집과 유치원의 공통과정인 '5세 누리과정'을 제정하여 2011년 9월에 고시하기에 이르렀다. 2011년에 2차 표준보육과정 개정 고시를 앞두었던 표준보육과정에서 5세 유아를 위한 보육내용을 제외시키고, 5세 누리과정과의 연계를 고려하여 재수정한 후 0~4세 영유아를 대상으로 한 제2차 표준보육과정을 2012년 2월에 고시하였다. 5세 누리과정 제정에 이어서, 2013년부터 3~4세까지 누리과정을 확대한다는 도입계획이 발표되었다. 2012년 3월부터 5세 누리과정과 연계하여 3~4세 연령별 누리과정이 개발되어, 2012년 7월에 고시되었고 동시에 기존의 5세 누리과정이 개정되었다(보건복지부 고시 제2012-82호).

어린이집 0~5세 영유아의 연속적 경험과 연령 간 발달적 연계를 위해서 제2차 표준보육과정 중, 3~5세 연령별 누리과정의 목표와 내용을 고려하여 0~1세 보육과정, 2세 보육과정을 개정하였다. 이에 2013년 1월 21일 보건복지부장관은 「영유아보육법」 시행규칙 제30조에 의거하여 누리과정을 포함한 제3차 어린이집 표준보육과정 개정(보건복지부 고시 제2013-8호)을 고시하였다. 또한, 사회적 변화에 따라 2018년 4월 누리과정 개정하기 위한 연구진을 구성하였으며, 1년간의 연구와 공청회를 거쳐, 2019년 7월에 2019 개정 누리과정을 고시하게 되었다. 다음의 표 1-3은 국가수준의 표준보육과정 변천 과정에 대한 설명을 제시한 것이다.

| 표 1-3 | 어린이집 표준보육과정과 누리과정의 변천 과정 개요

일시	변천과정	주요 내용
1991	「영유아보육법」 제정	보육의 법적 토대 구축
2004	「영유아보육법」 제29조 개정	표준보육과정 개발 및 보급을 위한 근거마련
2005	여성가족부 표준보육과정 연구	표준보육과정 연구 개발
2006.11	여성가족부 「영유아보육법」 시행규칙 제30조 개정	표준보육과정령 개정
2007.01	여성가족부 〈고시 제2007-1호〉 제1차 표준보육과정 고시	표준보육과정의 구체적 보육내용 제시
2007.3	표준보육과정 보육현장 적용	2세 미만 보육과정, 2세 보육과정, 3~5세 보육과정 적용
2010.6	표준보육과정 개정안 연구	제1차 표준보육과정 개정의 필요성 대두
2011.3	표준보육과정 공청회 예정	공청회 무산
2011.5	국무회의 발표	공통 교육과정 제정 발표
2011.9	보건복지부 〈고시 제2011-106호〉	5세 누리과정
2012.2	보건복지부 〈고시 제2012-28호〉 제2차 표준보육과정 고시	0~4세 영유아 대상 보육과정 내용 제시
2012.7	보건복지부 〈고시 제2012-82호〉	3~4세 누리과정
2013.1	보건복지부 〈고시 제2013-8호〉 제3차 표준보육과정 고시	누리과정(3~5세)을 포함한 0~5세 영유아 대상 보육과정 제시
2018.4	누리과정 개정 연구진 구성	육아정책연구소 위탁, 연구진 · 자문단 구성 연구

일시	변천과정	주요 내용
2019.5	개정 누리과정 마련을 위한 공청회 개최	누리과정 개정안에 대한 교육현장의 의견을 충분히 수렴
2019.7	개정 누리과정	국가수준의 공통 교육과정으로서의 체계성 확립, 유아 중심·놀이 중심 교육과정, 내용구성의 최소화를 통한 교육현장 자율성 확대
2020.4	보건복지부 〈고시 제2020-75호〉 제4차 표준보육과정 고시	개정 누리과정(3~5세)을 포함한 0~5세 영유아 대상으로 놀이 중심 보육과정 제시

CHAPTER 02

보육과정의 이론적 기초

Educare Curriculum

보육과정 구성에 있어 근본적인 방향을 결정짓는 데 영향을 미치는 보육 철학, 아동관, 영유아의 발달 수준 등을 중요하게 다룬다. 보육의 방향을 규정하고 나아가 미래의 국가 경쟁력인 능력 있는 민주시민으로 성장하기 위해서는 계속적인 국가수준의 보육과정 개발과 개선에 노력을 기울여야 할 것이다. 제2장에서는 영유아를 바라보는 관점이 어떻게 변화해 왔는지, 관점에 따라 보육이 어떻게 달라졌는지, 어린이집과 유치원에서 보육과정을 어떻게 실천할 수 있었는지에 대해 보육과정의 구성 시 철학적, 심리적, 사회·문화적 기초를 알아보고 이러한 배경들이 보육과정에 주는 의미를 살펴보고자 한다.

1 철학적 기초

철학은 가치와 신념의 표현이다. 이는 영유아를 어떻게 보육할 것인지, 우리가 영유아를 어떤 존재로 보고 있는지에 따라 관점이 달라진다. 영유아에 대한 관점은 그 사회가 지배했던 가치관, 사상과 종교와 밀접한 관련이 있다. 예를 들어, 영유아가 성인과는 다른 개별적 존재로 보는지, 성인의 축소판으로 보는지에 따라 영유아를 보육하는 방법과 내용이 달라진다(김상림 외, 2015). 영유아에 대한 생각과 태도는 과거로부터 그 뿌리를 찾을 수 있다. 중세까지 아동은 노동에 이용되었으며 질병을 가졌거나 연약하게 태어나는 아이들은 성인에 의해 유기되는 사례가 많았다. 또한, 아동은 강건하고 엄격하게 훈련을 시켜야 한다는 생각이 지배적이었다.

고대, 중세, 현대의 철학자에 이르기까지 인간의 존엄성에 대하여 인간을 어떤 존재로 바라보는지가 매우 중요한 철학적 기초가 되었다. 오늘날 영유아 보호와 교육에 영향을 미쳐온 사상가들의 교육철학과 아동관 및 저서를 살펴보고자 한다.

1) 코메니우스

코메니우스(John Amos Comenius: 1952~1670년)는 17세기 최초의 근대교육의 아버지이며, 감각적 실학주의의 과학적 사고를 교육에 적용하였다. 인간교육에 영향을 끼친 위대한 철학자 · 신학자 · 교육자였던 그는 아동의 심성은 생의 초기에 형성된다고 보고 초기 학습의 중요성을 강조하였다. 저서로는 교육학 대백과사전인 『대교수학(Didactica Magna)』(1657)을 비롯하여 『세계도회(Orbis Sensualium Pictures)』(1658), 『유아학교』 등이 있다.

Comenius

(1) 아동관

16세기 교육개혁가인 코메니우스는 아동의 심성은 생의 초기에 형성되며 초기 학습은 성인이 된 이후에까지 영향을 미친다고 하였다. 코메니우스의 교육사상은 기독교적 인도주의를 기초로 하였고, 자연의 원리에 맞는 교육원리를 교육의 기본 방법으로 제시하였다. 자연의 특성이나 움직임은 단계적 순서를 가지며, 일반적인 것에서 특수한 것으로 진행되어야 한다고 하였다. 또한, 학습은 영유아의 흥미와 욕구를 중심으로 이루어져야 하며, 자연의 법칙처럼 학습도 적절한 시기에 이루어져야 한다고 강조하였다.

(2) 교육철학 및 저서

코메니우스의 교육철학은 저서를 통해 엿볼 수 있으며, 최초의 교육 장소는 가정이라고 하였다. 영유아기의 양육과 교육은 어머니 무릎에서 시작한다고 보았으며 주로 언어, 도덕 및 신앙생활 등 자연과학적 사고를 주장하였다. 또한, 영유아기의 교육은 조기교육, 기초교육, 학습자 중심교육, 자연에 순응하는 교육, 감각적 직관교육, 실물교육을 강조하였고, 추상적인 주입식 교육을 지양해야 한다는 것이 그의 교육철학이었다(고정곤 외, 2015).

다음은 코메니우스의 저서를 통해 교육철학과 사상에 대해 구체적으로 알아보고자 한다.

① 유아학교

코메니우스는 『유아학교』 저서를 통해서 양육지침에 대한 내용을 제시하였다. 6세 이전 어머니 학교(무릎학교)에서 배워야 할 교육내용으로는 경건, 도덕, 건전한 학습, 건강 등으로 규정하고 있다. 또한, 그는 영유아기는 스스로 탐색하는 과정을 통해 자신의 삶과 지식을 가장 잘 이해할 수 있으며, 학습은 추상적이 아니라 구체적이어야 한다고 하였다(김상림 외, 2015).

오늘날 그는 영유아 보육에서 중요하게 다루고 있는 발달적 적합성과 많은 부분이 유사하다고 할 수 있다. 예를 들어, 학습을 안내할 때는 쉬운 것에서 어려운 것으로, 간단한 것에서 구체적인 것으로, 학습은 직관교육, 오감을 통한 교육, 놀이를 통한 교육 등을 강조하였다.

② 대교수학

코메니우스는 유명한 저서인 『대교수학』을 통해 출생에서 성인기까지의 교육을 4단계로 나누어 시기별로 적절한 교육방법을 표 2-1과 같이 제시하였다.

표 2-1 4단계 교육

단계	학교 급별	시기	연령
1단계	어머니 학교(무릎 학교)	영유아기	0~6세
2단계	모국어 학교	아동기	7~12세
3단계	라틴어 학교	소년기	13~18세
4단계	대학	청소년기	19~24세

③ 세계도회

『세계도회』는 최초의 그림을 삽입한 그림책이다. 글자와 낱말 위주의 종래 교수법을 지양하고 영유아들이 빠르고 즐겁게 언어학습을 할 수 있도록 구성되어 있다(고정곤 외, 2015). 또한, 감각적 직관을 강조하였는데, 감각교육은 모든 학습의 기초가 된다고 보았다. 이 책은 간단한 설명문을 갖춘 동물, 식물, 물체의 삽화들로 구성되어 있는데 그림은 책 본문의 의미를 잘 설명함으로써 근대적 그림책의 의미를 지니게 되었다(고문숙 외, 2014).

2) 로크

로크(John Locke: 1632~1704년)는 17세기 영국의 경험주의 철학자이자 실학주의 교육사상가로, 인간 발달에 미치는 환경의 영향을 중요시하였다. 계몽주의의 대표적 교육자로서 비합리적이며 비과학적인 인간관을 비판하고, 합리적인 사고로 학문, 종교 도덕성을 접근하였다(홍순정 외, 2004). 또한, 인간은 태어날 때 그 정신이 백지와 같이 아무것도 없는 상태로 태어난다는 '백지설(Tabula rasa, Blank slate)'을 주장하였다.

Locke

(1) 아동관

로크는 '인간은 백지상태'로 태어난 후 경험과 학습을 통해서 지식이 생긴다고 하였다. 하얀 백지에 그림을 채워 가듯이 감각적 경험을 통해 획득된 지식들이 인간을 결정짓는다고 하였다. 영유아는 태어날 때 선하게 혹은 악하게 태어나는 것이 아니라 출생 후 선하게 혹은 악하게 키워지는 것이라고 강조하였다. 즉, 백지처럼 깨끗한 상태로 태어나는데 그 백지에 부모, 교사, 환경, 사회 · 문화가 뭔가를 채우게 된다고 보고 인간의 본성을 이해하도록 하였다. 이처럼 인간 본성보다 환경의 영향을 강조한 로크의 교육은 적극적 교육론으로 평가되었다.

(2) 교육철학 및 저서

로크의 철학은 프랑스의 계몽 사상가들에게 영향을 주었고 타고난 소질이나 지능보다는 후천적 교육의 역할을 중요시하였다. 아동을 이성적인 존재로 보고, 그 자연적인 자유를 침해해서는 안 된다고 지적했다. 로크의 사상은 아동의 자유와 자연을 존중하고 체벌보다는 칭찬을 권하고, 형식적인 교육을 반대하는 등 낡은 아동관에서 새로운 아동관으로 전환하는 계기가 되었다(고후순 외, 1996). 또한, 인간의 학습능력은 무한한 잠재력을 가지고 태어난다는 입장을 강조하면서, 인간 본성의 이해와 교육에 대한 관심을 보였다.

『인간의 지적 능력에 관한 에세이』, 『교육에 관한 고찰』, 『인간 오성론(Easy Concerning Human Understanding)』 등의 저서에서 그의 교육철학이 잘 나타나 있으며, 구체적인 내용은 다음과 같다.

① 인간의 지적 능력에 관한 에세이

『인간의 지적 능력에 관한 에세이』(1689)에서 우리의 모든 지식은 궁극적으로 오감을 통해 얻은 정보로부터 온다는 하였다. 우리는 아무것도 모르는 채로 이 세상에 태어났고 경험이 우리가 아는 모든 것을 우리에게 가르쳐준다는 것이다. 이런 견해는 보통 경험주의로 알려져 있는데, 이것은 본유주의(우리 지식의 일부는 본유적이라는 이론)와 합리주의(우리는 오직 이성의 힘만으로 세계에 관한 지식을 얻을 수 있다는 주장)에 대비된다(고정곤 외, 2015). 로크가 글을 쓰던 17세기는 지식의 근원에 관한 논쟁이 활발하던 시기였다. 이 책은 곧 베스트셀러가 되었다.

② 교육에 관한 고찰

『교육에 대한 고찰』을 통해 그의 교육목적과 내용 및 방법을 살펴볼 수 있다. 로크는 교육이란 훈련을 통한 습관의 형성으로 지육 · 덕육 · 체육을 통해 건전한 인격을 갖춘 사람으로 길러 내는 것을 목적으로 한다고 주장하였다. 로크는 지 · 덕 · 체 중에 체육론을 가장 우선하였으며 '건전한 신체에 건전한 정신이 깃든다'는 격언을 내세우며 자연 친화적 환경에서 신체를 단련해야 한다고 하였다. 또한, 예의범절, 양심 등의 도덕교육과 욕망 같은 것을 억제하고 이성을 중시하는 덕육론을 제시하였다. 체육과 덕육을 형성하기 위한 수단으로서 지육론을 강조하였고, 교육방법으로는 단계적 학습방법과 흥미 위주의 구체적 · 경험적 방법을 중시하였다.

③ 인간오성론[1)]

『인간 오성론(Easy Concerning Human Understanding)』에서 인식론을 명확히 하고 있으나 그것은 현대에 이르기까지 영국 사상계의 지배적 철학으로 남아 있는 경험론이었다. 이 학설은 모든 지식은 감각의 지각과 지성의 지각, 즉 경험에서 온다는 것이었다. 경험의 단순한 소재가 감각에 의해서 주어진 후에는 우리의 관념이나 판단 등은 지성의 지각을 통해서 형성된다고 하였다. 이는 감각적 지각의 훈련을 통해서가 아니라 정신 능력, 주로 이성의 도야를 통해서 발달될 수 있다고 주장하였다.

로크에 의하면, 발달은 훈련을 통한 습관의 형성에 의해서만 이루어진다고 하였지만 우리의 주된 관심은 로크의 철학론이 아니고 교육설에 있다. 『오성론』에서 특히 오성작용에 관해서 그는 어떻게 이러한 오성작용들이 정신을 발달시킬 수 있을 것인가를 대해 단초를 제시하였고 정신의 모든 능력을 강화시키는 훈련 내지는 도야에 관해서 논하는 것을 볼 수 있다.

3) 루소

루소(Jean Jacques Rousseau: 1712~1778년)는 프랑스의 대표적인 18세기 낭만주의·자연주의·계몽주의 사상가이자 교육실천가이다. 영유아는 순진하고 선하게 태어나기 때문에 문명사회의 편견, 권위, 권력 등 나쁜 사회제도가 영유아의 자연성을 방해하지 않는다면 이들은 긍정적인 방향으로 발달한다고 보았다(김상림 외, 2015). 즉, 아동을 자유인으로 간주한 그는 아동은 내적 성장 가능성을 지니고 있어서 스스로 환경을 다스릴 수 있다고 보았다.

Rousseau

1) 출처: http://cafe.daum.net/izim2001

루소가 주장한 성선설과 아동존중 사상은 인간의 본성을 무시한 전통적인 지식 위주의 교육으로부터 아동 중심 교육으로의 전환을 강조했다는 점에서 의의를 가지며, 이러한 사상은 이후 페스탈로치, 프뢰벨, 듀이에게 많은 영향을 주었다(심성경 외, 2014).

4) 페스탈로치

페스탈로치(Johann Heinrich Pestalozzi: 1746~1827년)는 루소의 자연주의 사상에 크게 감동을 받아 루소와 마찬가지로 교육은 모든 사람들이 누리는 자연권이라고 주장하였다. 그는 19세기를 대표하는 교육사상가이자, '근대 교육의 아버지'로 불린다. 독일의 교육자로 그는 영유아를 위한 교육체계를 개발하고 교육실천을 통해 구체적인 교육이론을 제시한 점으로 교육실천가로 인정받았다.

Pestalozzi

(1) 아동관

페스탈로치는 영유아를 어른의 '축소판'이 아니라 고유의 권리를 가진 주체적이고 능동적인 존재로 보았다. 즉, 아직 계발되지 않은 고유의 잠재능력의 가능성과 성장 가능성이 내재되어 있고, 영유아의 본성 안에는 인간 창조의 무한한 지혜와 사랑, 믿음이 내재되어 있으므로 교사가 적극적인 개입을 하면 영유아가 능동적으로 성장하고 발달한다고 강조하였다(고정곤 외, 2015). 또한, 아동은 선한 본성을 가지고 있고 계급에 상관없이 모든 사람은 평등하다고 믿었다.

(2) 교육철학 및 저서

페스탈로치의 교육목적은 인간의 능력을 조화롭게 발달시키는 것이며, 능력의 기초는 영유아기에 형성된다고 하였다. 다음 표 2-2에서는 페스탈로치의 교육과 교육철학에 대한 내용을 구별하여 제시한 것이다.

표 2-2 페스탈로치의 교육과 교육철학

교육 구분	교육 철학
자연주의 교육	루소의 영향을 받아 교육은 반드시 아동의 성숙이 뒤따라야 한다는 자연주의 교육 원칙을 주장함
직관교육 (실물 교수)	모든 교육은 감각적 직관에 기반을 두고, 적절한 감각적 훈련을 통해서 실물 수업으로 이루어져야 한다고 믿음
아동존중 교육	성인에게는 성인들의 세계가 있듯이 아동의 세계에서도 자기 고유의 세계가 있으며, 아동은 무한한 능력이 내재되어 있음을 강조함
가정교육	인간 발달의 기초는 가정에서 이루어지므로 사회성, 규범, 배려, 인간관계, 예절, 행동적 규율, 도덕심, 책임감 등의 광범위한 교육들이 가정에서 이루어진다고 보았음
부모교육	어머니는 영유아의 본성에 따라 양육할 것을 권하였고, 양육지침서 등을 제시하여 양육에 대한 부모교육 자료를 제공함
평등교육	중세사회에서 계급이나 신분에 관계없이 모든 영유아들은 평등하게 교육을 받을 수 있는 보편성을 강조함

다음은 그의 저서 『은둔의 황혼』과 『게르트루트는 자녀를 어떻게 가르쳤는가?』라는 책을 통해 그의 교육철학과 사상을 유추해 보고자 한다.

① 은둔의 황혼

『은둔의 황혼』을 통해 동일한 인간 본성은 동물적 · 사회적 · 도덕적으로 나누어진다고 설정하였다. 또한, 전인적 발달을 추구했던 그는 머리(Head), 가슴(Heart), 손(Hand)을 지적 · 도덕적 · 신체적 기능으로 보고 조화롭게 발달되어야 한다고 주장하였다.

② 게르트루트는 자녀를 어떻게 가르쳤는가?

『게르트루트는 자녀를 어떻게 가르쳤는가?』라는 양육지침서를 저술하여 생애 첫해는 주 양육자와의 안정 애착을 통해 긍정적인 발달을 강조하였고, 이것은 전인적인 성장과 발달로 이어진다고 보았다. 즉, 양육과 교육이 지적 · 도덕적 잠재력을 일깨워 궁극적으로 사회 재건을 향하게끔 주도한다고 보았다(고문숙 외, 2014).

(3) 교육원리

페스탈로치는 '합자연의 원리'를 바탕으로 인간 중심, 아동 중심 교육을 실천하고자 노력한 교육실천가이다. '합자연의 원리'에 따른 교육의 기본 원리는 다음과 같다(심성경 외, 2014).

① 직관의 원리

직관은 모든 인식의 절대적 기초로서 개개의 인식은 반드시 이 직관에서 출발한다. 직관은 외계의 인상과 결합하여 능동적으로 개념을 구성하는 작용을 말한다. 그는 사물을 정확히 인식하는 수단과 과정을 수(數), 형(形), 어(語)에 두었는데, 이 세 가지는 모든 지식을 구성하고 있는 가장 기본적인 요소라고 하였다.

② 자발성의 원리

교육의 중심은 아동의 능력을 내면으로부터 발달되어야 하며 이것은 인간 내부에 깃들어 있는 자연적인 힘을 스스로 갖출 수 있도록 해야 한다.

③ 단계의 원리

자기 발전은 일정한 단계를 거쳐서 이루어지므로, 교육은 이러한 단계에 따라 행해져야 한다. 근본적인 기초 요소에서 출발하여 연속적으로 다른 요소로 넘어가며, 끝으로 이것을 종합한다는 3단계 방법으로 이루어져야 한다. 예를 들면, 학습은 쉬운 것에서 어려운 것으로, 단순한 것에서 복잡한 것으로 나아가야 한다고 주장하였다.

④ **조화의 원리**

그는 교육의 목표를 인간이 가지고 있는 무한한 잠재력의 계발로 보았다. 즉, 도덕적=윤리적인 힘(가슴, heart), 지적=정신적인 힘(머리, head), 신체적=기능적(손, hand) 등 세 힘의 조화와 발달을 통해 전인적인 발달을 교육목표로 삼고 있다.

⑤ **노작교육의 원리**

노작은 일하면서 배우고, 배우면서 일한다는 원리로서, 생활과 직결되며 도덕성을 함양하고 정신적인 의지를 단련하여 올바른 인간과 조화로운 교육을 가능하게 한다.

5) 프뢰벨

프뢰벨(Friedirch Wilhelm August Fröbel: 1782~1852년)은 독일의 상징주의 철학자이자 교육자로서 1808년부터 1810년까지 페스탈로치 학교에서 교사 훈련을 받았다.

프뢰벨은 페스탈로치 이론에 자신의 아이디어를 첨부하여 통일된 이론을 구축하였다. 즉, 유아들의 성향과 내적 발달에 따라 성장할 수 있는 학습 환경을 구축하는 유아교육 시스템을 마련한 것이다. 독일어로 '킹더가르텡(Kindergarten)'이라 불렀고, 이는 '어린이의 정원(children's garten)'이라는 뜻으로 오늘날 '유치원'을 의미한다. 부모나 교사를 정원을 가꾸는 정원사에 비유하였고, 영유아가 자연적으로 성장해 가는 과정을 존중하면서 애정을 가지고 보살피는 사람이라고 하였다(김상림 외, 2015).

Fröbel

(1) 아동관

프뢰벨은 자연주의 아동관을 가지고 있으며, 영유아들은 내면에 무한한 잠재력과 가능성을 지니고 있어 성인이나 교사가 적절한 환경을 제공하면 자연적으로 개화(unfolding)할 수 있는 존재로 보았다(고정곤 외, 2015).

(2) 교육철학 및 저서

영유아의 자발성을 존중하고 놀이의 교육적 가치를 중시하여 '놀이'는 영유아가 자신의 본성과 우주 자연 간의 조화를 획득하는 '자연적 학습'이라고 하였다. 영유아기 동안 자연 및 자연현상은 생활의 중심이 되어야 하며 그것이 놀이를 통해서 이루어져야 한다고 강조하였다.

그는 자유롭고 사색적이며, 자발적인 인간의 형성이라는 인간관을 가지고 있으면서 인간은 선을 추구하는 존재이므로 아무런 외부의 방해가 없으면 선한 활동만 한다고 생각하였다.

영유아기를 비롯하여 아동기에 놀이하는 동안 자신의 생각과 느낌을 자발적으로 표현할 수 있고, 놀이는 영유아에게 기쁨, 만족, 평온함을 느끼게 하므로 무엇보다 중요하다고 하였다(고문숙 외, 2014).

프뢰벨의 교육이론은 그의 대표 저서인 『인간의 교육』에 잘 나타나 있으며, 그 내용은 통일의 원리, 자기 주도의 원리, 노작의 원리, 사회화의 원리로 구체적인 내용은 다음과 같다(이순형 외, 2005).

① 인간의 교육

가. 통일의 원리 : 신(神), 인간, 자연의 합일을 이끌어낸다. 인간 내면의 정신은 자연의 힘에 의해 외부로 표현되고 외부의 자연은 정신을 통해 내면으로 들어온다. 이 두 가지를 통일시키는 것이 교육이다.

나. 자기 주도의 원리 : 자기가 주도하는 활동을 창조적인 것으로 보고 자기표현을 격려해 준다.

다. 노작의 원리 : 유아의 생명은 노작을 통해 발달한다. 활동과 작업을 통해 자기 발전이 이루어지며, 노작 활동을 통해 정신을 활동하도록 만들고, 신성을 표출하며, 의식을 자유롭게 한다.

라. 사회화의 원리 : 인간은 사회적 동물이며, 사회 활동의 한 과정으로 교육에 접근한다.

② 어머니와 아기의 노래

『어머니와 아기의 노래』를 저술하여 자신이 운영하는 유치원에서 부모교육을 실시하였다. 어머니들이 자녀들의 세계를 이해하도록 도왔는데, 이것이 오늘날 부모교육의 시초가 되었다.

(3) 유치원(Kindergarten) 설립과 교육과정 운영

① 유치원 설립

1837년 설립한 유치원(Kindergarten)의 교육과정은 오늘날 유아교육과정의 편성 및 운영에 많은 영향을 끼쳤다. 프뢰벨의 교육 목표 및 주요 개념을 살펴보면 다음과 같다.

가. 교육 목표 : 인간에게 내재된 신성(만물의 본질)을 충분히 표현하여, 인간, 자연, 신(神)을 통합시키는 데 있다.

나. 주요 개념 : 창조성(creativity), 자기표현(self-expression), 사회적 참여(social participation) 심리운동 경향(psychomotor experiences) 등에 초점을 맞추어 교육과정을 운영하였다.

② 유치원 교육과정 운영

유치원을 운영하는 데 있어 프뢰벨은 특별한 교사 훈련과 더불어 유아를 위한 새로운 교육 자료가 필요하다고 보고 '은물(Gifts)'과 '작업(Occupation)'을 창안하였다. 대표적인 교육과정으로는 놀이, 은물(교구), 작업, 부모교육, 자기활동 등이 있다.

프뢰벨의 교육과정과 교육방법을 좀 더 자세히 살펴보면 다음과 같다(고정곤 외, 2015).

가. 놀이: 유아들이 생활 중심의 놀이를 통해서 학습이 이루어져야 한다고 강조하였고, 놀이를 하는 동안 기쁨, 만족, 평온함을 느끼게 해 주기 때문에 무엇보다 중요하다고 하였다. 또한, 놀이는 자신이 타고난 잠재력을 계발하고 발전시킬 수 있다고 보았다.

나. 은물(교구): 유아에게 적합한 놀잇감과 교구를 스스로 고안하는 '신이 주신 선물'이라는 뜻인 '은물'이라 명명했다. 은물은 나무와 헝겊과 같은 자연스러운 소재를 사용하여 만들어졌고, 형체, 면, 선, 점의 네 가지 영역으로 나뉘어 총 10은물로 구성되어 있다. 영유아가 미완성적인 교구를 조합하며 놀이하는 동안 우주의 조화와 다양성, 상호 관련성을 깨닫고 신과 인간, 자연에 대한 합일을 느낄 수 있게 하였다.

다. 작업: 작업은 점토, 나무, 종이 등을 이용하여 영유아의 소근육이나 손과 눈의 협응력, 색과 눈의 협응력, 색과 수에 대한 개념을 익힐 수 있는 작업으로서 뜨개질, 그림 그리기, 종이접기 등 총 11종류의 조작 활동을 고안하였다. 게임과 노래 시간에는 원 게임과 율동 혹은 손유희가 주로 이루어졌고, 자연학의 내용은 주로 동식물이나 자연에 관한 관찰을 통해 종교적인 심성을 기르기 위해 다루어졌다(김정원 외, 2006).

라. 부모교육: 유아교육에 있어서 부모의 역할이 크다고 보았으며 『어머니와 아기의 노래』를 저술하여 자신이 운영하는 유치원에서 부모교육을 실시하여 어머니들이 자녀들의 세계를 이해하도록 도왔다.

마. 자기활동: 앞에서 설명하였듯이 프뢰벨은 『인간의 교육』을 저술하여 자신의 교육철학을 피력하였으며 저서를 통하여 통일의 원리, 자기 주도의 원리, 노작의 원리, 사회화의 원리 등 교육방법의 기본 원리를 제시하였는데, 그중 자기 주도의 원리를 실현하기 위해 '자기활동'을 강조하였다. 자기활동은 영유아 자신의 흥미와 관심에서 출발해야 하며, 대표적인 활동은 놀이와 작업이다.

6) 듀이

듀이(John Dewey: 1859~1952년)는 19세기 진보주의 사상가 · 철학자이자 교육자로서 미국에서 태어났으며, 기존의 관념적인 교사 중심, 교과서 중심의 주입식 교육에 반대하면서 진보주의, 실용주의를 교육을 반영하고자 하였다. 시카고 대학 부속 초등학교인 실험학교(Laboratory school)를 설립하여 기존의 교육과 다른 교육을 시도하였다. 이후 1957년 구소련의 스푸트니크(Sputnik)발사가 성공적으로 이루어지자 미국의 교육 전반에 대한 비판이 시작되었고, 진보주의 사상에 의한 생활 중심 교육과정의 문제점을 인식하고, 나선형 교육과정으로 심도 있는 교육과정의 편성 및 운영으로 활기를 되찾게 되었다.

Dewey

(1) 아동관

듀이는 아동을 풍부한 가능성을 가지고 발전해 나갈 수 있는 존재라고 보았다. 선하고 순진무구하며 '가소성', 즉 풍부한 발전 가능성이 있다고 보고, 아동은 적극적이고 발전적인 사회관계를 이루어 나갈 수 있다고 하였다.

(2) 교육철학 및 저서

듀이는 실용주의 철학에 근간을 둔 진보주의 교육사상가로서 당시 영유아 보육현장에 널리 퍼져 있던 프뢰벨의 교육철학에 대해 시대에 뒤떨어지고 지나치게 엄격하다고 비판하였다. 영유아를 위한 교육은 이상 추구가 아니라 실생활 자체라고 보았으며, 학교는 모호한 미래에 대비하도록 준비시키는 것이 아니라 현실에 잘 적응하도록 준비시키는 역할을 해야 한다고 강조하였다(김상림 외, 2015). 그의 저서로서는 『민주주의와 교육』, 『사고하는 방법』, 『나의 교육 신념』 등이 있다. 구체적인 내용은 고문숙 외(2014)를 참고로 하여 살펴보기로 한다.

① 민주주의와 교육

이 책에서 교육과정은 민주적으로 교육이 이루어지는 교실 환경 속에서 제대로 실현될 수 있고, 교육의 목적은 교육과정에 포함되어 있으며 아동의 경험을 중시하고 아동의 흥미가 교육의 출발점이 되어야 한다고 강조하였다.

② 사고하는 방법

『사고하는 방법』에는 유아들의 경험을 구성하도록 돕고 구성된 경험을 또 다시 새롭게 재구성해 나가는 과정이 되어야 한다고 서술되어 있다.

③ 나의 교육 신념

『나의 교육 신념』에서 교육은 삶이요 성장이며, 계속적인 경험의 재구성이며 사회적 과정이라고 제시하고 있다.

(3) 교육활동 방법

듀이의 교육방법은 네 가지로 분류해 볼 수 있다. 즉, 그는 자유로운 아동 중심의 활동, 생활 중심의 활동, 경험 중심의 활동, 상호작용적 교육활동을 강조하였다.

① 아동 중심의 활동

개인이 가진 선천적인 본능과 후천적으로 습득한 것을 기초로 하여 교육활동이 이루어져야 하며, 개별화 교수-학습방법과 아동의 흥미에 맞춘 수업을 중요하게 생각하였다.

② 생활 중심의 활동

현실적으로 당면하는 생활 속에서 학습이 이루어진다고 보고, 미래 사회를 살아가는 데 필요한 지식이나 기술을 습득하기 위해 학습하는 것이 아니라 현재 생활 속에서 직접 활용하고 적응해 나가기 위해서 현재의 삶을 보다 향상시키는 교육이어야 한다고 강조하였다. 영유아의 개인차에 맞는 개별화 교육을 주장하였을 뿐만 아니라 주변 환경과의 상호작용에 대한 경험과 생활 중심교육을 통해 사회화를 꾀한 것은 현재의 보육과정에 큰 의의가 있다.

③ 경험 중심의 활동

실생활에 경험할 수 있는 견학활동이 교육활동으로 도입되어 프뢰벨의 상징주의적 교육과정에서 벗어나는 전환점이 되었다. 아동에 대한 교육을 활성화시키기 위해 듀이는 영유아의 경험을 교육적으로 재구성하고 일상생활과 연관시키기는 단원(unit)과 프로젝트(project)를 교육내용으로 사용하였다(김상림 외, 2015). 이 교육 내용들의 구성 요소는 아동의 주변에서 쉽게 관찰하고 경험할 수 있는 내용들이어야 하며, 아동의 수준에 맞은 능력과 요구가 표현되는 것이어야 한다. 그는 영유아가 자신이 택한 주변 세계에

나. 민감기: 영유아기는 특정 행동에 대한 감수성에 예민해져서 그 행동에 대한 학습을 가장 잘 흡수하는 시기를 말한다. 이 민감기는 유전적으로 계획되어 있으며, 최적의 학습경험을 제공할 수 있도록 하는 것이 중요하다.

다. 준비된 환경: 영유아 스스로가 자신과 관련된 환경에 참여할 수 있도록 하기 위해 교사가 영유아를 관찰한 후 영유아의 발달 단계에 적합한 질적으로 좋은 환경을 의도적으로 계획하고 준비해 놓아야 한다. 잘 준비된 환경 속에서 몬테소리 교육방법에 따라 교구와 개인적으로 상호작용한다는 것은, 한편으로 영유아에게 자유를 허용하되 제한된 자유를 제공한다는 의미이다.

라. 자동교육: 자동교육은 자기교육이라고도 한다. 준비된 환경 속에서 영유아가 흥미와 관심이 있는 교구나 놀잇감을 선택하여 능동적·주체적·자연적으로 학습을 진행한다는 의미이다(고정곤 외, 2015). 몬테소리가 자동교육이란 용어를 사용한 이유는 교사가 영유아를 직접 가르치기보다는 자기 수정적인 교구를 통한 놀이 과정에서 스스로 자신의 실수에 대해 오류를 발견하고 이것이 수정 가능하다고 보았기 때문이다.

마. 정상화 : 몬테소리 교육의 목표는 영유아의 전인적인 성장을 도와주고, 자신의 주변 환경에 적응할 수 있게 하며, 인간적인 관계에서 사회적 요구를 받아들이고, 더 나아가 정상화하는 데 있다. 정상화란 영유아가 작업에 진정한 흥미를 가지고 집중을 반복해 만족감을 가짐으로써 자신의 내적 훈련과 자신감을 발달시키고 목적 지향적인 작업을 선택하게 되는 과정을 의미한다.[2]

---

2) 출처: http://blog.naver.com/PostView.nhn?blogId=hodu79&logNo=221167435991

2 심리적 기초

영유아들의 행동 특징이 무엇인지, 개개인은 어떻게 발달하는지를 과학적으로 연구하는 분야가 심리학이다. 이러한 심리적 기초를 바탕으로 영유아가 어떤 단계를 거쳐 발달하고, 또 어떻게 학습하는지에 대한 정보를 제공해 주는 심리적 이론은 보육과정을 구성하는 데 많은 도움을 준다. 발달에 관한 과학적인 연구는 1800년대 말기에 미국의 스탠리 홀(Stanley Hall)에 의해 시작되었다. 영유아들은 연령이 증가함에 따라 흥미나 욕구, 발달 수준이나 과업 등이 어떻게 달라지는지 심리학적 이론을 파악하여 보육과정의 특성과 방향을 이해하는 데 유용하게 적용할 수 있다.

1) 성숙주의 이론

성숙주의는 인간의 발달이 예정된 것이며, 내적이고 유전적인 요인에 의해 이루어지며, 정해진 발달 단계에 따라 그에 알맞은 행동 유형들이 발생하는 것이라고 보았다. 성숙주의 이론이 제시하는 가장 뚜렷한 핵심은 발달에 있어서 아동 내부에 있는 예정된 '계획표'가 있다는 것이다. 이를 체계적으로 정립한 대표적인 학자가 게젤(Gesell, 1880~1961)이다.

Gesell

(1) 성숙주의 이론의 핵심

소아과 의사였던 게젤은 신생아에서부터 아동에 이르기까지 관찰을 통해, 발달규준표(developmental norms)를 제시함으로써 신체 및 운동능력 발달의 이정표를 확립하였다.

발달규준표를 제시한 게젤은 아동 최적의 성장을 위한 상대적 위치를 알려주는 것을 목적으로, 내적인 힘에 의해 발달되어 가는 기제를 '성숙(maturation)'이라고 하였다. 따라서 부모나 교사, 성인은 아동이 생물학적인 힘인 성숙에 의해 발달할 수 있도록 관찰하는 것이 중요하며 관찰을 통해서 아동의 발달 속도와 성향에 맞추어 가는 것이 필요하다(윤매자 외, 2012).

아동 발달에 관한 게젤의 주장은 다음과 같다.

① 신체발달과 같이 행동발달도 계획된 방식으로 발달하며 상당 부분은 예측이 가능하다.

② 행동은 신체구조와 어느 정도의 함수관계를 가진다.

③ 환경은 행동발달에 중요한 요인이나 그 작용은 개별적이다. 즉, 한 아동 또는 한 연령에 가장 적합한 환경이라도 다른 아동 또는 다른 연령에는 그렇지 않을 수 있다는 것을 의미한다.

(2) 성숙주의 이론의 관점

인간 발달과 행동에 있어서의 유전적인 영향력이나 생물학적인 힘의 중요성을 강조한다. 아동 내면에 작용하는 내적인 힘에 주의를 기울이는 성인의 수용적인 태도를 강조할 뿐만 아니라 게젤의 이론은 학습에 대한 준비도 개념을 제시하였다. 아동이 학습할 수 있는 신체적·발달적 준비가 되었을 때 최적의 학습이 일어날 수 있다는 개념으로, 조기교육에 대한 반성의 기회를 제공한다. 그러나 그의 이론은 상대적으로 환경의 영향력을 소홀하게 다루었다는 점, 신체발달이나 신경세포의 발달에 관한 부분은 다루었으나 정서적인 부분과 양육환경의 중요성, 발달에 있어 아동이 보이는 능동적인 입장을 간과했다는 점에서 한계가 있다.

성숙주의 이론의 중요점

1. 발달에 있어 환경보다 유전에 의한 성숙을 강조함
2. 발달규준표 제시 : 발달에 대한 평균적 위치와 정보를 제공함
3. 학습준비도 개념 : 조기교육에 대한 반대 입장과 성인 관찰의 중요성 제시함
4. 한계점 : 환경, 정서, 아동의 능동성 간과함

2) 정신분석 이론

아동의 정서적, 심리적 문제, 성격문제를 다루는 정신분석이론은 생의 초기에 이루어지는 애착과 올바른 사회적 관계가 이후 사회적으로 적응하는 삶과 매우 연관이 높음을 제시하였다.

정신분석이론에서 프로이트(Sigmund Freud, 1856~1939년)는 아동의 욕구와 성격 형성과의 관계, 특히 성 에너지인 리비도가 우리 신체 부위 어디에 집중하는가에 따라 발달단계를 나누어 제시하였다. 그는 정신과 의사로 많은 히스테리 환자들을 접하게 된다. 현재 고통받고 있는 문제의 원인은 대부분 과거의 경험이나 기억으로부터 비롯된다는 것을 발견하고 '무의식'이라는 개념을 제시하였다.

Freud

(1) 프로이트 이론(심리성적 이론)

프로이트의 이론은 의식구조, 성격구조, 발달단계로 나누어 설명할 수 있다(윤매자 외, 2012).

① 의식구조

프로이트는 의식을 무의식, 전의식, 의식으로 나누었다. 그는 의식구조를 바다에 떠 있는 빙산에 비유하였다. 우리 눈에 보이는 부분 즉, 지각할 수 있는 부분을 의식, 물 위에 떠 있는 부분보다 훨씬 더 크고 의식을 떠

받치는 있는 부분을 무의식으로 구분하였다. 또한, 바로 물 밑에서 파도가 칠 때마다 보였다 안 보였다 하는 부분, 즉 어떤 힌트나 암시에 의해 의식세계로 떠올릴 수 있는 부분을 전의식으로 구분하였다.

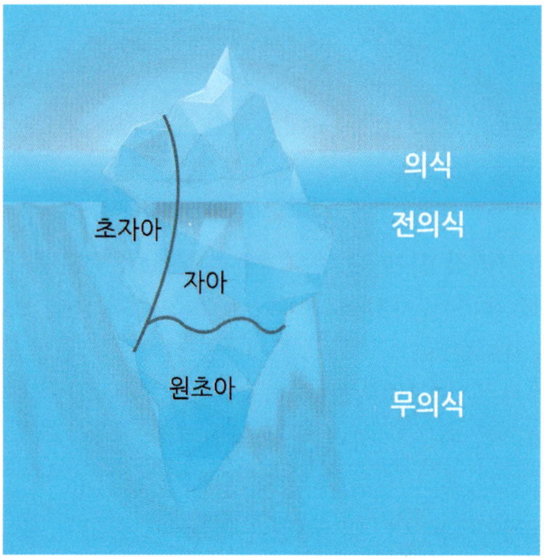

| 그림 2-1 | 프로이트의 의식구조

② 성격구조

프로이트는 인간의 성격을 이루는 성격구조를 원초아(id), 자아(ego), 초자아(superego)로 나누었다. 원초아는 인간의 생물학적 본능과 욕구를 의미하며 무의식 중 쾌락의 원리를 따른다. 자아는 초자아와 원초아를 조절하는 의식의 세계에서 현실의 원리를 따른다. 또한, 초자아는 도덕과 양심, 자아이상 등 사회적 원리를 따른다. 예를 들어, 영아들은 원초아의 지배를 받다가 점차 자아가 발달해 가면서 도덕성을 배우게 되고 초자아가 발달해 가게 된다.

③ 발달단계

표 2-3 프로이트의 심리성적 발달단계

단계(연령)	특징
구강기 (출생~1세)	성 에너지인 리비도가 입에 집중이 되는 시기로 빨기와 물기가 특징, 입을 통해 쾌감을 얻고 학습되는 시기임
항문기 (1~3세)	리비도가 항문에 집중되는 시기로 항문에 있는 괄약근을 자율적으로 통제하고 조절할 수 있게 됨에 따라 배변을 조절하는 시기임
남근기 (3~6세)	리비도가 생식기에 집중되며, 성정체감을 갖는 시기로 오이디푸스(남아), 엘렉트라(여아) 콤플렉스를 갖는 시기임. 동성의 부모 동일시를 통해 성역할과 초자아를 학습함
잠복기 (6~11세)	리비도의 활동이 휴식에 들어가는 시기로, 초등학교 시기이며 이성 친구보다는 동성 친구에게 더 관심과 에너지를 쏟는 시기임
생식기 (12세 이후)	사춘기에 접어들면서 성적 본능이 강해지는 시기로, 성적 본능과 에너지를 다른 생산적인 사회활동에 전환하는 방법을 배우는 시기임

출처 : 윤매자 외(2012). 보육학개론. 양서원. p.71. 재구성.

(2) 에릭슨 이론(심리사회적 이론)

성격발달에 있어 프로이트가 성 에너지를 중요하게 생각했다면 에릭슨(Erik H. Erikson, 1902~1994년)은 인생의 각 단계마다 다른 사람과의 관계가 성격 형성과 성격 발달에 영향을 준다고 주장하였다.

프로이트가 청소년기까지 5단계에 걸쳐 발달단계를 설명했다면, 에릭슨은 전 생애 동안 8단계에 걸쳐 성격의 발달이 이루어지며 각 단계마다 성공이나 실패에 따라 위기 상황에서 발달과업을 잘 획득하지 못하면 문제행동이나 부정적 성격형성을 갖게 된다고 하였다(윤매자 외, 2012).

Erikson

프로이트의 제자인 에릭슨은 심리사회적 발달에 관한 이론으로 확대시켰다. 에릭슨은 자아발달, 즉 자아정체감에 초점을 두고 인간의 성격발달이 사회 환경과의 상호작용에 큰 영향을 끼친다고 생각하였다. 그에 따라 8단계의 심리사회적 발달을 제시했으며, 각 단계마다 긍정적인 면과 부정적인 면을 동시에 제시하여 양극적인 측면을 가진다는 데 의의가 있다.

| 표 2-4 | 에릭슨의 심리사회적 발달단계

단계	발달과업(프로이트 단계)	특징
1	신뢰감 대 불신감 (구강기)	양육자와 안정 애착으로 신뢰감 형성하는 것이 중요하며, 양육자와의 관계가 이후 사회적 관계에 영향을 미침
2	자율성 대 수치심 (항문기)	괄약근 통제와 기본 신체조절을 통한 자율성 획득되는 시기로, 너무 빠른 배변훈련을 통해 실패를 반복해서 경험하게 되면 수치심을 갖는 시기임
3	주도성 대 죄책감 (남근기)	3세 이후 언어폭발로 인한 자기주장이 강해지고 언어와 신체조절을 통한 탐색으로 주도적 활동과 싫고 좋은 것을 뚜렷하게 표현, 주도권을 유아 스스로가 쥐고자 하는 시기임
4	근면성 대 열등감 (잠복기)	초등학교를 들어가면 학업, 운동능력, 인간관계 등의 기준에 따라 서열화되는데, 자신이 잘 할 수 있을 때 자부심을 느끼고, 지속하기 위해 노력하면 근면성이 발달하고, 이를 잘 따라가지 못하면 또래와 집단에서 열등감을 경험하게 되는 시기임
5	자아정체감 대 역할 혼미 (생식기)	청소년기는 '나는 누구인가?' 자신에 대해, 그리고 진로에 대해 탐색하는 시기로, 이것이 안 될 때 무엇을 해야 할지 몰라 방황하게 되는 역할 혼미의 시기임
6	친밀감 대 고립감 (성인 초기)	사랑하고 결혼하는 시기로, 우정과 사랑에 대한 주요 친밀감을 형성하는 시기임
7	생산성 대 침체감 (성인 중기)	자신이 속한 사회에서 또는 직장에서 직업적인 성취나 학문적 · 예술적 업적을 생산하는 시기로, 승진도 하고 업적을 내고, 가정에서는 자녀를 낳고 양육하는 시기임
8	자아통합 대 절망감 (성인 후기)	노인이 되어 자신의 생애를 되돌아보며 자아통합을 하는 시기로, 삶의 의미와 행복한 경험을 통합하며 자신의 삶을 돌아보는 시기임

출처: 윤매자 외(2012). 보육학개론. 양서원. p. 72. 재구성.

3) 행동주의 이론

행동주의 이론은 로크로부터 시작되어, 손다이크, 파블로프, 왓슨 그리고 스키너에 의해 연구되고 발전되었다. 행동주의 이론은 자극에 대한 반응이라는 기계적인 관점에서 인간의 행동을 연구함으로써 행동의 형성과 행동수정 기법을 제시하였다. 20세기 초, 왓슨에 의해 시작되었지만 그는 러시아 학자인 파블로프의 이론을 행동주의에 그대로 적용시켰다. 파블로프의 고전적 조건형성 이론은 스키너의 조작적 조건형성 이론으로 이어졌다.

Thorndike
(1874~1949년)

Pavlov
(1849~1936년)

Watson
(1978~1958년)

Skinner
(1904~1990년)

(1) 파블로프의 고전적 조건형성 이론

파블로프는 러시아의 생리학자로 유명한 개 실험을 통해 자극과 반응에 대한 고전적 조건형성 이론을 확립하였다(윤매자 외, 2012).

① 조건화가 되기 전 단계에서 종이라는 자극은 개에게 어떤 반응도 이끌어 내지 않는 중립자극이다. 개의 밥, 즉 음식은 개에게 침의 분비를 유발해 내는 무조건적 자극이다.

② 조건화 단계에서는 중립 자극인 종과 무조건 자극인 음식을 연합하여 제시하는 것이다.

③ 조건화 후 단계에서는 조건화 단계를 통해 중립자극이었던 종이 개의 침을 유발해 내는 무조건 자극으로 학습화된 것이다.

④ 무조건 자극(unconditioned stimulus)은 학습 없이 항상 특정한 반응을 자동적으로 유발하는 자극을 말한다.

⑤ 무조건 반응(unconditioned response)은 무조건 자극에 의해 자동적으로 유발되는 반응이라고 할 수 있다.

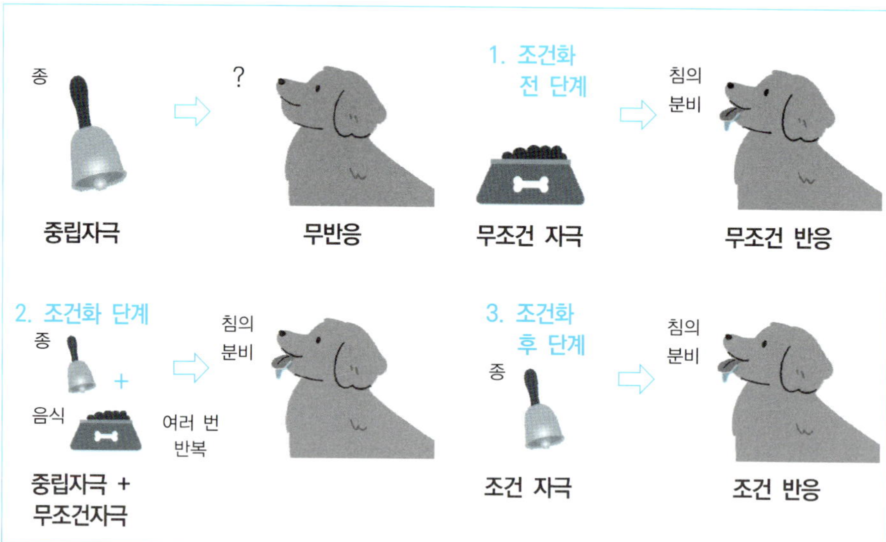

|그림 2-2| 파블로프의 고전적 조건형성 이론

(2) 왓슨의 이론

왓슨은 자신만의 독창적인 학습이론을 확립한 것이 아니라 파블로프의 이론을 인간에게 적용시켜 인간의 정서적인 학습에 대해 정리하였다. 11개월 된 알버트에게 큰소리와 함께 흰쥐를 반복해서 보여 주는 것을 통해 중립자극이었던 흰쥐에 대해 공포심을 유발하는 무조건적 자극으로 조건화시킨 것이다. 또한, 극단적 행동주의자라고 할 수 있는데, 그가 했던 유명한 말 중에 "나에게 12명의 갓 태어난 아기를 주면, 거지로 만들 수 있고 의사도 만들 수 있다."라고 한 일화가 있다. 이는 영유아가 가지

고 태어나는 기질이나 유전적 특성을 모두 무시하고 환경과 학습에 의해 사회가 원하는 사람으로 만들 수 있다는 의미를 내포하고 있다.

(3) 스키너의 조작적 조건형성 이론

스키너는 초기의 행동주의 이론을 수용하였으나 왓슨과는 다른 조작적 조건형성 이론을 주장하였다. 즉, 그는 인간의 행동은 그 행동 뒤에 따라 일어나는 보상에 의해 결정된다고 보았다. 이를 조작적 조건형성이라 한다. 스키너는 스키너 박스(Skinner box)라는 실험 장치를 통해 흰쥐가 돌아다니다가 지렛대를 누르면 흰쥐가 좋아하는 치즈가 떨어지게 하였다. 즉, 파블로프의 고전적 조건형성 이론에서는 자극을 먼저 주면 이에 대한 반응을 보았다면, 스키너는 흰쥐가 지렛대를 누르는 반응을 먼저 보일 때 자극(보상)을 준 것이다. 지렛대를 누를 수도 있고, 누르지 않을 수도 있는 선택, 즉 환경을 조작할 수 있는 선택권을 학습자가 갖게 한 것이다. 이와 같은 관점은 학습자를 보다 능동적인 입장에서 파악하고 있는 이론이라고 할 수 있다(윤매자 외, 2012).

4) 인지발달 이론

인지발달 이론의 주요 관점은 인간의 지적 능력이 어떤 과정을 통해 획득되는지에 있다. 영유아가 주변 환경과 적극적으로 상호작용함으로써 경험을 통해 적응하고, 스스로 지식을 구성해 간다고 보았다. 아동의 인지발달을 설명하는 이론으로는 피아제(Piaget)의 인지발달 이론과 비고츠키(Vygotsky)의 사회문화적 인지발달 이론이 있다(김상림 외, 2015).

(1) 피아제의 인지발달 이론

영유아는 성숙과 환경과의 상호작용을 통해 자기 지식을 구성한다. 인지구조의 기본 틀인 도식 → 동화 → 조절 → 평형의 과정을 인지발달에 영향을 미치는 주요 요소로 보았다.

피아제(Piaget, 1896~1980)는 아동이 능동적으로 외부 세계를 탐색하고 조작함으로써 인지발달이 일어난다고 하였다. 또한, 인지발달은 연령에 따라 4단계를 거치며 이루어지는데, 각 단계는 건너뛰거나 순서를 바꾸지 않고 차례로 발달해 간다고 하였다.

Piaget

| 표 2-5 | 피아제의 인지발달 단계

발달단계	특징
감각운동기 (출생~2세)	감각(오감)과 운동을 통해서 인지발달이 일어나는 시기로, 물리적 사물과의 상호작용을 통해 영아는 세상에 대한 중요한 지식을 배우게 됨
전조작기 (2~7세)	사고의 조작이 일어나기 전 단계로, 유아가 언어와 같은 상징적 매체를 사용하기 시작하면서 사고에 진전은 있지만, 아직 사고는 논리 · 수학적이지 않고 직관적 사고를 함
구체적 조작기 (7~12세)	사고의 조작을 할 수 있는 단계(논리 · 수학적 사고)로, 가역성의 원리를 터득해서 보존 개념을 획득하여 과학적인 사고와 문제해결이 가능한 시기임
형식적 조작기 (12세 이후~)	아동이 구체적 사물이 없이도 논리 · 수학적 사고, 추상적 사고, 가설적 사고를 할 수 있는 시기임

출처: 윤매자 외(2012). 보육학개론. 양서원. p. 76. 재구성.

(2) 비고츠키의 인지발달이론(사회문화적 이론)

아동의 인지발달이 이루어지는 문화적 맥락(context)을 강조한 러시아 심리학자 비고츠키(Vygotsky, 1896~1934)는 영유아가 어떻게 지식을 구성해 가는가를 이해하는 데 관심을 두었다. 즉, 아동 발달은 아동이 속해 있는 사회·문화적 맥락을 떠나서는 생각할 수 없다고 하였다. 그 사회가 지닌 상징체계, 언어, 개념 등을 습득하고 사용한다고 하였다(최애경 외, 2010).

Vygotsky

① 근접발달영역(ZPD: zone of proximal development)이란 어떤 일을 수행할 때 혼자서는 할 수 없는 실제적 발달영역과 타인의 도움이 있어야만 할 수 있는 잠재적 발달영역 간의 차이를 말한다. 즉 교사, 부모, 발달이 앞선 또래와의 상호작용을 통해 내면화를 거치면서 실제 발달 수준에 이룰 수 있다는 것이다.

② 비계설정(Scaffolding)은 아동이 현재 발달 수준에서 잠재적 발달 수준으로 넘어갈 수 있도록 발판의 역할을 해주는 것을 의미한다(윤매자 외, 2012).

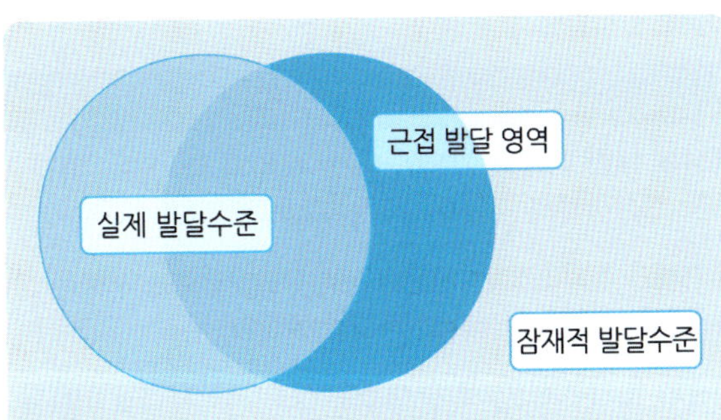

| 그림 2-3 | 비고츠키의 근접발달영역

5) 구성주의 이론

구성주의는 성숙주의와 행동주의의 관점을 모두 부정하고 새로운 시각에 기초를 두고 있다. 아동은 주변 환경과 상호작용을 통해 자발적·능동적으로 학습한다고 보며, 구성주의를 대표하는 학자로 피아제와 비고스키가 있다. 구성주의 학자들은 아동의 발달이 유전적인 요인과 환경적인 요인 간 상호작용의 결과로 이루어진다고 보았고, 아동은 독특한 인지구조를 지닌 전인적인 존재이며 내적 능력을 갖고 있다고 보았다(고문순 외, 2014). 구성주의는 인간이 학습을 할 때 자신의 경험으로부터 지식과 의미를 구성해 낸다고 본다. 즉, 영유아들이 새로운 정보를 학습할 때 학습 이전의 개념들을 토대로 학습이 진행된다는 것이다. 구성주의에 따르면, 학습이 타인에 의해 전달되는 것이 아니라 학습자 자신이 대상과 상호작용하면서 자신의 경험과 자신의 세계 안에서 그 의미를 능동적으로 구성해 나간다고 것이다.

피아제에 의하면, 유아들은 적극적으로 사물을 관찰하고, 탐구하고, 경험하는 동안 기존의 지식과 새로 발견한 지식 간의 불균형을 경험하다가 동화와 조절을 거쳐 균형을 이루어 나름대로 무엇인가 새로운 것을 알게 된다고 하였다.

표 2-6 피아제의 인지발달의 구성

구성	내용
도식	세상에 대한 이해와 기본이 되는 '이해의 틀' 또는 '배경 지식'이라고 한다. 점차 성장하면서 개념적·조작적으로 확대되어 간다.
동화	유기체가 가지고 있는 기존의 인지구조만으로는 새로운 상황이나 사건을 혼란스러워하면서 이해하는 과정을 말한다.
조절	기존의 인지구조만으로는 새로운 상황이나 사건을 이해할 수 없을 때, 기존의 인지구조를 변형시켜서 지식을 재조직화하는 과정을 말한다.
평형	동화와 조절과 같이 지식의 불균형상태를 초래하지 않기 위해서 서로 간에 균형을 이루려는 인지구조의 기제를 평형이라고 한다.

인지발달 이론에서 언급한 것을 좀 더 구체적으로 설명하자면, 피아제는 사람은 태어나면서 도식을 가지고 태어나며 이것은 사물과 상황에 대해 정신적으로 표상하거나 생각하도록 하는 조직화된 행동 또는 사고 체계이자 사고의 기본 단위라고 하였다. 그리고 도식은 동화, 조절, 평형을 통해 확장되고 정교화된다고 하였으며, 동화는 자기의 인지구조에 따라 환경에 반응하는 혼란스러운 과정이며, 새로운 대상이나 상황이 동화하는 데 적합하지 않을 때 자신이 가지고 있는 도식을 수정하여 받아들이는 것을 의미한다. 이러한 동화와 조절의 균형을 맞추는 나가는 과정을 '적응'이라고 하며, 이것이 통합 과정을 걸쳐 유지하는 것을 평형이라고 한다. 피아제는 이런 과정을 통해 이루어지는 인지발달 단계를 감각운동기(0~2세), 전조작기(2~6세), 구체적 조작기(6~12세), 형식적 조작기(12~15세) 등 4단계로 구분하였고 인간의 인지발달이 이 순서대로 진행된다고 주장하였다.

한편, 인지적 측면을 강조한 피아제와는 달리 비고츠키는 사회·문화적 맥락을 강조하였다. 인간은 탄생과 동시에 주의력, 감각, 지각, 기억과 같은 기본적 고등정신기능을 가지며 이러한 기능들은 사회와 문화에 의해서 고도의 정신적 기능으로 변형된다고 보았다.

이러한 관점에서 비고스키는 근접발달영역의 개념을 통해 유능한 성인이나 또래의 역할을 강조하였다. 근접발달영역은 아동이 스스로 도달할 수 있는 능력과 주변의 도움을 받아 도달할 수 있는 능력으로 구분되며 교사, 부모, 유능한 또래의 도움을 받아 잠재적 발달 수준에 도달할 수 있다는 내용이다. 이때 기초가 되고 지지대가 되는 것을 비계설정(scaffolding)이라 하며, 이는 건축학에서 온 용어로 '발판'이라는 뜻을 가지고 있다.

구성주의를 추구하는 보육 현장에서는 영유아가 학습의 주체가 된다. 영유아의 발달 수준이나 사고 과정을 파악하거나 관찰하는 데 관심이 많으며, 영유아 스스로 경험하게 하여 인지구조를 변화시키고자 한다. 영유아의 자발적인 흥미로 인한 학습이 효과가 높다는 것을 인정하고 이를 위해 적절한 수준의 새로운 사물과 질문을 제시하며 영유아의 사고를 존중한다. 그리고 성인과 영유아의 사고가 질적으로 다르다는 것을 인정하기 때문에 영유아를 지나치게 성숙된 단계로 이끌려고 하지 않는다.

3 사회 · 문화적 기초

영유아에게 미치는 우리 사회의 사회 · 문화적 현실이 무엇인가에 대한 질문을 통해 보육과정을 계획하고 실행, 평가하는 데 도움이 된다. 영유아는 한 사회 구성원으로서 작게는 가정과 지역사회, 크게는 국가의 가치관, 생활양식 등을 이어받고, 좀 더 나은 사회 변화를 위해 교육제도 안에서 발달하고 성장해 나가기를 바란다. 교육은 사회적 삶의 형성과정으로, 앞에서 설명했듯이 듀이는 아동 중심 교육, 생활 중심 교육, 경험 중심 교육, 상호작용적 교육을 강조하였다.

또한, 인간이 창조한 문화는 특정한 상황에서 개인이나 집단행동을 예언할 수 있게 한다(고문숙 외, 2014). 특히 보육은 사회적 여건이나 이슈에 따라 다른 관점으로 변화되어 왔으므로 보육과정은 영유아와 부모, 지역사회 요구 및 현재 사회가 요구하는 능력, 그리고 미래 사회에 적절히 대처할 수 있는 능력을 길러주는 데 초점을 맞추어야 한다(황혜경 외, 2015).

이러한 관점에서 아동을 바라보는 아동권리존중의 보육과 복지사회 구현, 저출산 문제, 가족구조의 변화, 여성의 자아실현 욕구, 정보화 시대와 창의성 교육 등이 보육과정에 어떠한 영향을 주고 있는지를 알아보고자 한다.

1) 아동권리존중과 보육

영유아 보육의 필요성은 기본적으로 그 대상인 아동 중심으로 다루어져야 한다. 아동권리존중과 보장에 대한 인식 증가가 보육과정을 통해서 영유아에게 어떠한 영향이 미치는지는 세계인권선언(1959)에서도 나타나

있듯이 사회는 아동의 성장과 발달을 위한 자연적 환경으로서의 가족에게 공동체 내에서 그 책임을 충분히 감당할 수 있도록 필요한 지원을 해주어야 한다고 하였다. 또한, 유엔아동권리협약(1989)에서는 아동을 위한 4대 기본권을 비롯하여 3대 원칙과 1의무를 제시하고 있다. 4대 기본권은 생존권, 발달권, 보호권, 참여권이며, 3대 원칙은 아동 이익 최우선의 원칙, 비차별의 원칙, 아동 의견 존중의 원칙, 1의무는 국가와 부모에게 주어진 아동권리보장에 대한 의무이다. 또한, 아동은 인격 발달에 적합한 가정환경과 행복 · 사랑 · 이해의 분위기에서 성장할 권리가 있다. 모든 아동들이 그들의 보호자가 누구인가에 상관없이 자신의 개성을 발달시키고 앞으로 자아실현을 할 수 있는 기반을 닦을 수 있도록 평등하게 보호받고 교육받을 기회를 누려야 한다. 이에 기본적인 보육과정이 영유아 보육에 출발선을 평등하게 하자는 취지에서 국가수준의 표준보육과정과 누리과정을 개발하여 적용해 오고 있다.

2) 복지사회 구현과 보육

과거에는 자녀 양육의 책임을 부모와 가정에 있었기 때문에 아동 서비스의 기능을 주로 보호에 두었다. 가정에서 정상적인 양육을 받기 어렵거나 보호자가 근로 또는 질병 등으로 인해 아동을 보호할 능력이 없는 경우에는 보호자의 위탁을 받아 일정한 기간(시간) 동안 아동을 보호하는 서비스 형태로 제공되었다. 그러나 현재 우리 사회는 저출산, 고령화, 저성장, 양극화의 문제를 겪고 있으며, 정부는 이것에 효율적으로 대응하는 방법으로 새로운 사회적 성장 및 잠재력을 확보하는 것이라 보았다. 특히 소외된 저소득층 가정, 한부모가정, 다문화가정, 조손가정에 대한 각종 혜택과 보육서비스가 제공되어 국민 모두가 행복하게 잘사는 복지사회 구현은 국가가 해야 하는 역할이다(고정곤 외, 2015).

현대 보육서비스의 특징이라고 볼 수 있는 것은 포괄적 아동보육 서비스이다. 아동보육 서비스는 아동복지뿐만 아니라 여성복지 · 가족복지 · 지성평등 의식의 변화 및 수준 높은 삶의 질 추구 등의 가치관 변화로 인해 여성들의 사회진출도 빠르게 증가하여 남성들과 똑같은 권리를 주장함은 물론이고, 직장에서도 남녀 차별 없는 평등사회를 실현하였다. 또한, 가정이나 사회에서도 과거와 달리 남성의 역할, 여성의 역할을 구분하지 않고 양성성의 역할로 전환되는 경향이 뚜렷이 나타나고 있다. 이와 같은 추세는 여성의 취업과 관계없이 취업을 하지 않은 경우에도 취미생활이나 봉사 등의 다양한 사회활동에 참여하게 됨으로써 자연히 가정의 자녀 양육 기능을 대행해 줄 사회적 제도가 요구된다. 그러므로 여성들의 자아실현을 위한 차원에서 보육서비스는 중요하다고 볼 수 있다.

6) 정보화 시대와 창의성 교육

우리가 살고 있는 21세기 사회는 산업화를 거쳐 지식정보화, 4차 산업혁명과 인공지능의 시대가 도래하고 있다. 4차 산업혁명이 무엇인가라는 질문에 대해 아직까지는 모든 분야를 아울러 한마디로 정의하기란 어렵다(서영숙 외, 2017). 또한, 산업혁명이 우리의 삶과 생활을 어떻게 바꾸는지 등의 그 흐름에 대해 알고 있어야 하며, 나아가 미래의 주역인 영유아의 삶에 어떤 영향을 미칠 것인가에 대해 관심을 가지고 보육과정에도 반영하여야 할 것이다.

지식정보화 시대에 살아가는 영유아에게 필수적인 능력은 창의성이다. 국가수준의 표준보육과정이나 누리과정이 개정될 때마다 항상 강조되는 내용이 창의성 교육이다. 영유아기는 세계를 해석하는 능력은 부족하지만 창의적 사고의 밑거름이 되는 직관적 사고가 가장 활발하게 이루어지는 시기이다. 장차 살아갈 무한 경쟁사회에서 새로운 아이디어를 창출해 내는 창의성을 기르는 계발교육이 필요하다.

영유아들이 전인적인 발달을 도모하고 올바른 가치관과 인성을 기르기 위하여 일련의 전문적인 활동이 필요하다. 보육과정은 보육활동 전반에 대한 정교하고 체계적인 계획과 구성으로 보육목표, 보육내용, 보육을 위한 교수-학습방법, 보육 평가로 구성된다. 또한, 보육과정은 순환적이며 상호작용적인 단계로 체계화된다(황혜경 외, 2015). 제2부에서는 보육과정의 구성 체계 및 평가로, 보육과정의 목표 설정과 구성 원리, 보육과정의 내용 선정 및 조직에 대해 알아보고, 교수-학습 활동과 교수-학습방법의 종류, 보육과정의 평가 및 평가제에 대해 구체적으로 살펴보고자 한다.

PART Ⅱ

보육과정의 구성체계 및 평가

CHAPTER

03 보육과정의 구성 및 내용

Educare Curriculum

보육과정 구성은 교사가 영유아들을 위하여 보육목표를 설정하여 구체적으로 실천할 수 있도록 일련의 설계도처럼 구체적인 내용을 사전에 작성해 놓은 것을 말한다. 그렇기 위해서는 보육 내용을 선정한 다음, 각 영유아들의 연령과 발달 수준에 적합한 교수-학습방법을 찾아 보육활동을 실시하고 설정된 보육 목표가 어느 정도 달성되었는지를 평가하는 과정을 거친다(고문숙 외 2014). 구체적으로는 보육에 대한 철학적 신념과 이론에 기초하여 보육 목표를 어떻게 계획하고 실행하며, 평가할 것인가에 대한 구성의 틀을 의미한다(백혜리 외, 2013). 제3장에서는 보육과정의 구성과 내용으로, 보육과정의 목표 설정, 구성 원리, 내용 선정 및 조직에 대해 살펴보고자 한다.

1 보육과정의 목표 설정

보육과정의 목표란 계획된 보육과정을 통해 영유아가 얻게 될 핵심적인 보육의 결과를 의미한다. 보육의 목표는 전체 보육과정의 방향을 구성하고 보육과정의 실행을 통하여 달성하여야 할 구체적인 내용을 의미한다(황혜경 외, 2015). 그러므로 보육의 목표 설정은 보육과정 구성의 가장 기

② 유아를 위한 목표

가. 신체조절 능력과 안전한 생활습관 형성을 기른다.
나. 자기에 대한 긍정적 태도를 발달시킨다.
다. 사회적 지식과 올바른 태도를 습득한다.
라. 타인 및 세계에 대한 배려와 관심을 가진다.
마. 정서적 안정감과 심미감을 기른다.
바. 언어능력 발달과 표현능력을 기른다.
사. 합리적 문제해결 능력과 태도를 기른다.
아. 창의적 자기표현 능력을 기른다.
자. 자조 능력과 자기에 대한 긍정적 태도를 기른다.
차. 사회적 기술과 의사소통 능력을 기른다.

2 보육과정의 구성 원리

보육과정은 '무엇을, 왜, 어떻게 가르치고 평가하느냐'에 관한 것으로, 보육 목표 및 보육내용, 교수-학습방법, 평가로 단계적이며 순환적인 과정으로 구성된다. 구체적인 내용은 표 3-1과 같다(서영숙 외, 2017).

표 3-1 보육과정 구성 원리

요소	내용
목표	보육과정이 추구하는 방향이면서 보육과정을 경험한 영유아가 획득하게 될 주요 결과
내용	영유아가 구체적으로 실천하고 경험하게 될 내용
교수-학습방법	보육내용을 구체적인 방법으로 실행
평가	보육과정 전 과정을 되돌아보며, 그 결과를 다음 보육계획안에 반영

1) 관점에 따른 구성 원리

일반적으로 보육과정은 아동관, 교육관, 교사관, 국가관을 바탕으로 구성되므로, 이런 관점을 보육과정에 반영한다(서영숙 외, 2017).

(1) 아동관

아동관이란 영유아를 어떻게 정의하는지, 어떤 존재로 인식하는지 등 영유아에 대한 관점을 말한다. 예를 들어, 영유아를 수동적인 존재로 보는지, 능동적인 존재로 보는지에 따라 교수-학습방법과 평가에 차이를 두게 된다.

(2) 교육관

교육관이란 학습과 교육을 어떻게 정의하고 어떤 방법이 효과적이고 적절한지 등 학습과 교육에 대한 관점을 말한다. 예를 들어, 바람직한 관찰 가능한 객관적 행동의 증가가 보육과정의 중요한 목표가 될 것이다. 영유아기의 교육은 놀이의 중요성을 강조하여 영유아가 적극적으로 놀이에 참여할 수 있도록 지원하고 격려하는 것을 담당하게 된다.

(3) 교사관

교사관이란 교사는 어떤 존재이고 어떤 역할을 해야 하는지 등 교사의 역할과 자질에 대한 관점을 말한다. 보육과정을 계획하고 운영하며 평가하는 사람으로서 교사의 가치, 신념, 자질 등이 보육의 질에 직접적인 영향을 미치게 된다.

(4) 국가관

국가관이란 국가가 보육을 어떻게 바라보는지, 보육에 있어 국가의 역할이 무엇인지 등의 보육에 대한 국가의 관점을 말한다. 보육을 보편적복지로 보는 국가는 무상보육과 같이 보육에 대한 국가의 전적인 책임을 강조한다.

이와 같이 보육 목표, 보육 내용, 교수-학습방법, 평가라는 일련의 과정으로 구성되는 보육과정은 강조되는 관점에 따라 다양해질 수 있다. 그러나 어떤 관점으로 보육과정을 구성하더라도 보육과정 구성 시 기본적으로 중요하게 여겨야 하는 원리가 있는데 이를 살펴보면 다음과 같다.

2) 보육과정 구성의 기본 원리

영유아 보육에 대한 주요 관점에 따라 보육과정의 구성을 다양하게 접근할 수 있다. 어떤 관점에서든지 보육 목표, 보육 내용, 교수-학습방법을 설정하고 실행하는 데 있어서 기본적으로 충족시켜야 하는 바람직한 원리가 있다(김상림 외, 2015). 일반적으로는 적기성, 적합성과 개인차, 연속성과 계열성, 통합성 등의 원리들이 있다. 이러한 보육과정 구성의 원리뿐만 아니라 영유아권리존중의 원리, 보육수요자의 다양성의 원리, 보육시간과 보육범위의 포괄성의 원리 등이 있다. 영유아권리존중의 원리를 포함하여 보육과정 구성의 기본 원리를 살펴보면 다음과 같다.

(1) 영유아권리존중의 원리

보육과정은 영유아의 생존권, 발달권, 보호권, 참여권 등을 포함한 영유아권리를 존중하는 보육 원리를 유지해야 한다. 그러기 위해서는 영유아의 욕구에 민감하게 반응하고, 발달 수준에 적절한 환경을 제공하며, 영유아를 바라보는 시각이 달라야 한다. 즉, 영유아는 능동적인 존재이기 때문에 스스로 자신의 경험을 구성하고, 재구조화하며 확장 또는 정교화할 수 있는 잠재적인 능력을 보유하고 있다. 따라서 보육과정을 계획하고 실행, 평가하는 일련의 과정에서 영유아의 능동성을 존중하여 보육과정을 운영해야 한다는 원리이다.

(2) 발달적 욕구의 적기성의 원리

영유아기는 전 생애에서 질적·양적으로 가장 급속한 발달이 이루어지는 시기로, 각 발달 시기별로 대표적인 발달 특성을 반영하여 이를 적기에 경험할 수 있도록 보육과정을 구성하여야 한다. 보육과정을 계획하고 실행하는 교사는 영유아의 시기별 발달 특성 및 요구를 정확히 이해할 수 있어야 하며 이를 반영하여 실천하도록 노력해야 한다(김상림 외, 2015).

(3) 적합성 및 개인차를 고려한 원리

보육과정은 영유아의 발달적 욕구와 다양성을 인정하고 보육과정 원리에 입각해서 구성해야 한다. 영유아는 놀이와 자유로운 활동을 필요로 한다. 이러한 영유아의 내적 욕구를 무시하지 않고 자연 속에서 자유롭게 놀고 스스로 활동을 구성하게 하는 가운데 영유아의 내적 발달이 이루어진다(이순형 외, 2005). 따라서 영유아의 연령별 보편적 발달 기준에 따라 보육과정을 계획한다.

이때, 발달의 개인차를 고려하여 발달 수준에 적합한 보육이 개별적으로 이루어지도록 구성하는 것이 바람직하다. 현실적으로 개별 보육이 어렵다고 하더라도 개별 영유아의 발달 수준을 무시한 획일화된 보육은 영유아권리존중보육이 아니라 여러 가지 문제가 제기될 수 있다. 즉, 연령별 보편적 발달 범주 안에서 어떤 활동을 할 것인지, 어떤 상호작용을 할 것인지, 어떤 경험을 영유아에게 안전하고 흥미로운 활동으로 전개할 수 있는지에 대해 고려해야 한다. 예를 들어, 개별 영유아의 따라 미술활동을 즐기는 영유아와 그렇지 않은 영유아의 미술수업에 대한 요구가 다를 것이다. 개별 영유아의 강점, 흥미, 욕구 등을 중요시하여 영유아의 욕구가 가능한 한 충분히 보장되는 보육과정이 구성되어야 한다.

1) 보육과정의 내용 선정

보육 목표가 선정되면 그 목표를 달성하기 위하여 보육과정 내용을 선정한다. 보육과정 내용은 학습할 가치가 있는 것을 무엇으로 보느냐에 따라 어떤 부분을 강조하느냐에 따라 달라진다(서영숙 외, 2017). 즉, 보육과정의 내용을 결정하는 것은 보육과정 이론의 영향을 받는다. 따라서 보육 내용을 선정할 때 영유아의 다양한 흥미와 관심, 배경, 보육환경 등의 다양한 요소들을 고려하여야 하므로 어려운 과정이라고 할 수 있다.

2) 보육과정 내용 선정의 기준

미국 유아교육협회(NAEYC, 1991)에서 개발하여 제시한 '발달에 적합한 실제'는 주로 발달이론에 근거하고 있다는 비판이 있지만, 영유아들을 위한 학습경험 및 보육과정을 선정할 때 연령별 특성, 개인적 적절성, 사회·문화적 배경과 같은 요소들을 고려하고 있다.

이러한 점을 감안할 때 우리는 지금까지 영유아들을 위한 보육 내용은 영유아 발달에 관한 지식에 상당히 의존해 왔다고 볼 수 있다. 그러나 보육과정이 단순히 영유아 발달에 대한 지식에만 의존해서는 안 되며, 기초적인 학문적 지식, 기술, 태도와 함께 문화와 지역사회의 가치 등도 포함할 것을 요구하고 있다(고문숙 외, 2015).

이러한 측면에서 보육과정의 내용을 선정할 때 기본적으로 고려해야 할 사항은 다음과 같다(장정란 외, 2018).

첫째, 보육 내용은 보육과정의 목적과 목표에 부합되어야 한다. 보육 내용이 맞지 않으면 보육 목표를 달성하기 어렵다.

둘째, 보육 내용은 영유아의 연령과 수준에 적절해야 한다. 영유아의 발달 수준, 흥미, 관심, 욕구에 기초하여 구성되어야 한다.

셋째, 보육 내용은 영유아에게 직접 참여하는 기회를 제공해야 한다. 영유아가 보육활동을 직접 참여하여 경험하고 일상생활에 밀접하게 연관된 내용을 선정해야 한다.

넷째, 보육 내용은 균형 있게 제공되어야 한다. 신체, 인지, 언어, 사회·정서발달이 영유아의 건전한 성장과 발달에 도움을 주도록 구성되어야 한다.

다섯째, 보육 내용은 사회적 가치에 적합해야 한다. 인간의 도덕적 가치와 이상, 예절, 배려, 시민의식 등의 함양 증진에 적합한 내용으로 구성되어야 한다.

임재택(1995)은 영유아를 위한 학습 내용 및 활동의 선정 기준으로 다음과 같은 사항들을 제안하였다.

첫째, 설정된 목표와 관련성이 있어야 한다.

둘째, 영유아들에게 필요하거나 경험할 만한 가치가 있어야 한다.

셋째, 영유아들이 흥미를 느낄 수 있으며 친숙한 것이라야 한다.

넷째, 영유아들의 능력과 발달 수준에 적합해야 한다.

다섯째, 계절, 기후, 행사, 지역 실정 등과의 관련성이 있어야 한다.

여섯째, 가능한 여러 가지 목표와 관련된 것이어야 한다.

일곱째, 영유아교육기관에서 실행 가능한 것이어야 한다.

지금까지 보육 내용 선정의 기준에 대해 종합해 보면, 보육과정의 내용 선정을 위해서는 필요한 지식과 활용할 수 있는 기술 습득과 함께 영유아에게 이해 가능한 학습경험, 상호작용적 협력 경험, 통합적 학습 경험 등이 강조되고 있음을 알 수 있다.

3) 보육과정의 내용 구성

보육과정의 실제적 내용 구성은 보육의 목적을 달성하기 위한 내용으로 구성되어야 하며, 보육활동과 영양, 건강, 안전, 부모참여 및 지역사회와의 협력(「영유아보육법」 시행규칙 제23조) 등에 의해 영유아의 전인적인 발달 도모하기 위함이다. 보육과정의 내용 구성을 살펴보면 다음과 같다(황혜경 외, 2015).

(1) 보육활동

보육활동은 영유아로 하여금 유능하고 존중받는 사람으로서 자아존중감을 발달시키도록 돕는다. 장기적인 목적에 따라 전인적인 발달을 도모하기 위해서 목표를 구체화하고, 그 목표를 달성하기 위해 연간, 월간, 주간, 일일 보육활동을 계획하고 실행해야 한다.

그러나 앞에서 언급하였듯이 2019 개정 누리과정에서 일부 교육현장에서 발생했던 지나친 교사 주도 활동을 지양하고 연간, 월간, 주간, 일일 교육계획 수립 의무를 경감하여 교육계획은 수립하되, 유아의 관심, 특성, 여건을 감안해 '유아와 교사가 함께 만들어가는 교육과정'임을 강조한 바가 있다(교육부 · 보건복지부 · 육아정책연구소, 2019a).

따라서 보육활동 실행 시에 목적과 목표에 따라 구조화 및 비구조화된 활동, 집단 및 개별 활동, 동적 및 정적 활동, 휴식 및 배변 등의 생리적 욕구 충족을 위한 활동을 포함하여 융통성 있게 운영되어야 한다.

(2) 영양 및 건강

영양관리는 영유아에게 제공되는 적절한 식단을 통해 규칙적인 식사와 간식을 충분히 제공함으로써 균형 있는 영양을 공급해 주며, 바른 식습관을 기를 수 있도록 도와야 한다. 또한, 영유아의 건강을 위해서는 신체 및 정신건강에 도움이 되는 예방적 서비스를 제공하고, 영유아의 건강문제를 발견하여 치료와 상담을 도움으로써 영유아와 그 가족 및 지역사회의 건강을 증진시킬 수 있다(황혜경 외, 2015).

(3) 안전 및 위생

안전과 위생 · 청결과 관련해서 교사는 영유아 안전관리의 중요성을 인식하고 실천해야 하며, 영유아 스스로가 자신의 안전에 대해 보호할 수 있는 대처능력과 기술을 익힐 수 있도록 안전교육을 실시해야 한다. 어린이집의 안전관리 내용으로는 시설 · 설비 안전, 소방안전, 교통안전, 생활

안전(학대, 유괴, 미아 발생, 전기사고, 성범죄, 동 · 식물 사고, 인라인스케이트 등) 등이 있다. 안전관리의 주체는 영유아뿐만 아니라 교사와 부모도 포함되어야 한다. 위생교육과 청결은 영유아의 건강을 위한 기본 요건으로 영유아를 대상으로 한 건강교육 속에 위생교육과 청결교육은 반드시 포함하며 시설 및 급식 위생을 고려하여야 한다. 또한, 어린이집 및 영유아교육기관은 정기적인 소독과 점검은 필수적이다(황혜경 외, 2015).

(4) 부모교육 및 참여

부모교육은 부모와 각 가정의 특성에 맞는 교육 내용을 실시하는 것이 영유아에게 도움이 된다. 부모들에게 보육에 관한 지식, 정보, 기술 등을 알려주는 것이다. 보육과정에서는 맞벌이 부모, 다문화 부모, 농어촌 부모, 한부모, 저소득 부모 등을 대상으로 하여 이들에게 적절한 맞춤형 보육과정을 리플릿, 양육 정보지, 소책자, 양육안내 편지, 가정통신문, 홈페이지 게시글 등을 이용하여 부모교육 자료를 제공한다. 또한, 일반적으로 부모교육의 주제는 부모들이 관심을 갖고 있는 주제로 선정하며, 부모교육을 계획하고 실시할 때는 부모의 참석이 가능하고 편리한 시간을 조사하여 결정한다. 또한, 부모들이 보호자 혹은 의사결정자로서의 보육에 참여하도록 하며, 보육과정의 관찰 등을 통하여 어린이집 조직과 목표, 철학 등을 이해하도록 도와 보육의 효과를 높인다(국가직무능력표준 NCS, 2021).

(5) 가정 및 지역사회와의 협력

가정 및 지역사회와의 협력은 영유아를 둘러싼 부모, 가족, 지역사회에 대한 이해를 바탕으로 이들과 소통하고 협력함으로써 최적의 보육을 실천하는 데 목적이 있다.

지역사회 교류와 협력은 지역사회 인사를 초빙하여 보육활동에 참여시키거나 지역사회에서 어린이집을 개방하여 지역주민에게 활용할 수 있도록 지원하고, 대중매체를 통해서 지역사회와의 의사소통 등을 효율적으로 할 수 있다. 또한, 지역사회 자원을 활용하기 위해 지역사회 기관이나 시설을 견학 또는 현장실습 장소로 활용할 수 있도록 보육과정을 계획할 수 있어야 한다. 주로 어린이집 연간계획을 작성할 때, 지역사회 전문가 초빙, 의료검진 및 상담, 자원봉사자 활용 등 지역사회의 인적 자원 및 물적 자원을 활용할 뿐만 아니라 지역주민들을 위한 발표회, 바자회 등을 보육과정에 제시하여 어린이집과 지역사회가 서로 협력하는 장소가 되어야 한다.

(6) 보육 내용 구성

보육 내용을 구성할 때에는 신체적, 인지적, 사회적, 정서적, 창의적 측면이 포함되어야 하는데 이를 구체적으로 살펴보면 다음과 같다(김영희 · 유경애, 2008).

① 신체적 발달

보육 내용을 구성할 때 우선적으로 고려해야 할 요소가 신체적 건강이다. 건강은 영유아의 성장과 발달에 있어 가장 기본적이고 중요한 요소이다. 신체적 측면과 연관된 보육 내용에는 움직임과 이동, 균형, 신체 공간 인식, 박자와 속도, 던지기와 받기, 일상생활 기술, 휴식과 긴장, 이완 활동 등 신체 능력의 발달을 도모하는 여러 가지 활동이 포함된다. 또한, 영유아의 신체적 성장 · 발달을 위해서는 충분하고 균형 있는 영양공급이 필수적이며, 신체적 보호와 안전한 환경이 제공되어야 하므로 건강, 안전, 영양과 관련된 내용도 포함되어야 한다(황혜경 외, 2015).

② 인지적 발달

인지란 알고 있다는 의미로, 우리가 일생을 살아가는 데 어떤 문제가 생겼을 때 그것을 해결하는 문제해결 능력이라는 의미이다. 그러기 위해서는 감각적으로 정보를 받아들이고 기억하고, 사고하고, 추리하여 문제를 해결하는 데 필요하며, 인지과정에는 사고와 기억, 지능, 언어 등이 포함된다. 영유아의 주변 사물이나 현상에 호기심을 가지고 능동적으로 탐구하고 발견하며 새로운 것을 창조한다(황혜경 외, 2015). 또한, 인지능력을 발달시키기 위해서는 영유아의 주변 환경을 탐색하고 관찰할 수 있는 풍부한 자연환경과 영유아의 연령과 수준에 맞는 다양한 보육환경을 제공해야 한다.

③ 사회적 발달

영유아의 인성과 기본생활 습관은 사회를 살아가는 데 기초가 된다. 가족과 친구, 지역사회 안에서 사회적 관계를 토대로 또래와 이웃으로 관계망을 넓혀 가며, 타인을 배려하고 더불어 살아가는 공동체 의식을 형성하게 된다. 자신이 속한 공동체에서 소속감과 책임감을 가지고 능동적으로 대처할 수 있는 능력을 길러줌으로써 사회 속의 한 개인으로 행복한 삶을 영위할 수 있도록 도와야 한다.

④ 정서적 발달

정서란 사람의 마음에 일어나는 여러 가지 감정으로, 특히 영유아기는 양육자와의 관계에서 형성되는 애착을 통하여 정서적 능력의 기본을 형성하기 시작한다. 또한, 다양한 정서학습의 기회를 제공하여 자신과 다른 사람의 정서를 이해하기 시작하면서 정서조절과 활용능력이 발달하게 된다. 따라서 영유아가 자신에 대한 긍정적인 정서를 가지고 자신의 감정과 욕구를 조절하며 타인의 감정과 생각을 이해하도록 도와야 한다(황혜경 외, 2015).

⑤ 창의성 발달

창의성이란 평범하고 일상적인 사물이나 행위, 사고, 행동 등을 새로운 방법으로 시도해 보는 것이다. 다양한 각도에서 관찰하고 고안해보는 가운데 새로운 의미를 찾아가는 자세 또는 사고방식을 말한다(황혜경 외, 2015). 영유아에게 풍부한 감성과 상상력을 길러주고 독창적인 사고력을 촉진시켜 줌으로써 독창성과 유창성이 발달할 수 있다. 이러한 창의력과 유창성은 영유아의 생활을 풍성하고 삶의 질을 높인다. 따라서 보육 내용을 구성할 때, 폭넓은 사고로 인한 자기표현 활동의 기회와 영유아 스스로 생각하는 힘을 길러주기 위한 다양한 자극들이 제공되어야 한다.

4 보육과정의 내용 조직

보육과정을 구성하는 사람은 분명한 보육철학을 가지고 영유아의 연령과 수준에 맞는 필요한 경험을 제공하고 영유아가 주도할 수 있는 학습환경을 만들어 주어야 한다. 그러기 위해서는 보육과정의 내용 조직 및 내용 조직의 원리가 필요하다.

1) 보육 내용 조직

보육 내용이 선정되면 선정된 내용을 조직하게 된다. 내용 조직이란 선정된 내용을 분석하여 나누거나 유목화하여 어디에 배치할 것인지를 정하는 과정으로서 내용이 어떻게 조직되느냐에 따라 영유아가 보육 목적이나 목표에 쉽게 접근할 수 있고 그렇지 않을 수 있으므로 매우 중요한 과정이다(서영숙 외, 2017). 또한, 내용 조직은 '어떻게 가르칠 것인가'를 모색하는 과정이다. 즉, 보육 내용은 효과적인 목표 달성을 위해 선정된 보육 내용을 계열화하고 다른 보육 내용과의 조화와 균형을 이루며 학습자인 영유아와 연결될 수 있도록 적절하게 조직되어야 한다(황혜경 외, 2015).

2) 보육내용 조직의 원리

목표 달성을 위한 보육 경험 및 활동 선정은 보육 경험 및 활동 조직과 밀접한 관계를 맺고 있다. 즉, 위에서 제시된 다양한 기준들에 의해 선정된 학습경험과 활동이 적절히 조직되어 영유아들에게 제공되어야 한다. 보육 내용 조직은 일반적으로 보육 내용을 계열화하고 상호 연관을 지우며, 학습자인 영유아와 연결되도록 하는 것이다(김재복, 1984).

보육 내용을 효율적으로 조직하기 위해서는 테일러(Tyler, 1949)가 제시한 계속성 원리, 계열성 원리, 그리고 통합성 원리를 고려해야 하는데 이를 구체적으로 살펴보면 다음과 같다.

(1) 계속성 원리

계속성(continuity)은 보육과정의 경험을 시간 계열에 따라 반복적으로 경험되도록 조직하는 것을 말한다. 하나의 지식이나 기술을 습득하기 위해서는 연습의 기회를 자주 제공함으로써 완전히 익힐 수 있다는 의미이다. 이를 통해 새로운 지식과 기술을 숙달하도록 하는 것이 목적이다. 영유아에게 한 가지 목표 달성을 위해 반복적으로 학습활동을 제공하여 다양하고 지속적인 활동경험을 통해 학습이 일어나도록 조직하는 것이 중요하다. 항상 친절하게 반복적으로 경험을 제공하여 사고를 재구성하는 과정을 거쳐 숙달과 즐거움을 느끼도록 보육 내용을 조직하며, 이러한 과정에서 영유아의 개인차를 고려하여야 한다.

(2) 계열성 원리

계열성(sequence)은 보육의 내용이 제시되는 시간적 순서를 의미하며 수직적 조직 개념이다. 연령이 증가할수록 학습경험이 단계적으로 깊어지고 넓어져서 더욱 폭넓게 제공되어야 한다.

계열성을 고려하기 위해서는 단순한 내용에서 복잡한 내용으로, 친숙한

CHAPTER

04 교수-학습방법 및 평가

교수-학습방법은 보육과정을 보육 현장에 적용하고 실행하는 구체적인 방법으로, 이는 보육 내용과 보육 프로그램의 기본 전제에 부합되고 보육 목표 달성에 적합해야 한다(황혜경 외, 2015). 또한, 영유아들에게 어떤 방법으로 보육활동을 전개해야 하는지에 따라 보육과정의 목표 달성의 여부가 다를 수 있다. 교수-학습방법은 독립적이지 않고 상호작용적인 성격을 띠게 된다. 제4장에서는 교수-학습활동, 교수-학습방법의 종류, 보육과정의 평가, 보육과정과 평가제 등에 대해 구체적으로 살펴보고자 한다.

1 교수-학습활동

교수-학습활동은 영유아의 어떻게 학습하고 발달해 가는가에 대한 이론적 고찰로 보육교사가 언제, 무엇을, 어떻게 가르치고 상호작용을 해야 하는가에 대한 관점을 제시해 주는 데 중요한 근거가 된다(황혜경 외, 2015).

보육과정의 활동 선정과 조직이 이루어지고 나면 보육활동, 즉 교수-학습활동을 제공해야 한다. 교수(teaching) 활동이란 영유아가 알고 있어야 할 지식과 정보를 효과적으로 습득할 수 있도록 교육활동 및 교수환경을 계획하고 이끌어 가는 일련의 과정이라 할 수 있다(고문숙 외, 2014). 또한, 학습(learning)은 영유아에게 제공되는 활동에 관한 경험 결과로 일어나는 비교적 지속적인 행동의 변화라고 정의할 수 있다(이영석 외, 2003).

1) 영유아 학습과정의 기본 전제

보육과정의 내용을 선정·조직하고 나면 조직한 내용을 구체적으로 어떻게 구현할 것인가의 문제에 이른다. 학습이란 환경으로부터 얻은 경험을 통해 장기적으로 지속되는 변화로, NAEYC(1991)는 영유아의 학습이 이루어지기 위한 기본 전체를 다음과 같이 제시하였다.

(1) 신체적 욕구 충족과 심리적 안정감

발달에 적합한 보육과정은 영유아의 생리적 욕구를 존중한다. 영유아는 식사, 배변, 낮잠 등의 생리적 욕구가 충족되고, 충분한 바깥놀이가 이루어지는 것과 같은 신체적 움직임이 만족스럽게 이루어질 때 자신의 활동에 집중하고 몰입할 수 있다(서영숙 외, 2017). 더불어 물리적·정서적 환경이 낯설지 않고 편안함을 느낄 때 자유롭게 놀거나 탐색하며 도전해 보고자 하는 마음을 갖게 되어 영유아의 성장·발달을 도모하게 된다. 따라서 신체적, 생리적 욕구가 충족되고 심리적 안정을 느꼈을 때 가장 잘 학습된다.

(2) 스스로 자식을 구성하는 능동적 학습

영유아는 외부환경으로부터 제공된 정보를 그대로 받아들이는 수동적인 존재가 아니라 자신의 모든 감각과 몸 전체를 사용하여 스스로 활동을 통해 경험을 쌓아가는 능동적인 존재이다.

영유아가 스스로 필요하지 않다고 생각하는 정보나 상황에서 외부로부터 단편적으로 제공되는 지식은 영유아 학습에 도움이 되지 못한다. 영유아는 사람과 사물과의 능동적인 상호작용과 경험을 통해 스스로 지식을 구성해 나가는 존재이다. 이 과정에서 수많은 시행착오와 실패를 거듭하면서 이들과의 관계를 이해하고, 자신의 경험에 기초하여 개념을 형성하고자 하는 시도를 보여준다(황혜경 외, 2015).

(3) 성인과 다른 영유아와의 사회적 상호작용

영유아는 물리적 대상과의 직접적인 경험을 통해 지식을 구성할 뿐만 아니라 성인이나 또래와의 관계 맺음을 통해서도 학습한다(서영숙 외, 2017). 특히 부모-자녀 관계는 생후 초기부터 영유아가 발달하고 학습해 나가는 사회적 상호작용의 초석이자 기초가 된다.

영유아는 처음에 부모나 교사 또는 다른 사람의 도움을 받아서 할 수 있었던 일이 나중에는 다른 사람의 도움 없이 스스로 혼자서 할 수 있게 되는데, 이때 사회적 상호작용을 통한 학습이 기본 원리이며, 유능한 교사나 부모, 또는 또래의 지원은 영유아가 독립적 수준으로 발전해 가는데 필수적이다(황혜경 외, 2015).

(4) 놀이를 통한 학습

영유아들의 놀이는 곧 학습이다. 학습은 의식 속에서 지식으로 발전하며, 모르는 정보를 처리하여, 새로운 기술을 배우고 오래된 기술을 반복적으로 연습함으로써 학습이 된다.

따라서 영유아는 놀이하는 동안 주변의 사물을 관찰하고, 상황을 이해하는 지식, 기술, 태도를 발달시키게 된다. 또한, 또래들과 놀이하는 과정에서 타인을 이해하고 수용할 수 있는 조망수용능력이 발달하여 자기중심성에서 벗어나게 되는 계기가 된다. 무엇보다 중요한 것은 놀이를 통해 상징을 이해하고 창조하고 조직하며, 상상력과 창의력을 발달시킬 수 있다(황혜경 외, 2015). 이외에도 영유아의 놀이학습은 사물에 대한 이해와 새로운 기술을 습득하고 지식을 여러 상황에 자발적으로 연습할 수 있는 기회를 제공한다.

(5) 흥미와 알고자 하는 내적 동기

영유아는 자신의 능력을 연습하고 자신이 경험한 바를 이해하고자 하는 타고난 욕구를 가지고 있다(황혜경 외, 2015). 또한, 영유아는 자신의 욕구와 흥미, 필요에 의한 활동을 할 때 학습에 대한 내적 동기를 갖게 되고 이러한 내적 동기에 기초한 교육은 영유아의 호기심, 주의력, 유창성, 창의성 등과 같은 바람직한 성향을 발견하며, 그러한 감정과 느낌을 발달시키고 촉진시킨다. 영유아들은 세상에 대한 끊임없는 질문을 하게 되는데 '왜'라는 질문이나 '이게 뭐야?'라고 하는 말들은 궁금증에 대한 질문이다. 자극이나 주의를 기우여 관찰하면서 새로운 호기심이 생기고 탐구하는 능력이 발달한다. 교사가 영유아의 흥미에 기초한 활동이나 학습을 제공하면 영유아로 하여금 호기심에 대한 내적 동기가 학습되고, 지적 자극에 노출시키면 영유아는 알고자 하는 내적 동기가 더욱 촉진된다. 따라서 보육과정은 호기심, 주의력, 근면성, 유창성, 정교성, 창의성 등과 같은 바람직한 성향과 뇌 발달을 촉진 시킨다고 할 수 있다.

(6) 발달과 학습의 개별화

영유아는 개인적인 학습 형태뿐만 아니라 성장과 발달에 있어서도 개별적인 형태와 시간, 속도 등이 각각 다르게 나타난다. 앞에서 설명하였듯이 예를 들어, 영유아가 그림을 빨리 그리고 색칠을 빠르게 하는 친구가 있는 반면에, 늦게 그리고 끝까지 완성을 못 하는 아이들도 있다. 또한, 개개인의 가족 상황과 경험, 문화적 배경 등이 다양하기 때문에 보육과정도 가능한 한 개인 영유아의 학습 형태나 스타일에 따라 적합한 방법이 제공되어야 할 것이다.

(7) 순환적 주기에 따른 지식의 재구성

영유아가 지식을 재구성하고 학습해 나가는 과정은 어떤 사물이나 물체에 대한 현상이나 궁금증을 인식하고, 탐색, 조사, 활용, 새로운 적응으로, 반복하는 과정을 통해 발달한다. 황혜경 외(2015)는 탐색이란 한 수단을 동원하여 학습하고자 하는 것의 구성 요소를 이해하는 과정이며, 조사란 영유아가 자신의 행동이나 개념을 사회에서 관찰한 것과 비교하고 분석해 가는 과정이며, 활용은 영유아가 배운 지식을 여러 가지 목적으로 사용하고 새로운 상황에 적응시키는 것이며, 이러한 주기는 순서적으로 일어나기도 하지만 때로는 동시에 일어날 수도 있다고 하였다.

2) 영유아 중심에 기초한 교수-학습 원리

교수란 학습을 전제로 하는 것이고, 학습이란 교수에 의해 나타난 결과이므로, 가르치고 배우는 보육 현장에서 교수와 학습은 분리될 수 없는 것이다. 앞에서 살펴본 NAEYC(1991)에서 제시한 영유아 학습과정의 기본 전제를 바탕으로, 영유아 보육과정을 구성할 때 교수-학습의 기본 원리를 살펴보면 다음과 같다(서영숙 외, 2017; 이원영 외, 1991; 황혜경 외, 2015).

(1) 놀이 중심의 원리

놀이 중심의 원리란 영유아가 자발적이고 주도적으로 배움을 경험할 수 있도록 놀이 중심으로 활동을 전개하는 것을 말한다(서영숙 외, 2017). 놀이는 그 자체에 즐거움과 흥미의 요소를 내포하고 있어서 영유아는 놀이 활동을 하면서 주변의 구체적인 사물을 탐색하고 상황을 이해하는 지식, 기술, 태도를 발달시키게 된다. 보육과정에서 놀이를 통한 활동은 영유아 스스로 놀이를 선택하고 계획하여 이루어질 수 있도록 교사의 격려와 안내자 역할이 요구된다(이원영 외, 1991). 영유아들을 위한 교수-학습방법을 놀이 중심으로 할 때 가장 효과적이다. 놀이의 가장 중요한 특징 중 하나는 재미와 즐거움이다. 재미는 '주의-집중-몰입'의 상태로 나아가는 상승적 연계과정에서 발현된다. 따라서 재미가 '몰입'으로 이어지고, 몰입은 지식 구성에 필수적인 자발적 탐색, 실험 및 조작을 위한 기회를 제공한다. 어린이집과 영유아교육기관에서 일어나는 활동들은 놀이 속에서 통합되어 자연스럽게 유아가 몰입하도록 구성하여야 한다(황혜경 외, 2015).

(2) 흥미 중심의 원리

흥미 중심의 원리란 맥락 안에서 영유아가 보이는 흥미를 존중하며 이를 바탕으로 영유아를 지지하고 지원하는 것을 말한다(서영숙 외, 2017). 흥미란 영유아가 현재까지 이룬 발달상태를 보이기도 하고 막 발달상태로 들어가려는 것을 예고하기도 하며 성장해 가는 신호이고 징표이다(Dewey, 1897). 영유아의 흥미를 고려하기 위해서는 교사가 영유아에게 무엇을 해주어야 할지, 어떤 활동을 제공할 것인지, 어떤 교수법으로 지도할 것인지를 고민하기 이전에, 영유아들이 어떤 것에 흥미가 있는지, 무엇을 원하고 있는지, 어떤 것을 하고 싶어 하는지를 관찰하여 파악하는 것이 우선이다. 영유아가 자신이 흥미와 관심이 있는 활동에 참여했을 때 학습은 가장 효과적이다. 보육과정에 이미 계획된 내용일지라도 영유아의 건강, 기분 등의 상태나 기후, 예상치 못한 상황 등의 발생했을 때는 융통성 있게 적용할 필요가 있다.

(3) 탐구 중심의 원리

탐구 중심의 학습은 영유아가 주변 환경과 주변 사물이나 대상을 직접 접촉하여 그 특성이나 성질을 파악하는 교수-학습방법을 말한다. 영유아가 스스로 문제 상황을 파악해 보고 해석하며 일반화하는 탐구과정은 영유아의 인지 및 사고 과정을 발달시켜 학습이 이루어진다(황혜경 외, 2015). 보육활동은 영유아의 흥미와 욕구를 중시하는 탐색활동을 강조함으로써 문제 상황을 파악하고 해석하며 일반화하는 능력을 길러 영유아의 인지 및 사고발달을 촉진할 수 있다. 탐구학습을 장려하기 위해 교사는 다양한 경험의 기회를 제공하고, 관찰 및 실험 활동을 시도하거나 도전하여, 창의적 문제해결 과정 등의 다양한 기회를 계획하여 교수-학습 과정에 반영하여야 한다.

(4) 개별화의 원리

개별화의 원리는 영유아의 고유하고 개별적인 특성을 이해하여 개별 영유아가 지닌 고유의 개성을 찾고, 각자의 역량을 최대한 키울 수 있도록 지원하는 것을 말한다(서영숙 외, 2017). 즉, 영유아들이 보육 목표에 도달할 수 있도록 각 영유아의 발달 및 흥미, 이해 정도에 따라 학습활동을 선정하여 영유아의 학습 속도에 맞도록 해야 하며(황혜경 외, 2015), 개별화된 각 영유아의 발달상태에 따라 지도해야 하기 때문에 교사는 다양한 종류의 교재·교구와 활동을 준비해야 한다. 이때 제시되는 활동들은 단계적으로 구성되며, 어떤 활동이 성공적으로 끝나면 좀 더 높은 단계의 학습활동을 진행하도록 한다.

(5) 구체성의 원리

구체성의 원리란 언어나 기호와 같은 상징을 통해 배우기보다는 구체적인 실물이나 자료를 직접 보고, 듣고, 만지고, 냄새 맡고, 맛보는 등의 감각경험을 통해 배울 수 있도록 한다(서영숙 외, 2017). 영유아는 오감각을 활용한 감각경험을 통해 하나의 대상으로부터 다양한 개념과 느낌을 갖게 된다. 영유아는 직접적인 경험을 통해 세상에 대한 지식, 기술, 태도를 습득하기 때문에 감각기능이 예민할수록 주변 사물에 대해 더 정확하게 파악하고 풍부한 감성을 느낄 수 있게 된다. 또한, 자신이 탐구한 활동에 대해 얼마나 오랫동안 기억하느냐에 따라 달라진다. 즉, 사실적이고 구체적인 실물을 감각적으로 경험하고, 그 경험이 풍부해지면 궁극적으로 감각기관, 표현 수준, 내용도 달라진다. 따라서 교사는 영유아들이 감각기관을 통해 세상을 직접 관찰하고, 탐색하고, 경험하고, 체험하면서 다양한 학습이 이루어지도록 지원해야 한다(서영숙 외, 2017).

(6) 생활 중심의 원리

생활 중심의 원리는 영유아의 학습이 분리된 특별한 시간이 아니라 매일 보육실에서 일어나는 일상생활 속에서 자연스럽게 이루어질 수 있도록 하는 것을 말한다. 하루 일과 중 등원해서 놀이를 즐기고 식사하며, 낮잠을 자는 것과 같이 날마다 반복되는 생활 속에서 학습이 이루어지도록 지원하는 것이다(서영숙 외, 2017). 또한, 실제 생활환경 및 경험을 통하여 사물에 대한 지식, 기술, 태도를 학습하도록 하는 방법이다(황혜경 외, 2015). 영유아들을 위한 교수-학습 활동은 하루 일과 속에서 일어나는 욕구와 흥미, 관심을 중심으로 구성될 때 가장 직접적이고 구체적이며 유의미한 학습경험이 될 수 있다. 따라서 교사들은 영유아 주변에서 일어나는 일이나 사건, 생활과 연관된 체험들을 통해 보육활동을 전개하는 것이 바람직하다.

(7) 통합성의 원리

통합성의 원리는 발달영역들이 보육활동의 과정 속에 신체적, 인지적, 사회적, 정서적 영역 발달이 통합적으로 이루어지도록 계획되어야 한다. 발달 간의 통합은 각 영역이 분리되지 않고 상호연관성을 가지고 영유아의 전인적인 발달을 도모하기 위해 필요하다. 이를 위해 영유아가 경험하는 범위 내에서 하나의 주제나 개념을 선정해 여러 생활 영역, 흥미 영역의 목표 및 학습 내용을 탐색하고 학습하도록 하는 것이 바람직하다. 또한, 영유아교육기관과 지역사회 간의 유대가 각각 분리되지 않고 연결되어 통합적으로 다루어지는 원리를 의미한다.

3) 보육교사의 교수-학습 원리

앞에서 영유아를 위한 교수-학습 활동에 대한 내용을 살펴보았다. 영유아 교수-학습방법에 관하여 교사 개개인의 공통적으로 받아들여야 할 교수-학습 원리는 이기숙(1999)의 연구를 참고로 하여 살펴보고자 한다.

(1) 구체적 조작

영유아의 학습은 구체적인 학습방법에서 추상적인 학습방법으로 진행

된다. 영유아들이 구체적이고 실제적이며, 다양한 교재 · 교구를 사용하여 많은 정보를 얻을 수 있도록 교사는 가능한 다양한 교수 매체를 사용하여 실물 조작이 가능하고, 직접적이고 경험 위주의 구체적 조작이 가능한 학습을 제공한다.

(2) 다양한 학습자료

영유아의 교수-학습활동은 학습자료가 다양할수록 효과적이다. 어릴수록 학습자료는 더 다양하고 구체적이어야 하며, 교수-학습 내용도 융통성 있게 진행할 수 있어야 한다. 영유아의 교수-학습 내용을 획일적으로 하는 것이 아니라 개별 영유아의 흥미와 능력에 맞도록 선택하고 영유아 스스로가 다양한 교수-학습방법에 참여할 수 있도록 해야 한다. 예를 들어, 이야기 나누기, 관찰학습, 실험조사, 견학 등과 같이 영유아가 직접 참여할 수 있는 활동을 할 수 있도록 교사는 학습자료와 교수전략을 더 다양하게 준비하여 영유아 발달 수준과 주제에 맞는 보육환경을 제공하여야 한다.

(3) 다양한 선택 활동

교사는 영유아에게 다양한 활동과 교재 · 교구를 제공해 주어 영유아들이 자유롭게 소집단 또는 개별 활동에 참여함으로써 학습이 이루어지도록 한다. 영유아는 자신이 선택한 교재 · 교구를 통해 스스로 놀이에 참여하거나 경험함으로써 학습으로 이어진다. 교사는 영유아들이 쉽게 접근할 수 있는 다양한 자료를 준비하고 유도하지만, 쉽게 활동에 참여하지 못하는 영유아에 대해서는 개입하여 도와준다.

(4) 활동의 균형성

활동의 균형성은 앞에서도 설명하였듯이, 교사는 영유아의 욕구, 흥미 및 관심에 따라서 다양하게 활동을 전개하되 활동 간에 균형을 이루어야

종류	정의	장점	교사의 역할
토의하기	두 사람 이상이 어떤 주제, 사건을 가지고 서로 의견을 나누어 합의점이나 문제해결에 도달하기 위한 논의 과정	• 자신이 이해한 내용제시 • 갈등상황을 토의함 • 저마다 다른 의견이 있음을 암	• 의사소통을 잘해야 함 • 영유아 간의 친밀도 조성 • 교사의 지도력 필요함
추론하기	딜레마 상황을 제시한 후, 영유아들의 의견을 들음	• 상황 속에 주인공이 어떻게 해야 하는지 제시 • 왜 그렇게 해야 하는지를 설명함	• 교사의 섣부른 판단이나 선입견, 고정관념을 가지지 말아야 함
설명하기	영유아의 개념 획득을 위하여 사용하는 방법	• 수직적 사회지식 가르침 • 저절로 형성되기를 기대하지 않을 때 사용함	• 영유아의 주의를 끌 만한 시청각 자료, 구체적 사례 등의 다양한 자료를 사용함
모델링	영유아가 가장 영향력이 있는 대상자의 행동을 모방해서 학습하는 것	• 동기유발에 도움이 됨 • 친사회적 행동 모방 • 훌륭한 인물의 행동 관찰함	• 영유아에게 기계적인 시범이나 영유아가 단순한 모방으로 그치지 않도록 함
문제해결하기	영유아가 교사와 함께 문제 상황에 대하여 그 원인과 해결책을 모색해 보는 것	• 문제해결의 장단점 파악 • 새로운 방법을 제시	• 모델 역할 • 보조자 역할 • 제공자 역할 • 촉진자 역할
프로젝트	영유아의 관심사를 공동주제로 선정하고 탐구활동 방법으로 자료 수집, 조사, 분석 연구하는 것	• 호기심을 키움 • 공동체 의식 강화 • 경험 강조 • 활동 과정에 중점을 둠 • 당면문제를 영유아 스스로 자료 수집, 조사, 분석하여 해결함 • 방안을 찾아 나가는 문제해결 과정 중요시	• 교사가 사전에 개입하지 않음 • 궁금한 것을 영유아 스스로 해결책을 질문하도록 지도함 • 협동작업을 중요시함 • 비교하거나 비난하지 않음 • 각자의 독창성을 격려하고 칭찬함

종류	정의	장점	교사의 역할
협동학습	학습능력이 서로 다른 영유아가 동일한 학습 목표를 위하여 소집단 내에서 함께 활동하는 교수-학습 방법	• 협동적 활동에 적용 • 또래와 원활한 상호작용 • 친사회적인 행동과 언어발달 • 자아존중감과 성취동기 발달	• 공동작업을 중요시함 • 소외되는 영유아가 없도록 관찰하여 개입시킴 • 결과보다도 과정을 중요시함

출처 : 황혜경 외(2015). 영유아 보육과정. 양서원. pp. 101-108. 재구성.

3 보육과정의 평가

보육과정 평가는 실행된 보육과정의 목표 달성 여부와 영유아의 긍정적인 발달의 결과를 알아보는 것이다. 이와 같은 평가는 보육 현장에서 보육과정을 실행한 자료와 정보를 수집하고 분석함으로써 이루어지며, 교사는 보육 평가 및 실제 평가가 이루어지는 방법에 대한 지식을 습득함으로써, 보육의 질에 대해 민감해지고 개선방안을 도출함으로써, 전반적인 보육의 질을 향상시킬 수 있게 된다(김상림 외, 2015). 이에 보육과정 평가에서 보육의 질을 가늠하고 질을 높이기 위한 필수적인 방법이다.

1) 보육과정 평가의 개념

보육과정 평가는 보육과정의 구성과 보육활동이 영유아의 균형 있는 발달을 위해 구성되었는지, 보육과정을 수행하는 방법 및 수준이 영유아에게 적절했는지, 그 효율성을 알아보기 위해 반드시 필요한 과정이며 이를 통해 양질의 보육서비스를 제공할 수 있다. 또한, 보육 평가는 보육전문가 및 교사가 체계적인 평가 계획을 통해 그 결과를 보육과정에 반영할 수 있고, 특정 영유아나 영유아 집단에 대해 이해하는 데 도움이 된다.

또한, 영유아 발달에 대한 지식을 증가시키고 영유아 프로그램의 질을 향상시키는 데 기여할 수 있다. 보육과정의 평가를 요약하여 정리하면 다음과 같다(황혜경 외, 2015).

첫째, 보육의 질적 향상을 위해 어린이집에서 주기적으로 보육과정 구성과 운영을 평가한다.

둘째, 영유아의 요구 및 발달에 적합한 보육과정을 계획, 실행, 평가하는 과정을 통해 보육과정을 개선한다.

셋째, 보육 목표를 달성하기 위해 선정한 내용 및 활동 실제가 설정한 목표와 부합하는지 평가한다.

넷째, 평가 과정이 지속적으로 상호 유기적인 관련을 가지고 발전하는지를 평가한다.

다섯째, 보육 프로그램 및 교수-학습 개선을 할 수 있는지를 평가한다.

2) 보육과정 평가의 구성 요소

보육과정을 평가하기 위한 구성 요소들을 살펴보면, 보육의 목표, 보육 내용, 교수-학습 과정, 평가의 평가 등이 있으며 보육과정 운영 평가가 포함되며, 구체적으로 살펴보면 다음과 같다(황혜경 외, 2015).

(1) 보육 목표의 평가

보육 목표가 철학적 관심, 사회·문화적 측면, 영유아 발달 및 요구, 보육과정 내용이라는 관점에서 설정의 타당성을 평가하는 것이다.

(2) 보육 내용의 평가

보육 내용이 보육 목표에 맞게 구성되었는지를 평가하는 것이다.

(3) 교수-학습 과정의 평가

보육 목표와 보육 내용의 실천 정도를 평가하는 것이다.

(4) 평가의 평가

보육 내용이나 방법의 타당성과 신뢰성, 즉 객관적인 보육활동을 평가를 통해 효과적인 평가인지를 평가하는 것이다. 다음의 표 4-2는 보육과정의 운영 평가 기준에 대한 내용이다.

표 4-2 보육과정 운영평가 기준 내용

평가 항목	내용
보육 목표	• 영유아의 전인적인 발달 실현에 적합한 보육 목표의 설정 여부 • 보육 목표의 구체적인 세분화 정도
보육 내용	• 보육 내용과 보육 목표의 일관성 여부 • 세부 목표를 달성할 수 있는 보육 내용의 균형 있는 계획 여부 • 보육 내용 조직의 통합성과 연속성 여부
교수-학습 과정	• 보육활동 목표 진술의 타당성 • 동적 활동과 정적 활동, 실내활동과 실외활동, 개별 활동과 대·소집단 활동의 균형 있는 구성 여부 • 보육활동 중의 영유아와 교사, 영유아와 영유아, 영유아와 교구와의 상호작용 정도 • 영유아가 주도하는 다양한 방법의 보육활동 실행 여부
보육 평가	• 평가자료 수집 방법 • 평가 과정 및 결과의 타당성 및 객관성 • 평가 결과의 보육과정 수립 반영 정도

출처 : 황혜경 외(2015). 영유아 보육과정. 양서원. pp. 112-113.

3) 보육과정 평가의 내용과 방법

제4차 표준보육과정(누리과정)에서 제시하는 평가는 어린이집이나 영유아 교육기관에서 영유아가 중심이 되고 놀이가 살아나는 보육과정 운영을 되돌아보고 개선해 가는 과정을 말한다.

영유아교육기관에서 영유아 중심, 놀이 중심 보육과정을 운영하는 데 도움이 되고자 평가를 간략화하고 각 기관의 자율적인 평가를 강조하였다. 또한, 평가의 목적, 대상, 방법, 결과의 활용을 바탕으로 표준보육과정과 누리과정 평가를 자율적으로 실시할 수 있다.

교육부 · 보건복지부(2019a)와 보건복지부(2020)에서 제시하는 중점 사항은 다음과 같다.

(1) 표준보육과정 평가

① 표준보육과정 운영의 질을 진단하고 개선하기 위해 평가를 계획하고 실시한다.
② 영유아의 특성 및 변화 정도와 표준보육과정의 운영을 평가한다.
③ 평가의 목적에 따라 적합한 방법을 사용하여 평가한다.
④ 평가의 결과는 영유아에 대한 이해와 표준보육과정 운영 개선을 위한 자료로 활용할 수 있다.

(2) 누리과정 평가

① 누리과정 운영의 질을 진단하고 개선하기 위해 평가를 계획하고 실시한다.
② 유아의 특성 및 변화 정도와 누리과정의 운영을 평가한다.
③ 평가의 목적에 따라 적합한 방법을 사용하여 평가한다.
④ 평가의 결과는 유아에 대한 이해와 누리과정 운영 개선을 위한 자료로 활용할 수 있다.

(3) 영유아 평가 방법

영유아 평가의 종류는 관찰법에 의한 일화기록법, 행동목록법, 체크리스트와 평정척도가 있으며, 면접법, 표준화 검사, 작품분석 및 포트폴리오 등이 있다.

영유아 발달 특성상 대부분이 비형식적으로 진행되며 영유아들에게 활용될 수 있는 측정도구가 제한되어 있고, 검사의 부작용이나 오류가 있을 수 있다(강문희 외, 2002). 형식적인 평가로 일회적인 측정을 하는 표준화 검사보다는 교사의 관찰, 포트폴리오와 같은 비형식적 평가를 더 강조하고 있다.

① 일화기록법

일화기록법은 일어난 사건이나 행동에 대한 짧은 이야기식으로 기록하며, 영유아의 발달 정도를 알 수 있게 날짜를 반드시 기록해 두어야 한다. 즉, 영유아 개인의 특성을 이해하기 위하여 그 개인이 나타낸 구체적인 행동 사례나 어떤 사건에 관련된 관찰기록을 상세히 기록하는 방법으로, 보육실에서 일어나는 문제해결 과정이나 사회적 상호작용과 같은 사건을 실제로 있는 그대로 기록한다. 신문기사를 쓰듯이 사실적으로 무슨 상황이 언제, 어디서, 어떻게 일어났으며, 영유아가 그 상황에서 무슨 말을 하고 행동했는지, 영유아의 행동 배경을 자세하고 구체적으로 서술해야 한다(윤매자 외, 2021).

② 행동목록법

행동목록법은 관찰하고자 하는 행동이나 내용을 사전에 행동목록은 만들어서 그 행동이나 사건이 나타날 때 체크하는 방법이다. 이 방법은 영유아의 발달 상황을 조직적으로 점검함으로써 각 영유아의 발달과정이 누적되어, 이에 따라 교수-학습 과정을 계획하고 평가하는 데 사용할 수 있다(황혜경 외, 2015). 장점은 관찰할 내용을 미리 분류하여 기록하기 때문에 관찰시간을 절약할 수 있지만 정해진 항목 이외의 다른 행동관찰을 놓치기 쉽다. 단점은 빈도나 지속시간, 개인의 특성 등 자세한 정보를 얻는 데는 한계가 있다.

③ 체크리스트와 평정척도

체크리스트와 평정척도는 행동에 대한 기술을 제공하지 않고, 간단한 기록과 지속적인 관찰을 근거로 영유아의 행동이나 수행 정도, 특징을 추정하기 위해 사용되는 간접 관찰 양식의 평가이다(황혜경 외, 2015). 일반적으로 체크리스트는 영유아의 특징 및 수행 정도에 대한 기술적인 진술을 체크하는 것이다. 평정척도는 사전에 행동 영역을 정하고 그 행동의 정도의 특성을 몇 단계로 나누어서 평정하는 것이다. 일정한 간격으로 단위, 점수, 숫자 등을 사용하는데, 예를 들어, 3점 척도, 5점 척도, 7점 척도 등이 있다. 교사는 영유아의 기능과 숙달 정도를 확인하기 위해서 점수화하여 기록한다.

④ 면담법

면담법은 특히 읽기나 쓰기가 어려운 영유아와 직접적인 상호작용을 하여 자료를 수집하는 방법이다. 교사가 영유아의 반응을 살펴 가며 융통성 있게 질문을 변화시켜 영유아의 다양한 사고 수준을 측정할 수 있는 장점이 있다(정옥분, 2012).

⑤ 표준화 검사법

표준화 검사는 이미 신뢰도와 타당도가 검정되어 있으며, 대집단 규준으로 만들어졌기 때문에 영유아의 발달 정도나 특성을 객관적으로 평가할 수 있다. 개별 영유아의 행동이나 성취도의 비교도 가능하다. 그러나 영유아를 위한 교육적 의사결정에 있어서 표준화 검사의 결과에 지나치게 의존하면 개별 영유아의 학습경험 중심인 수행평가의 장점을 놓칠 수 있다. 또한, 특정 영유아의 경우 검사에 대한 흥미나 이해 부족 또는 검사자에 대한 친밀감 부족 등의 이유로 결과가 타당하지 않을 수 있고, 영유아를 결과에 따라 서열화하거나 등급별로 분류하는 데 이용될 수도 있다는 문제점이 있다(서영숙 외, 2017).

표준화 검사의 종류에는 지능검사, 학력 적성검사, 성격검사, 사회성숙도 검사 등이 있으며 특수아 진단을 위한 자폐증 척도, 학습준비도 검사, 문장이해력 검사, 주의력결핍 및 과잉행동장애 진단 검사 등이 있다. 하지만 영유아를 대상으로 하는 표준화 검사를 그대로 적용하는 데는 무리가 있다. 영유아의 능력을 객관적으로 정확하게 측정하기 힘들고 어렵다. 그러므로 영유아기의 표준화 검사는 다른 평가도구와 함께 영유아의 발달을 이해하기 위한 보조 자료로 사용해야 한다(황혜경 외, 2015).

⑥ 작품 분석 및 포트폴리오

가. 작품 분석

작품 분석이란 영유아의 작품을 정기적이고 체계적으로 수집하여 영유아의 행동 특성이나 발달 수준을 평가하는 방법이다. 작품 평가는 따로 계획하지 않고도 쉽게 작품을 수집할 수 있는 것이 장점이다. 작품 분석을 위하여 작업한 날짜, 이름, 주변 상황을 기록하여 체계적으로 모아 놓아야 한다. 예를 들면, 그림, 사진, 만들기 완성품, 입체물, 대화기록, 말을 받아쓰는 것, 노래나 동시를 읽는 녹음 자료 및 동영상 자료 등이 포함된다. 이러한 자료의 수집은 영유아의 평균적인 발달 상황을 알게 하며, 계속적인 자료 수집은 개별 영유아의 발달 상황을 평가하는 데 누적 자료로 활용할 수 있다.

나. 포트폴리오

포트폴리오란 하나 혹은 그 이상의 영역에서 영유아의 진보, 노력, 성취를 보여주기 위해 의도적·지속적으로 수집한 모든 자료를 말한다(윤매자 외, 2021). 포트폴리오 자료를 통해 얻은 영유아의 발달상태와 성취에 대한 정보는 교사와 가족들에게 매우 유용하다. 포트폴리오는 최근에 가장 많이 활용하는 영유아 평가방법의 하나이다. 예를 들어, 일화기록, 부모면담

기록, 활동 결과물, 교사의 저널, 영유아의 이야기, 대화 기록, 읽은 책 목록, 사진, 작품 등과 같이 영유아의 발달 변화와 방향을 이해하는 데 도움이 되는 자료들을 모두 포함한다(서영숙 외, 2017). 또한, 포트폴리오를 관리하는 교사의 역할은 보육과 학습활동의 근거를 제시할 수 있고, 영유아에 대한 정보와 보육활동을 전개할 때 방향을 설정하는 데 활용할 수 있다. 그러므로 포트폴리오 평가 과정에서 영유아뿐만 아니라 교사는 적극적인 참여자가 되어야 한다(황혜경 외, 2015).

(4) 영유아 평가 시 유의점

영유아 평가 시 유의할 점은 다음과 같다(황혜경 외, 2015).

① 평가를 실행할 때 윤리적 원칙을 따른다.
② 평가 시 양질의 전문적 기준에 부합하는 신뢰할 수 있고 타당한 평가도구를 사용해야 한다.
③ 영유아의 연령과 특성에 적합한 평가를 해야 한다,
④ 평가는 영유아의 실제 수행능력을 반영하도록 영유아가 실제로 생활하는 맥락에서 이루어져야 한다.

4) 보육과정 평가 시 유의점

미국유아교육협회(NAEYC) 및 미국교육부 유아교육전문가협회(NAECS/SDE)에서는 보육과정을 효율적으로 평가하기 위해서 고려해야 할 사항을 다음과 같이 제시하였다(황혜경 외, 2015 재인용).

첫째, 평가는 보육과정을 지속적으로 개선시키기 위해 사용되어야 한다.
둘째, 목표는 평가의 지침이 된다. 보육과정을 계획하고 실행하는 전 과정이 보육목표 달성에 얼마나 잘 기여했는가를 살펴본다.
셋째, 포괄적인 목표를 사용해야 한다. 영유아 발달 및 학습 관련 결과뿐만 아니라 지역사회와의 관련된 목적도 포함하여 포괄적인 목적 달성 여부를 평가한다.

넷째, 여러 가지 측면의 자료를 활용한다.

4 보육과정과 평가제

평가란 대상물의 가치를 판단하는 혹은 지표를 결정하고, 이를 적용하여 대상의 질, 유용성, 효율성, 중요성 등을 판단하는 것이다. 평가의 기본 목적은 평가 대상의 가치에 대해 판단하는 것이며, 이 가치 판단에 근거하여 평가 대상의 유용성이 결정된다(고문숙 외, 2014).

보육과정에 대한 평가는 어린이집에서 계획한 보육 프로그램의 요구분석을 통해 어느 정도 부합하는지를 평가하는 것이다. 즉, 사전에 설정된 목표와 이를 달성하기 위해 설계한 목표, 내용 및 방법 등을 비교하고 분석하는 것을 말한다. 평가는 변화의 정도를 알아보고자 하는 것이므로 체계적인 평가계획 수립을 통해 신빙성과 타당성 있는 평가가 이루어지도록 해야 할 것이다. 또한, 과거에는 어린이집을 이용하는 영유아 중심의 평가이었다면, 현재는 추진 중인 다양한 보육정책과 수요자 중심 또는 모든 영유아를 대상으로 펼쳐지는 정책을 평가하는 패러다임으로 변화하였다.

1) 어린이집 평가제 시행[1)]

평가인증제도가 도입된 2005년 이후 현재까지 저출산 및 양육부담에 대한 사회적 책임의 강화로 보육서비스에 투입되는 재정 규모가 크게 증가하였고, 영유아기의 중요성 및 아동권리에 대한 부모의 관심과 사회적

1) 보건복지부 · 한국보육진흥원(2021). 2021 어린이집 평가매뉴얼(어린이집용). pp. 7-59 발췌.

인 인식이 높아졌다. 보육서비스의 질 관리와 유지를 위해 도입된 평가인증제도는 어린이집의 물리적인 환경뿐만 아니라 보육과정 및 상호작용과 같은 과정적 질 관리가 이루어짐에 따라 보육서비스의 전반적인 질적 수준을 향상시켰다. 하지만 평가인증제도가 어린이집의 자발적인 신청에 의해 운영됨에 따라 미인증 어린이집으로 인한 질 관리 사각지대의 문제가 발생하였으며, 최근 아동권리 보호, 아동학대 예방, 안전 관리강화에 대한 사회적 요구 증가로 전체 어린이집 질 관리에 대한 필요성이 제기되었다.

이에 2018년 12월 「영유아보육법」 개정을 통하여 '보육·양육에 대한 사회적 책임 강화(국정과제 48-3)' 실현과 영유아의 건강한 성장 및 발달을 위해 모든 어린이집을 대상으로 하는 의무 평가제의 법적 근거가 마련되었으며, 2019년 6월 12일부터 어린이집 평가제가 시행되었다.

(1) 평가제의 목적

어린이집 평가제는 전체 어린이집의 질 관리를 위하여 평가 자체에 목적을 두기보다도 정기적인 평가를 통해 어린이집이 지속적으로 보육의 질적 수준을 향상시키고 유지하게 함으로써 영유아의 안전과 건강, 조화로운 성장과 발달을 도모하여 부모가 믿고 맡길 수 있는 안심 보육환경 조성에 기여하고자 하였다.

어린이집 평가제 시행 목적은 다음과 같다.

① 상시적인 보육서비스 질 관리를 위해 주요 핵심지표를 중심으로 질 관리 표준을 제시하고 어린이집 스스로 질적 수준을 제고하도록 한다.

② 전체 어린이집에 대한 주기적 평가를 통하여 보육서비스 품질관리의 사각지대를 해소하고 전반적인 보육서비스 수준을 지속적으로 관리하여 국가의 책무성을 강화하고자 하였다.

③ 궁극적으로 평가제를 통해 보육서비스의 질 향상을 제고함으로써 영유아의 안전과 건강, 조화로운 성장과 발달을 도모하고자 하였다.

(2) 평가제의 주요 내용

평가제는 전체 어린이집에 대하여 평가를 주기적으로 진행하고 결과 등급에 따라 관리하도록 설계되었다. 어린이집에는 평가의무가 부여되므로 「영유아보육법」 제44조 제4호의6에 따라 평가를 거부, 방해 또는 기피하거나 거짓, 그 밖의 부정한 방법으로 평가를 받은 경우 그에 따른 시정명령 및 행정처분을 받을 수 있다.

어린이집 평가제 특징을 평가인증제와 비교한 내용은 다음 표 4-3과 같다.

표 4-3 평가인증제 및 평가제 특징 비교

구분	평가인증제	평가제
평가대상	• 평가인증 신청 어린이집	• 전체 어린이집
평가절차	• 어린이집 신청 → 기본사항 확인 → 자체점검 → 현장평가 → 종합평가(총 4개월) 신청(어린이집) ⇨ 기본사항 확인(지자체) ⇨ 자체점검 보고서 제출(어린이집) ⇨ 현장평가(현장평가자) ⇨ 종합평가, 결과통보(종합평가 위원회)	• 평가대상 통보 → 기본사항 확인 및 자체점검 → 현장평가 → 종합평가(총 3개월) 대상통보(한국보육진흥원) ⇨ 기본사항 확인 및 자체점검보고서 제출(지자체, 어린이집) ⇨ 현장평가(현장평가자) ⇨ 종합평가, 결과통보(종합평가 위원회)
	• 참여수수료 어린이집 납부	• 참여수수료 전액 국가 부담
	• 기본사항: 필수항목 9개, 기본항목 – 필수항목 미준수는 참여 제외, 기본항목 미준수는 차하위 등급 부여	• 기본사항: 사전점검사항 5개, 위반 이력사항 – 사전점검사항 미준수는 D등급 부여, 위반 이력사항 발생 시 차하위 등급 부여
	• 소위원회와 종합평가위원회에서 심의, 등급 결정	• 소위원회와 종합평가위원회에서 심의, 등급 결정 * 필수지표 및 요소 미충족 시 A등급 불가
	• 재참여, 재평가 과정 운영	• 재참여, 재평가 과정 폐지

| 표 4-4 | 평가인증 지표와 평가지표 비교

구분	평가인증제		평가제	
영역(4)	지표(21)	항목(79)	지표(18)	항목(59)
I. 보육과정 및 상호작용 (31→18)	1-1. 보육계획 수립 및 실행	4	1-1. 영유아 권리 존중 필수	2
	1-2. 일과 운영	5		
	1-3. 교수-학습방법 및 놀이지원	6	1-2. 보육계획 수립 및 실행	6
	1-4. 교사-영유아 상호작용	6	1-3. 놀이 및 활동 지원	3
	1-5. 영유아 간 상호작용 시 교사 역할	4	1-4. 영유아 간 상호작용 지원	4
	1-6. 평가	4	1-5. 보육과정 평가	3
	1-7. 일상생활	2		
	소계	31	소계	18
II. 보육환경 및 운영관리 (19→14)	2-1. 실내 공간 구성	5	2-1. 실내 공간 구성 및 운영	4
	2-2. 실외 공간 구성	3	2-2. 실외 공간 구성 및 운영	3
	2-3. 기관 운영	4	2-3. 기관 운영	4
	2-4. 가정 및 지역사회와의 연계	5		
	2-5. 어린이집 이용 보장	2	2-4. 가정 및 지역사회와의 연계	3
	소계	19	소계	14
III. 건강·안전 (15→15)	3-1. 실내·외 공간의 청결 및 안전	4	3-1. 실내·외 공간의 청결 및 안전	3
	3-2. 급·간식	3	3-2. 급·간식	3
	3-3. 건강증진을 위한 교육 및 관리	3	3-3. 건강증진을 위한 교육 및 관리	3
	3-4. 등·하원의 안전	2	3-4. 등·하원의 안전	3
	3-5. 안전교육과 사고예방	3	3-5. 안전교육과 사고예방	3
	소계	15	소계	15
IV. 교직원 (14→12)	4-1. 원장의 리더십	4	4-1. 원장의 리더십	3
	4-2. 보육교직원의 근무환경	3	4-2. 보육교직원의 근무환경	3
	4-3. 보육교직원의 처우와 복지	3	4-3. 보육교직원의 처우와 복지	3
	4-4. 보육교직원의 전문성 제고	4	4-4. 보육교직원의 전문성 제고	3
	소계	14	소계	12

* 3-2, 3-4, 3-5 지표 내 필수요소 8개 포함.
출처: 보건복지부 · 한국보육진흥원(2021). 2021 어린이집 평가 매뉴얼(어린이집용). p.17.

(2) 평가지표의 구성

① 평가영역 및 평가항목 수

평가지표의 평가영역 및 평가항목 수를 살펴보면 표 4-5와 같다.

| 표 4-5 | 평가영역 및 평가항목 수

평가영역(항목수)	평가지표	평가항목수
1. 보육과정 및 상호작용(18)	1-1. 영유아 권리 존중 필수	2
	1-2. 보육계획 수립 및 실행	6
	1-3. 놀이 및 활동 지원	3
	1-4. 영유아 간 상호작용 지원	4
	1-5. 보육과정 평가	3
2. 보육환경 및 운영관리(14)	2-1. 실내 공간 구성 및 운영	4
	2-2. 실외 공간 구성 및 운영	3
	2-3. 기관 운영	4
	2-4. 가정 및 지역사회와의 연계	3
3. 건강 · 안전(15)	3-1. 실내 · 외 공간의 청결 및 안전	3
	3-2. 급 · 간식	3
	3-3. 건강증진을 위한 교육 및 관리	3
	3-4. 등 · 하원의 안전	3
	3-5. 안전교육과 사고예방	3
4. 교직원(12)	4-1. 원장의 리더십	3
	4-2. 보육교직원의 근무환경	3
	4-3. 보육교직원의 처우와 복지	3
	4-4. 보육교직원의 전문성 제고	3

* 3-2, 3-4, 3-5 지표 내 필수요소 8개 포함.
출처: 보건복지부 · 한국보육진흥원(2021). 2021 어린이집 평가 매뉴얼(어린이집용). p.58.

② 어린이집 등급 평정방식

어린이집 등급 평정방식을 살펴보면 표 4-6과 같다.

표 4-6 어린이집 등급 판정방식

• (평가지표) 각 영역별 평가항목의 '충족' 개수에 따라 3개 등급(우수, 보통, 개선필요) 중 1개 부여
  * 평가항목은 체크리스트 방식에 의해 '충족(Y)' 또는 '미충족(N)'에 체크

평가항목 수	지표 평정 충족(Y) 항목 수		
2	2개	1개	0개
3	3개	2개	1개 이하
4	4개	2~3개	1개 이하
5	5개	3~4개	2개 이하
6	6개	3~5개	2개 이하
	⇩	⇩	⇩
	우수	보통	개선필요

• (평가영역) 각 영역별 평가지표 중 '우수', '개선필요' 지표 개수에 따라 3개 등급(우수, 보통, 개선필요) 중 1개 부여
  * 평가지표 중 '개선필요' 등급이 하나라도 있을 경우, '개선필요' 등급 부여

평가영역(지표 수)	영역 평정		
1. 보육과정 및 상호작용(5)	'우수' 지표 4개 이상(필수 포함)	우수 및 개선필요 등급에 해당하지 않는 경우	'개선필요' 지표 1개 이상
2. 보육환경 및 운영관리(4)	'우수' 지표 3개 이상		
3. 건강 · 안전(5)	'우수' 지표 4개 이상(필수 포함)		
4. 교직원(4)	'우수' 지표 3개 이상		
	⇩	⇩	⇩
	우수	보통	개선필요

• (어린이집 등급) 4개 평가영역 중 '우수', '개선필요' 등급 개수에 따라 3개 어린이집 등급(A, B, C, D) 중 1개 부여

〈평가등급 기준 및 평가주기〉

등급 구분	등급 부여기준	평가주기
A	4개 영역 모두 '우수'인 경우(※ 필수지표 및 요소 모두 충족)	3년
B	'우수' 영역이 3개 이하이며, '개선필요' 영역이 없는 경우	
C	'개선필요' 영역이 1개 있는 경우	2년
D	'개선필요' 영역이 2개 이상인 경우	

출처: 보건복지부 · 한국보육진흥원(2021). 2021 어린이집 평가 매뉴얼(어린이집용). p.59.

(3) 평가지표의 구성체계

① 구성체계

평가지표는 평가영역 > 평가지표 > 평가항목 > 평가내용(평가요소) 순으로 구성되었다.

1 보육과정 및 상호작용 …… 평가영역

1–1 영유아 권리 존중 필수 …… 평가지표

평가항목		결과
1–1–1	교사는 영유아를 존중한다.	□Y □N
1–1–2	교사는 영유아를 차별 없이 대한다.	□Y □N

…… 평가항목

지표 평정기준

☺우 수 : 2개의 평가항목 중 'Y' 개수가 2개
😐보 통 : 2개의 평가항목 중 'Y' 개수가 1개
☹개선필요 : 2개의 평가항목 중 'Y' 개수가 0개

1–1–1	교사는 영유아를 존중한다.
평가내용	① 교사는 영유아의 개별적 요구나 질문을 주의 깊게 듣고 적절하게 반응함 ② 교사는 영유아가 이해할 수 있는 내용으로 눈을 마주치며 이야기함 ③ 교사는 인정과 격려를 통해 영유아의 말과 행동, 생각 및 감정을 지지해줌 ④ 교사는 위협, 비난, 조롱 등 부정적 언어를 사용하지 않음
평정기준	4개 모두 충족해야 Y로 평정

…… 평가내용

[그림 4-1] 평가지표의 구성체계(사례)

출처: 보건복지부 · 한국보육진흥원(2021). 2021 어린이집 평가 매뉴얼(어린이집용). p.55.

② 평가방법

평가지표의 평가방법은 관찰, 면담, 기록 확인의 방법으로 이루어지며 표 4-7과 같다.

표 4-7 평가방법

구분	내용
관찰	• 보육환경, 보육과정, 상호작용 등에 대한 관찰을 진행함 • 등원에서 하원까지 일과 동안 이루어짐
면담	• 원장과 교사 등을 대상으로 면담을 진행함 • 평가지표(항목 · 요소)에 관한 실행 여부 및 관련 내용을 확인함
기록	• 평가지표(항목 · 요소)에서 실행 여부 및 내용 확인을 위해 요구되는 관련 기록을 확인함

출처: 보건복지부 · 한국보육진흥원(2021). 2021 어린이집 평가 매뉴얼(어린이집용). p.56.

3) 어린이집의 평가 운영

어린이집의 평가는 정해진 주기에 따라 대상을 선정하여 통보함으로써 시작된다. 대상통보는 총 2회에 걸쳐 진행되는데, 선정통보(1차)는 현장평가 6개월 이전에, 확정통보(2차)는 현장평가 2개월 전에 통보된다. 확정통보를 받은 어린이집에 대해서는 통보 익월부터 기본사항 확인 및 자체점검, 현장평가, 종합평가 등의 과정이 3개월간 진행된다.

각 어린이집의 평가 시기는 평가주기[3)]와 연계하여 정해지는데, 정해진 평가주기 외 신규개원, 대표자 변경, 행정처분 등의 사유 발생 시에는 별도로 정해진 평가 시기에 맞춰 통보가 이루어진다. 또한, 평가제 시행 이후에는 평가 참여 수수료를 국가가 전액 부담한다.

어린이집의 평가과정은 평가대상 어린이집의 선정 및 통보로 시작되며, 기본사항 확인, 자체 점검보고서 제출, 현장평가, 종합평가 순으로 진행된다.

---

3) 평가주기: 기존 인증제의 인증유지 어린이집은 인증유효기간과 연계하여 평가시기를 맞추어 대상통보됨.

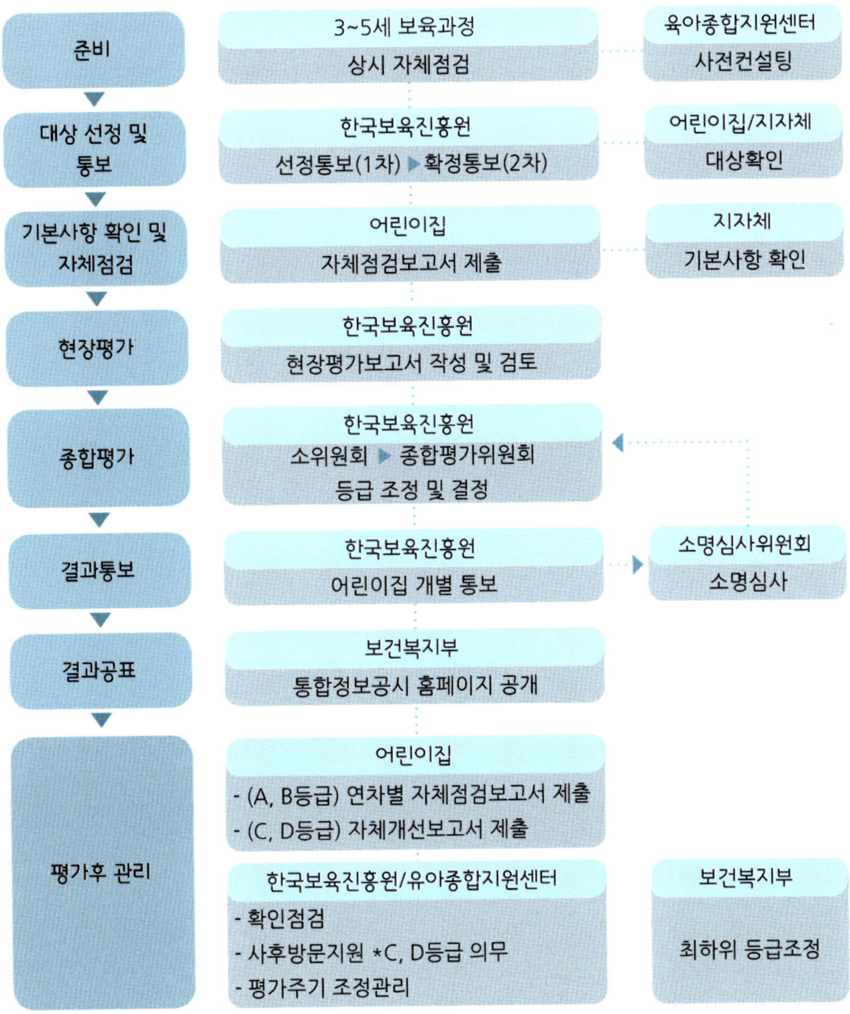

그림 4-2 어린이집 평가 운영체계

출처: 보건복지부 · 한국보육진흥원(2021). 2021 어린이집 평가매뉴얼(어린이집용). p.22.

국가수준의 보육과정이란 어린이집 표준보육과정(이하, '표준보육과정'이라 함)을 의미한다. 표준보육과정은 어린이집의 0~5세 영유아들에게 국가수준에서 제공하는 보편적이고 공통적인 보육의 목표와 내용을 제시한 것이다. 따라서 제3부에서는 표준보육과정을 이해하는 데 가장 핵심이 되는 국가수준의 표준보육과정 개발과정과 누리과정의 도입 및 확대 배경과 개발과정, 2019 누리과정 개정(2019), 그리고 제4차 표준보육과정(2020)의 개요, 편성과 운영 및 평가, 보육 목표 및 영역에 대해 살펴보고자 한다.

PART Ⅲ

국가수준의 표준보육과정

CHAPTER

05 표준보육과정의 이해

Educare Curriculum

보건복지부는 「영유아보호법」 제29조 제2항, 「영유아보육법 시행규칙」 제30조 및 별표 8의4에 의한 '제3차 어린이집 표준보육과정 고시(보건복지부 고시 제2013-8호, 2013.1.21., 일부개정)'을 '제4차 어린이집 표준보육과정 고시(보건복지부 고시 제2020-75호, 2020.4.9.)'로 고시하고 2020.9.1일부터 시행한다고 밝혔다. 제5장에서는 영유아보육과정으로 제4차 표준보육과정 해설서(보건복지부, 2020), 2019 개정 누리과정 해설서(교육부 · 보건복지부, 2019a), 2019 개정 누리과정 보도자료(교육부 · 보건복지부 · 육아정책연구소, 2019a/2019b) 등을 바탕으로 어린이집 표준보육과정과 누리과정의 이해를 돕고자 한다.

1 표준보육과정의 이해

1) 표준보육과정의 개념

표준보육과정이란 보육지침으로서 0~5세 영유아가 어린이집에서 경험해야 할 바람직한 태도와 가치, 지식, 기술 등을 포함한 보편적인 보육 내용을 제시하여, 영유아의 심신의 건강과 전인적인 발달을 도와 행복하고, 민주시민의 기초를 형성하는 것을 목적으로 한다. 또한, 어린이집에서 보육과정을 질적으로 운영함으로써 영유아 모두에게 양질의 보육과정을 균등하게 제공하며, 이를 통해 영유아의 연령, 흥미, 발달 수준에 적합한 보육서비스를 지원하기 위해 국가가 영유아기에 필요한 보편적 보육과정의 방향을 제시한 것이다(이미정, 2017). 따라서 표준보육과정이 좀 더 영유아에게 의미 있고 적절하도록 하기 위해서는 국가가 표준적인 보육의 질을 보장할 수 있는 최소한의 지침을 명확히 하여 표준보육과정을 제공하고 각 지역, 기관, 교사, 영유아 개개인이 각자에게 주어진 환경에 적합한 보육과정을 실행될 수 있도록 탄력성 있는 보육과정 운영의 기회를 제공하여야 한다.

2) 표준보육과정의 추진

(1) 추진 목적

2006년 11월 우리나라는 처음으로 '국가수준의 표준보육과정'이 입법화하였고, 그에 따라 '표준보육과정의 구체적인 보육 내용 및 교사 지침'이 2007년 1월에 고시되었다. 표준보육과정의 제정은 두 가지 측면에서 의의가 크다고 볼 수 있다.

첫째, 다양한 설립 유형의 어린이집에 표준보육과정을 제공함으로써, 어린이집에서 영유아들이 경험하고 배우는 보육 내용이 기본 수준 이상으로 질을 보장받게 되었다.

둘째, 지역·기관·계층 여하를 불문하고 어린이집을 다니는 모든 영유아들에게 보편적인 표준보육과정을 제공함으로써, 보다 보편적이고 공공성을 지향하는 보육 이념을 실제로 구현하게 되었다.

(2) 기대 효과

표준보육과정의 기대는 국가수준의 표준보육과정을 도입함으로써, 영유아의 전인적 발달과 우리 문화에 대한 적합한 내용을 일관성 있고 상호 연계적으로 실천하여 궁극적으로 사회에서 추구하는 인간상을 구현하는 데 있다. 또한, 영유아의 양육과 교육에 대한 국가의 책임 강화와 미래 인적 자원의 투자로서, 지원을 확대하여 부모의 양육 부담을 경감하고, 출발선상의 공정한 기회를 보장하며, 건강한 성장 발달을 지원한다는 기대 효과를 가져올 수 있다.

2 표준보육과정의 제정

우리나라 보육사업은 1921년 서울 태화기독교 사회관에서 빈민가족을 대상으로 탁아 프로그램을 시작으로 실시하였고, 1961년 「아동복리법」이 제정·공포되면서 국가의 책임하에 제도권으로 아동의 복리를 증진하는 법적인 근거를 마련하였다. 그러나 그 수준은 아주 미흡하였고 영유아권리존중의 보육이 아니라 위생·청결 등 빈민구제 및 아동보호 수준에 그쳤다. 1981년 「아동복리법」이 전면 개정되어 「아동복지법」으로 제정되면서 비로소 아동복지사업을 확대·발전하게 되었다. 이후 취업여성의 증가에 따른 양육 문제와 핵가족화로 인한 사회적 변화와 더불어 1991년 「영유아보육법」이 제정되면서, 그동안 여러 부처에서 제각기 관리·운영되어 왔던 영유아보육 사업을 보건복지부로 일원화하였고 종전의 '탁아'사업에서 보호와 교육을 통합한 '보육'사업으로 전환되었다.

1991년 이후 어린이집의 양적 증가와 더불어 질적 수준 향상에 대한 요구가 대두되었고, 2004년 1월 「영유아보육법」이 전면 개정되어 보육에 대한 공적 책임이 더욱 강화되었다.

2004년 6월에는 영유아 보육사업 업무가 보건복지부에서 여성가족부로 이관되었으며, 개정된 「영유아보육법」(2005년1월30일부터 시행) 제29조 제2항에 근거하여 국가수준의 표준보육과정 개발과 보급을 추진하게 되었다. 2005년 11월에 완료된 표준보육과정 연구는 우리나라 보육 역사에서 입법화된 표준보육과정령과 고시를 마련하고자 한 첫 시도였다. 이에 제1차 표준보육과정에서 제4차 표준보육과정(누리과정)이 나오기까지 표준보육과정의 개발 및 적용, 개정 및 고시에 대해 살펴보고자 한다(교육부 · 보건복지부, 2019a; 교육부 · 보건복지부 · 육아정책연구소, 2019a; 보건복지부, 2012/2013a/2013b/2020).

1) 제1차 표준보육과정

제1차 표준보육과정은 어린이집의 질적 수준을 높이고 영유아의 조화로운 성장과 발달을 지원하기 위해 영유아의 연령 및 발달 수준에 적합한 보육과정의 필요성이 요구되었고, 2007년 1월 3일 '표준보육과정의 구체적 보육내용'이 고시되었다. 제1차 표준보육과정에 기초한 연령별 보육 프로그램이 2006년 7월부터 2007년 6월까지 최초로 개발 및 보급되어 제1차 표준보육과정이 고시하게 되었다.

연령별 보육 프로그램은 표준보육과정의 6개 영역과 내용 범주, 내용, 수준별 내용에 적합하게 연간, 월간, 주간, 일일 보육계획안을 제시하고, 연령 및 발달 수준에 적합한 활동을 개발하여 제시하였다. 0~5세까지 각 연령당 1권씩 총 6권으로 연령별 보육 프로그램과 장애아 보육 프로그램 1권도 함께 출간되었다. 따라서 표준보육과정은 어린이집 보육과정을 지원하고 보육교사의 전문성 향상에 커다란 발전적 계기를 마련하였다.

2) 제2차 표준보육과정

(1) 제2차 표준보육과정 개정 고시

제1차 표준보육과정이 2005년 11월에 연구 완료된 것이기 때문에, 급변하는 국내외 시대적 상황과 연구 결과를 반영한 보육 현장의 의견과 요구를 수용하여 2010년에 '표준보육과정 개정안 연구'가 본격적으로 시작되었고, 2011년 2월 제2차 표준보육과정 개정안 공청회가 개최되었다. 또한, 어린이집과 유치원의 교육과정으로 '5세 공통과정(누리과정)'이 다시 제정되어, 2011년 9월에 고시하였다(보건복지부, 2012).

제2차 표준보육과정 고시는 보건복지부 관계자, 국무총리실 산하 육아정책연구소, 학계와 현장 전문가들이 연구진으로 참여하였다. 기존 표준보육과정은 0~5세를 대상으로 하였으나 제2차 표준보육과정은 '5세 누리과정'을 도입함에 따라 교육과학기술부와 공통으로 5세 누리과정을 별도로 고시하였으므로 나머지 연령인 0~4세를 대상으로 짜여졌고, 국가적 차원에서 제시하는 표준보육과정을 개정하여 2012년 2월 29일에 고시하였다.

(2) 제2차 표준보육과정의 주요 개정 내용

① 기존의 표준보육과정에 총론을 추가해 표준보육과정의 방향성을 제시하고, 보육 영역의 기초를 강화하였다.

② 기본생활 영역, 신체운동 영역, 사회관계 영역, 의사소통 영역, 예술경험 영역, 자연탐구 영역으로 구성하였다.

③ 보육과정을 통해 추구하는 인간상에 '자연을 사랑하는 사람'을 추가하여 지속 가능한 생태환경의 중요성을 강조하였고, 영유아가 어릴 때부터 바른 인성과 사회성을 생활 과정에서 익힐 수 있도록 보육 내용을 구성하였다.

④ 발달 과정에 따른 보육 수준 및 보육 내용을 수정하였고, 초등교육과정 및 5세 누리과정과의 연계를 위해 사용되는 용어 및 용어별 의미를 통일시켰다.

(3) 제2차 표준보육과정의 기대 효과

① 제2차 표준보육과정 개정 내용을 일선 어린이집 원장과 보육교사 등이 손쉽게 이해하고 영유아 보육에 적용할 수 있도록 중앙보육정보센터(현, 중앙육아종합지원센터)를 통해 표준보육과정 교육을 진행하였다.

② 표준보육과정을 어린이집에서 적용하기 용이하도록 이에 근거하여 마련된 교사용 책자인 '연령별 보육 프로그램'도 함께 개정하였으

며, 보육교사 교육도 중앙 및 시·도 보육정보센터(현, 중앙육아종합지원센터)를 통해 교육을 실시하였다.

③ 보건복지부는 제2차 표준보육과정을 마련하여 이를 현장에서 적용할 수 있도록 교사용 책자 및 보육교사 교육을 통해 영유아에 대한 보육 내용이 한층 더 풍부해지고 질이 높아질 것으로 기대하였다.

3) 제3차 표준보육과정

(1) 제3차 표준보육과정 개정 고시

2012년 3월부터 시행되고 있는 '5세 누리과정'에 이어 3~4세까지 누리과정이 확대 도입됨에 따라 2012년 7월 10일 '3~5세 연령별 누리과정'이 고시되었으며, 2013년 3월부터는 전국의 모든 어린이집과 유치원에서 3~5세 연령별 누리과정이 전면 시행되었다. 이에 따라 3~5세 연령별 누리과정과 연계될 수 있도록 제2차 표준보육과정을 개정하여 '제3차 표준보육과정'으로 고시하였다. 제3차 표준보육과정은 0~5세까지의 영유아를 대상으로 연령과 수준, 그리고 개인차를 고려한 '0~1세 보육과정', '2세 보육과정'은 수준별로, '3~5세 보육과정(누리과정)'은 연령별로 구성되어 개정되었다(보건복지부, 2013a).

(2) 제3차 표준보육과정의 특성

제3차 표준보육과정의 특성은 주로 영아에 대한 특징을 중점으로 다루었다. 그 내용을 살펴보면 다음과 같다(고문숙 외, 2014; 보건복지부, 2013a).

① 영아기의 발달 수준을 분화하여 이에 적합하되, 개별 영아의 능력을 최대한 향상시킬 수 있는 흥미로운 활동을 개발하였다.

② 0~1세 보육과정, 2세 보육과정의 수준별 내용을 균형 있게 경험할 수 있도록 연령별 보육 프로그램에서 활동의 난이도를 고려하였다.

③ 영아의 욕구와 흥미에 맞추어 교사와의 민감한 상호작용을 강조한

개별화된 활동을 개발하였다.

④ 0~2세 영아의 발달적 연계와 영아와 유아 간의 연계를 고려한 활동을 개발하였다.

⑤ 기관, 가족, 사회, 문화가 공감할 수 있으면서 전국적으로 활용 가능한 활동으로 개발하였다.

⑥ 일상생활의 양육과 보육 프로그램이 균형을 이루고 영아의 친숙한 경험을 우선으로 한 활동을 개발하였다.

⑦ 짧은 월령 간에도 발달적 차이가 큰 영아의 특성을 고려하여 0~1세 보육 프로그램은 월령으로 구분하여 활동을 제시하였다.

⑧ 생애 첫 기관인 어린이집에서의 적응과정을 중요시하고 이를 각 연령에서 강조하였다.

⑨ 영아의 월령 및 연령에 따라 주제 및 소주제, 활동 운영을 달리 기술하여 교사의 반 운영이 원활히 이루어지도록 고려하였다.

⑩ 영아의 발달 특성이나 안전, 영양, 부모와의 협력 등 교사가 영아를 이해하는 데 필요한 내용을 총론에서 제시하였다.

⑪ 교사가 영아에게 음악을 들려주거나 간단한 동요나 전래동요를 부르기 등을 할 때, 이를 돕기 위한 음원을 DVD로 제공하였다.

4) 제4차 표준보육과정(개정 누리과정)

(1) 개정 누리과정

① 개정 누리과정 고시

개정 누리과정은 교육부 정부혁신의 일환으로, 2017년 12월 '유아교육 혁신방안'에서 제시한 '유아 · 놀이중심 교육과정 개편 방향'을 구체화한 것이다. 3~5세 유아를 대상으로 적용되는 공통 교육과정으로서의 성격을 명확히 하였고, 유아교육 현장의 자율성을 기반으로 21세기 핵심역량인 창의성, 감성, 사회성을 키울 수 있도록 하였다.

누리과정의 개정은 육아정책연구소 주관으로 2018년 유아교육계와 보육계 전문가를 중심으로 '누리과정 개정 연구진'을 구성하여 연구하였으며, 전국 토론회(3회), 현장 포럼(5회), 현장교사 간담회(3회), 전문가 자문회의(4회)를 통해 유아교육 현장의 목소리와 학계 의견을 충분히 담기 위해 노력하였다. 유은혜 부총리 겸 교육부 장관과 박능후 보건복지부 장관은 2019년 7월 19일, 유아 · 놀이중심의 「2019 개정 누리과정」을 확정 · 발표하였다(교육부 · 보건복지부 · 육아정책연구소, 2019a).

② 개정 누리과정 구성

유아가 행복하고 존중받을 수 있는 유아 중심, 놀이 중심의 교육과정으로, 현장의 다양성과 자율성을 최대한 발휘할 수 있도록 개정하였다.

표 5-1 개정 누리과정 구성

구분	기존	개정
구성 방향	• 초등학교 준비교육 위주의 학습 • 유아 개개인의 특성 반영 미흡	• 개별 유아의 다양한 특성을 고려할 수 있도록 내용구성의 최소화
주요 내용	• 계획서 위주의 교사 주도적 교육 • 구조화된 놀이학습 위주 교육	• 유아의 주도적 · 자발적 놀이 권장 • 놀이 관찰과 기록, 교사-유아와의 질적 상호작용 강조
구성 체계	• 지나치게 세부적이고 복잡한 구성(5개 영역→주제→소주제→단위활동)으로 현장의 자율적 구성에 한계	• 교육과정 운영의 다양성과 자율성을 최대화하기 위해 세부 내용 삭제

③ 개정 누리과정 특성

2019 개정 누리과정은 놀이 중심, 유아가 중심이 되는 교육의 필요성과 유아교육 환경에 따른 자율역량 강화를 중점으로 다루었다, 그 내용을 살펴보면 다음과 같다(교육부 · 보건복지부, 2019a).

첫째, 국가수준 교육과정으로서 체계성 확립이다.

누리과정의 성격을 국가수준의 공통 교육과정으로 명시하고, 초·중등 교육과정에서 밝힌 미래사회 핵심역량을 반영한 인간상과 목표를 밝힘으로써 교육과정으로서 구성 체계를 확립하였다.

둘째, 유아 중심 교육과정이다.

유아의 자율성과 창의성을 신장하고, 전인적 발달과 행복을 추구하는 유아 중심 교육과정임을 명확히 밝히고, 일부 교육 현장에서 발생했던 지나친 교사 주도 활동을 지양하고, 연간, 월간, 주간, 일일 교육계획 수립 의무를 경감하여, 교육계획은 수립하되, 유아의 관심, 특성, 여건을 감안해 '유아와 교사가 함께 만들어가는 교육과정'임을 강조하였다.

셋째, 놀이 중심 교육과정이다.

유아가 충분히 놀이를 경험함으로써 놀이 과정에서 유아가 몰입과 즐거움 속에서 자율성과 주도성을 키우도록 하며, 유아 주도의 '자유놀이'에서 교사가 '계획한 활동'까지 교육과정 내 놀이의 범위를 확대하였다. 이를 위해, 획일적이었던 교실 내 환경을 다양한 놀이와 활동을 경험할 수 있는 환경으로 구성하였다.

넷째, 내용구성의 최소화를 통한 교육현장의 자율성 확대이다.

교육과정의 5개 구성 영역은 유지하되, 연령별로 제시한 세부내용(369개)을 통합 조정하여 '3~5세 유아가 경험해야 할 최소한의 공통 내용'(59개)으로 축소하였다. 신체운동·건강, 의사소통, 사회관계, 예술경험, 자연탐구 등 5개 영역은 그대로 유지하였다. 3세, 4세, 5세 연령별로 정해진 고정된 교육에서 벗어나, 유아의 발달 정도를 고려하여 탄력적으로 교육이 운영될 수 있도록 하였다. 또한, 교사용 지도서의 활동을 획일적으로 따라가는 것에서 벗어나 똑같은 교육과정이라도 현장 중심의 다양한 교육방식이 발현될 수 있도록 하였다.

다섯째, 평가의 자율화이다.

개정 누리과정에서는 기관과 학급(반) 수준에서 평가의 자율적 시행을 강조하였다. 교사가 놀이하며 배우는 유아의 실제 경험을 평가와 연계하여 이해하도록 평가의 자율성을 보장하였다. 또한, 자율성이 강조되는 평가에서 고려해야 할 핵심 사항을 평가의 목적, 대상, 방법, 결과 활용으로 나누어 간략하게 제시하였다. 무엇보다 누리과정을 운영하는 일상 속에서 유아가 실제 놀이하는 내용과 교사의 지원 내용을 기록한 계획안 등을 유아 평가 및 누리과정 운영 평가와 연계하여 활용할 수 있도록 하였다.

2019 개정 누리과정 특성

가. 누리과정의 성격을 '공통 교육과정'으로 명시
나. 교육과정 구성 체계 확립
다. 기존의 구성 체계를 유지하고 5개 영역의 내용을 간략화
라. 유아 중심, 놀이 중심을 추구
마. 누리과정 실행력과 현장의 자율성을 강조
바. 평가의 자율화

출처: 교육부 · 보건복지부(2019a). 2019 개정 누리과정 해설서. pp. 15-20.

④ 개정 누리과정 성격

누리과정은 3～5세 유아를 위한 국가수준의 공통 교육과정이다.

가. 국가수준의 공통성과 지역, 기관 및 개인 수준의 다양성을 동시에 추구한다.
나. 유아 중심과 놀이 중심을 추구한다.
다. 유아의 전인적 발달과 행복을 추구한다.
라. 유아의 자율성과 창의성 신장을 추구한다.
마. 유아, 교사, 원장(감), 부모 및 지역사회가 함께 실현해 가는 것을 추구한다.

(2) 제4차 표준보육과정

① 제4차 표준보육과정 고시

표준보육과정은 보육과정의 일관성을 높이기 위해 '2019 개정 누리과정'과 같은 유아 중심 · 놀이 중심을 기본 방향으로 영유아의 자율성과 창의성을 높이는 것을 목적으로 제4차 표준보육과정을 고시하였다. 제4차 표준보육과정은 2020년 4월 9일 「영유아보육법」 제29조 제2항, 「영유아보육법 시행규칙」 제30조 및 별표 8의 4에 의한 '제3차 표준보육과정 고시(보건복지부 고시 제2012-8호, 2012.1.21)'를 개정하여, '제4차 표준보육과정 고시(보건복지부 고시 제2020-75호)'함으로써, 2020년 9월부터 모든 어린이집에서 전면 실행하게 되었다(보건복지부, 2020).

② 제4차 표준보육과정 구성

제4차 표준보육과정(0~5세)은 영유아 중심, 놀이 중심 등 보육과정을 통해 자율성 · 창의성을 높이는 것을 목적으로, 이미 개정된 3~5세 개정 누리과정과 같은 방향으로 구성되었다. 주요 내용을 살펴보면 다음과 같다(보건복지부 · 육아정책연구소, 2020).

첫째, 아동 중심 : 교사 주도적 교육에서 벗어나 아동 주도적 · 자발적 놀이를 권장

둘째, 놀이 중심 : 하루 일과에서 놀이가 충분히 이루어지고 놀이를 통한 배움을 강조

셋째, 현장의 자율성 : 보육계획 수립, 교수 방법 및 평가 등에서 교사의 자율성 확대

넷째, 교육 내용의 적정화 : 0~5세 영유아가 경험하여야 할 최소한의 내용으로 적정화

또한, 보육 현장에서는 제4차 표준보육과정(0~2세)과 개정 누리과정(3~5세)과의 연계를 통해 0~5세 영유아의 경험, 연령 간 발달의 연결이 가능하

고, 보육 현장에서는 일관된 보육과정을 제공할 수 있다. 이 밖에도 제4차 표준보육과정은 개정 누리과정의 제1장 총론에서 제시한 추구하는 인간상, 운영, 평가 등이 동일하다. 다만 제2장 각론에서 0~1세, 2세 영아는 기본생활, 신체운동, 의사소통, 사회관계, 예술경험, 자연탐구 등 6개 영역으로, 3~5세 누리과정에 비해 기본생활을 강조하였고, 특정한 활동 여부보다는 경험하기, 시도하기에 중점을 두고, 0~1세에 비해 2세는 다양한 경험을 할 수 있도록 하며, 경험 시 대상에 대한 관심을 갖도록 한다. 3~5세 유아는 신체·운동, 의사소통, 사회관계, 예술경험, 자연탐구 등 5개 영역으로, 각 영역별로 유아의 자발적 놀이와 참여를 강조하였다.

③ 제4차 표준보육과정 특성

제4차 표준보육과정은 2019 개정 누리과정을 시작으로, 3~5세 보육과정(누리과정)의 총론과 각론 개정이 우선적으로 이루어졌다. 이어서 「제3차 표준보육과정」을 개정하여 0~1세와 2세 보육과정 개정 및 0~5세 총론의 일부 용어(영유아, 표준보육과정 등)를 수정하고 영아 관련 내용의 일부를 보완하였다. 「제4차 표준보육과정」의 고시 특성을 살펴보면 다음과 같다.

첫째, 3~5세 보육과정(누리과정) 개정 방향과 취지를 수용하되 보육의 정체성 유지, 영아보육의 특성을 반영하였다.

둘째, 0~2세 영역별 내용은 '제3차 표준보육과정'을 토대로 영아보육의 특성을 반영하였다.

셋째, 기존의 연령 체계를 유지하여 0~1세 보육과정, 2세 보육과정, 3~5세 보육과정(누리과정)으로 제시하였다.

넷째, 구성체계를 조정하여 영역, 내용범주, 내용 체계를 유지하고, 0~1세 4수준, 2세 2수준의 세부내용을 '내용'으로 통합하였다.

다섯째, 0~2세 보육과정은 기존의 6개 영역을 유지하고 내용을 간략화하였다.

여섯째, 전체적으로 영유아 중심, 놀이 중심을 추구하였다.

일곱째, 영유아 기본 권리의 개별 보장을 중시하여 영유아는 개별적인 특성을 지닌 고유한 존재로 존중받아야 함을 강조하였다.

제4차 표준보육과정 특성

가. 총론은 누리과정 개정 방향과 취지를 수용하되 보육의 정체성 유지, 영유아보육의 특성을 반영
나. 영역별 내용은' 제3차 표준보육과정'을 토대로 영아보육의 특성을 반영
다. 기존의 연령 체계를 유지하여 0~1세 보육과정, 2세 보육과정으로 제시
라. 구성체계를 조정하여 영역, 내용범주, 내용체계를 유지하고, 0~1세 4수준, 2세 2수준의 세부 내용을 '내용'으로 통합
마. 기존의 6개 영역을 유지하고 내용을 간략화
바. 영유아 중심, 놀이 중심을 추구
사. 영유아 기본 권리의 개별 보장을 중시하여 영유아는 개별적인 특성을 지닌 고유한 존재로 존중받아야 함을 강조

출처: 보건복지부(2020). 제4차 어린이집 표준보육과정 해설서. p. 10.

지금까지 제1차 표준보육과정에서 제4차 표준보육과정 개정이 나오기까지 개정 경과에 대해 알아보고, 앞서 논의된 바와 같이 표준보육과정과 누리과정의 연혁은 그림 5-2와 같다.

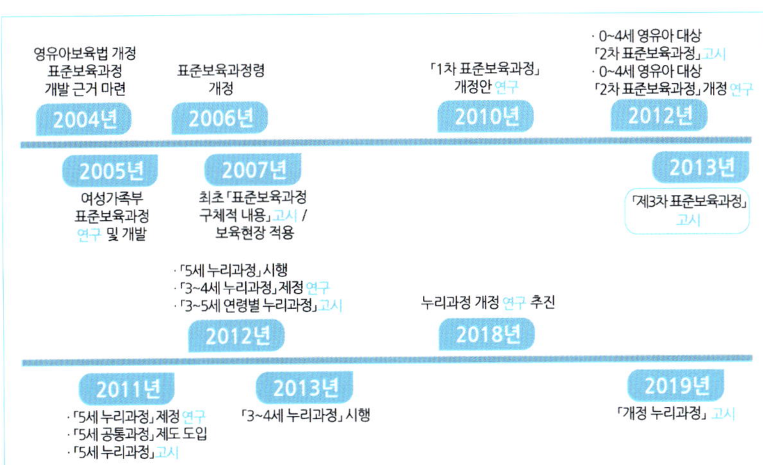

| 그림 5-2 | 표준보육과정과 누리과정의 연혁

출처: 이미화(2019). '잘 놀아야 잘 자란다' 놀이 중심 표준보육과정. 육아정책포럼.

3 영유아 · 놀이 중심의 보육과정

제4차 표준보육과정(누리과정)의 핵심은 '놀이하며 배우는 유능한 영유아'와 '영유아의 놀이'에 초점을 두고 있다. 이는 놀이가 영유아의 유능성에서 시작되어 발전하며, 이러한 놀이를 지원하기 위해 교사는 놀이의 특성을 잘 파악하고 있어야 하기 때문이다. 놀이를 지원하는 과정에서 교사는 비로소 놀이의 의미와 가치를 발견하게 된다(교육부 · 보건복지부, 2019b).

1) 영유아 · 놀이 중심 보육과정의 배경

4차 산업혁명이 시대적 화두가 되면서 미래 사회를 살아갈 우리 아이들에게 무엇을, 어떻게 교육해야 하는가를 고민하였고, 전통적인 지식 위주의 교육으로는 변화하는 미래 사회에서 요구하는 수행능력을 함양하기 어려움을 인식하였다(이정욱, 2018). 이에 교육부는 교육과정 개정의 기본 방향을 '미래사회가 요구하는 핵심역량 함양이 가능한 교육과정 마련'으로 설정하고, 총론에 6가지 핵심역량인 자기관리 역량, 지식정보처리 역량, 창의 역량, 심미적 감성 역량, 의사소통 역량, 공동체 역량 등을 제시하였다. 따라서 2015 초 · 중등 교육과정의 비전은 '미래사회가 요구하는 창의융합형 인재 양성'과 '학습경험의 질 개선을 통한 행복한 학습구현'으로 정의되었다. 초 · 중등 교육과정을 개정한 후 영유아 교육과정도 4차 산업혁명 시대의 창의적 인재 양성을 위해서는 영유아가 중심이 되는 교육이 필요하고, 다양화 · 전문화되고, 이해관계가 복잡화되는 사회에서 변화하는 유아교육 환경에 따른 현장의 자율역량 강화의 요구가 대두되었다(이정욱, 2018). 교육부는 2018년 2월에 '유아교육 혁신방안'을 발표하면서 4차 산업혁명과 시민사회 성숙 등의 사회적 변화는 유아교육 패러다임 변화를 촉구하고 있음을 주장하며 그 추진 배경을 밝혔다. 따라서 '3~5세 연령별 누리과정'을 교사 중심에서 놀이와 유아 중심으로 개정하고, 교육과정 운영 등에서 기관의 자율성을 대폭 강화하겠다고 발표하며, '3~5세 연령별 누리과정'을 개정하여, 현장 적용을 거쳐 확정 고시하고, 2019년 9월부터 개정 누리과정을 시행하였다. 한편 국가수준의 표준보육과정도 보육과정의 일관성을 높이기 위해 '2019 개정 누리과정'과 같은 유아 중심·놀이 중심을 기본 방향으로 하여 영유아의 자율성과 창의성을 높이는 것을 목적으로 제4차 표준보육과정을 2020년 4월 고시하고, 당해 9월부터 시행하게 되었다.

2) 영유아·놀이 중심 보육과정의 중요성

최근까지 많은 학자들의 의해 다양한 관점에서 놀이를 정의하고 있다. 실러(Schiller)는 놀이를 잉여 에너지의 발산이라 하였고, 프뢰벨(Fröbel)은 인간의 가장 순수한 정신적 활동이 놀이라고 정의하였으며, 아이작(Isaacs)은 놀이가 어린이의 삶 자체인 동시에 이 세상을 이해하는 수단이라고 하였고, 듀이(Dewey)는 놀이는 어린이의 신체, 정서, 인지, 사회성 발달을 도모하는 수단이라고 정의하였다(이숙재, 2012 재인용). 놀이에 대한 관점은 학자에 따라 다양하게 해석되기 때문에 놀이의 대한 정의를 내린다는 것은 쉽지 않다. 그러나 분명한 것은 놀이는 영유아의 전인적 발달에 중요한 가치를 가진다는 것이다. 또한, 영유아는 놀이를 통해 효율적인 학습 효과가 나타나므로 놀이가 집중되고 확장될 수 있도록 교사가 지원을 해주는 것은 매우 중요한 일이다. 그러므로 놀이는 영유아의 삶에서 매우 중요한 역할을 하고 있다.

이처럼 영유아 보육과정에서 놀이를 중요시하는 것은 예전부터 많은 학자들에 의해서 주장되어 오고 있다. 하위징아(Huizinga, 2003)는 놀이는 인간을 가장 인간답게 하고, 자유로운 창작자로 안내한다고 주장하고, 창조란 억압이 아닌 자유로운 신체, 뇌의 유연한 놀이, 운동 속에서 비예측적인 연결망이 우연하고 홀연히 만들어짐을 통해 나타나기 때문에 놀이의 중요성을 강조하였다(Isaacson, 2011). 또한, 프뢰벨(Fröbel, 1887)은 어린

시기는 미래의 건축을 위해 모래와 자갈을 모으는 시기로서, 놀이는 이 시기에 있는 인간의 가장 순수하고 가장 정신적인 활동임과 동시에, 인간을 포함한 모든 유기체에 숨겨진 자연적인 삶의 전제로서 전형적인 인간의 삶을 강조하며 놀이의 중요성을 주장하였다. 이와 같이 영유아는 놀이하면서 세상을 탐색하고 자신을 표현하며 다른 사람과 교류하게 되며, 자신의 흥미와 관심에 따라 즐겁게 놀이하는 과정에서 자연스럽게 배움이 일어나게 되므로 놀이는 매우 중요한 것이다. 따라서 놀이는 곧 영유아의 생활이며, 영유아에게 적합한 학습이 기회를 제공하는 중요한 교수-학습 방법이다. 한편, 우리나라 국가수준의 제4차 표준보육과정(누리과정)도 놀이의 중요성을 바탕으로 영유아 중심·놀이 중심을 추구하는 보육과정으로 제시되었다. 표준보육과정이 놀이 중심을 추구한다는 것은 영유아가 주도하는 놀이를 중심으로 보육과정을 구성하고 운영한다는 것을 의미한다. 그러므로 표준보육과정에서 지향하는 영유아 중심 교육과정은 영유아가 주체로서 교육과정에 참여하고 배우는 교육과정이라는 의미로 이해할 수 있고, 놀이 중심 교육과정은 영유아가 놀이를 배움의 과정으로, 즉 놀이를 통해 배움이 일어나는 데 초점을 둔 것이라 이해할 수 있다(이경화, 2019). 이와 같이 놀이를 경험하는 영유아들은 지속적으로 다채롭고 풍요로운 놀이의 의미와 특성을 발견하며, 놀이하며 배우는 유능한 영유아로 성장해 나갈 것이다. 또한, 유능한 영유아는 표준보육과정의 추구하는 인간상과 연계하여 통합성을 가진 순환의 의미로 이해될 수 있다. 다시 말하면, 영유아의 유능함은 모든 놀이에서 동시에 나타나며 통합적으로 드러나고 놀이가 흘러가는 동시에 자연스럽게 순환하며 나타나게 된다(교육부·보건복지부, 2019b).

유능한 영유아 특성 및 표준보육과정 인간상

놀이하며 배우는 유능한 유아		표준보육과정 인간상
몸을 움직인다. 하고 싶은 것을 스스로 선택한다. 상상한다. 재미와 기쁨을 느낀다. 주변과 관계를 맺는다.	➜	건강한 사람 자주적인 사람 창의적인 사람 감성이 풍부한 사람 더불어 사는 사람

| 그림 5-3 | 유능한 영유아 특성 및 표준보육과정 인간상

출처: 교육부 · 보건복지부(2019b). 2019 개정 누리과정 놀이이해 자료. p. 16.

3) 표준보육과정의 놀이 특성

표준보육과정에서 제시되고 있는 놀이의 주요 특성을 자유로움, 주도성, 즐거움이라고 명시하고 있다. 자유로움은 목적으로부터의 자유, 규칙으로부터의 자유, 사실로부터의 자유, 시간과 공간의 경계로부터의 자유를 의미하고, 주도성은 자발적 참여, 능동성, 내재적 동기를 의미하며, 즐거움은 재미, 몰입, 감정의 해소, 상상과 호기심, 유머를 의미한다(교육부 · 보건복지부, 2019b).

놀이의 주요 특성

자유로움	주도성	즐거움
놀이는 자유롭다	놀이는 주도적이다.	놀이는 즐겁다.
• 목적으로부터의 자유 • 규칙으로부터의 자유 • 사실로부터의 자유 • 시간과 공간의 경계로부터의 자유	• 자발적 참여 • 능동성 • 내재적 동기	• 재미 • 몰입 • 감정의 해소 • 상상과 호기심 • 유머

| 그림 5-4 | 표준보육과정 놀이의 주요 특성

출처: 교육부 · 보건복지부(2019b). 2019 개정 누리과정 놀이이해 자료. pp. 20-22.

또한, 영유아의 놀이는 표준보육과정에서 제시된 자유로움, 주도성, 즐거움이라는 보편적인 놀이 특성 외에도 더 다양한 놀이의 의미와 특성이 발견될 수 있다. 영유아는 놀이가 진행되는 과정에서 상상, 표현, 즐거움, 소통, 몰입 등 놀이의 방식이자 배움이 일어나고, 호기심, 협력, 실험, 문제해결, 탐구 등의 경험을 할 수 있다. 이처럼 영유아들은 놀이하면서 표준보육과정 내용을 넘어서는 경험을 하고 있다.

Ⅰ그림 5-5Ⅰ 영유아 놀이 의미와 특성

4) 영유아 중심 · 놀이 중심 보육과정과 교사의 역할

놀이를 보육과정 실행에 중심을 두는 교사는 영유아 놀이의 의미와 특성을 지속적으로 발견하고 연구해 나가야 한다. 교사는 영유아에게 놀이 시간을 충분히 제공하고, 영유아의 놀이를 유심히 살펴보고, 귀 기울이면서 놀이를 이해하도록 해야 한다. 그러므로 영유아 중심 · 놀이 중심 보육과정 실행에 있어 교사의 역할을 매우 중요하다. 표준보육과정에서의 교사의 역할은 영유아 중심 · 놀이 중심 보육과정이 실현될 수 있도록 보육과정 운영에 대한 교사의 자율성을 강조하고 있다. 표준보육과정은 교사의 자율성을 지원하고 현장에서 놀이가 살아날 수 있도록 국가수준의 교육과정을 간략화하여 제시하고 있다. 따라서 교사는 영유아와 함께 주체가 되는 표준보육과정을 실현하는 데 중점을 두어야 한다(교육부 · 보건복지부, 2019b). 또한, 진정한 영유아 중심 · 놀이 중심 보육과정은 교사의 책무성이 자율성을 뒷받침할 때 완성된다. 교사는 영유아의 놀이와 일상생활을 잘 경험될 수 있도록 고민하고, 지원하는 교사의 역할이 필요하며, 이를 인식하고 실천하여 놀이 속에 녹아있는 배움과 표준보육과정 영역의 내용을 읽어내고 지원할 수 있도록 지속적인 노력이 필요하다(교육부 · 보건복지부, 2019b).

이처럼 영유아 중심 · 놀이 중심 보육과정이 영유아교육기관에서 잘 운영되기 위해서 교사가 수행해야 하는 교사의 역할은 첫째, 영유아 중심 · 놀이 중심 보육과정을 이해하고 실천하기 둘째, 놀이를 통한 영유아의 배움을 지원하기 셋째, 놀이와 배움을 기록하고 평가하기 넷째, 함께 배우며 성장하기 등이 있다.

영유아 중심 · 놀이 중심 보육과정과 교사의 역할

1	영유아 · 놀이 중심 교육과정 이해하고 실천하기	• 누리과정 총론 및 5개 영역의 내용을 숙지하고 유아의 놀이, 일상생활, 활동과 연계하여 교육과정을 운영함 • 일과에서 놀이시간을 충분히 제공함 • 유아의 놀이를 지원하고 주도적으로 참여할 수 있는 활동을 계획함
2	유아의 놀이를 통한 배움을 지원하기	• 유아의 놀이를 주의 깊게 바라보고 지원함 • 유아의 놀이를 이해하려는 민감성을 갖춤 • 유아의 놀이를 지원하기 위해 직접적, 간접적 지원을 할 수 있음
3	놀이와 배움을 기록하고 평가하기	• 결과보다는 과정 자체에 대한 평가를 강조함 • 형식과 분량에 있어 기관별 · 학급별로 자율성을 부여함 • 전개된 놀이와 일상생활, 활동에 대한 누적된 기록을 총체적으로 고려하는 것이 필요함
4	함께 배우며 성장하기	• 교사 자신의 교육철학과 표준보육과정에 대한 이해를 지속적으로 점검함 • 교사가 표준보육과정을 실행하면서 느끼는 고민과 불안감은 자연스러운 것임 • 교사는 자율적인 학습공동체를 통해 서로의 고민을 나누는 과정에서 함께 배우고 성장할 수 있음

[그림 5-6] 영유아 중심 · 놀이 중심 보육과정과 교사의 역할

출처: 교육부 · 보건복지부 · 육아정책연구소(2019b). 2019 개정 누리과정 교사연수 자료. pp. 350-353.

4 표준보육과정의 기초[1)]

어린이집 표준보육과정(이하, '표준보육과정'이라 함)은 0~5세 영유아를 위한 국가수준의 보육과정이며 0~1세 보육과정, 2세 보육과정, 3~5세 보육과정(누리과정)으로 구성하였다. 국가수준의 표준보육과정을 시행함으로써, 영유아 중심, 놀이 중심으로 전인적 발달과 우리 문화에 적합한 내용을 일관성 있고 연계적으로 실천하며, 궁극적으로 사회에서 추구하는 인간상을 구현하고 전국 어린이집의 질적 수준을 높이는 데 기여하고자 하였다.

1) 표준보육과정의 성격

제4차 표준보육과정의 성격은 2015 개정 초·중등학교 교육과정 성격의 구성 체계와 연계하고, 영유아기의 고유한 특징을 반영하여 '영유아 중심 및 놀이 중심'을 강조하였다.

제4차 표준보육과정 성격

가. 국가수준의 공통성과 지역, 기관 및 개인 수준의 다양성을 동시에 추구한다.
나. 영유아의 전인적 발달과 행복을 추구한다.
다. 영유아 중심과 놀이 중심을 추구한다.
라. 영유아의 자율성과 창의성 신장을 추구한다.
마. 영유아, 교사, 원장, 부모 및 지역사회가 함께 실현해 가는 것을 추구한다.

출처: 보건복지부(2020). 제4차 어린이집 표준보육과정 해설서. pp. 16-18.

1) 보건복지부(2020). 제4차 어린이집 표준보육과정 해설서 및 교육부 · 보건복지부(2019a). 2019 개정 누리과정 해설서에서 내용을 발취함.

2) 표준보육과정의 구성 방향

(1) 추구하는 인간상

표준보육과정을 통해 궁극적으로 기르고자 하는 인간상은 표 5-2와 같이 1차에서 4차까지 표준보육과정(누리과정)에서 제시하는 것은 시대의 흐름에 따라 변화를 보이고 있다.

| 표 5-2 | 표준보육과정(누리과정)에서 추구하는 인간상

보육과정	추구하는 인간상
1차 표준보육과정	• 자율적인 사람 • 창의적인 사람 • 다양성을 인정하는 사람 • 민주적인 사람 • 우리 문화를 사랑하는 사람
2차 표준보육과정	• 자율적인 사람 • 창의적인 사람 • 다양성을 인정하는 사람 • 민주적인 사람 • 자연과 우리 문화를 사랑하는 사람
3차 표준보육과정	• 자율적이고 창의적인 사람 • 심신이 건강하고 행복한 사람 • 다양성을 인정하는 민주적인 사람 • 자신과 타인을 존중하고 배려하는 사람 • 자연과 우리 문화를 사랑하는 사람
4차 표준보육과정	• 건강한 사람 • 자주적인 사람 • 창의적인 사람 • 감성이 있는 사람 • 더불어 사는 사람

제4차 표준보육과정에서 추구하는 인간상은 2019 개정 누리과정에서 새롭게 제시한 추구하는 인간상과 동일하게 적용하여 변경하였다. 이는

0~5세 영유아를 보육하는 어린이집 현장에서의 혼란을 최소화하기 위함이다. 제4차 표준보육과정에서 제시한 인간상은 건강한 사람, 자주적인 사람, 창의적인 사람, 감성이 풍부한 사람, 더불어 사는 사람이며, 이는 미래의 핵심역량을 반영한 초·중등학교 교육과정의 인간상과 연계되어 있다.

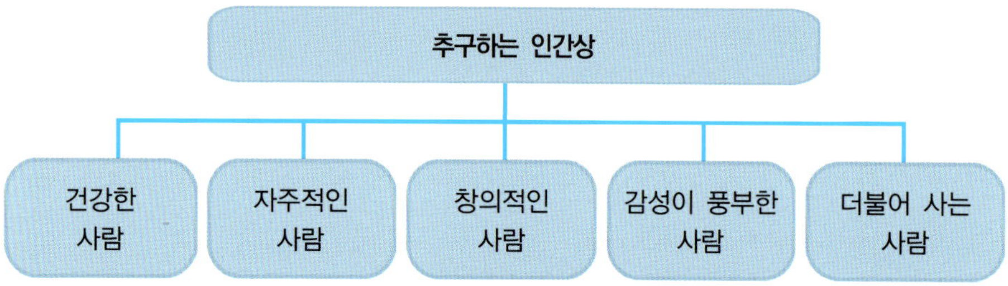

그림 5-7 제4차 표준보육과정 추구하는 인간상

① 건강한 사람

영유아가 튼튼한 몸과 안정된 정서를 바탕으로 자신을 소중히 여기며, 일상에서 건강한 생활을 실천하고, 위험한 상황에서 자신을 보호하는 경험을 통해 건강한 사람으로 성장해 갈 수 있도록 돕는다.

② 자주적인 사람

영유아가 자신에 대한 이해를 바탕으로 자신을 가치 있고 긍정적인 존재로 여기며, 지신이 잘 할 수 있는 일이 무엇인지 알고, 자신의 능력을 확장하기 위해 스스로 노력하는 사람으로 성장해 갈 수 있도록 돕는다.

③ 창의적인 사람

영유아가 놀이를 통해 자신의 관심과 흥미에 따라 세계를 탐색하고, 도전하며 실천하는 과정에서 적극적으로 참여하는 사람으로 성장해 갈 수 있도록 돕는다.

④ 감성이 풍부한 사람

영유아가 일상과 놀이 속에서 아름다움을 발견하고 공감하며, 이를 다양한 예술로 표현하면서 문화를 향유하는 사람으로 성장해 갈 수 있도록 돕는다.

⑤ 더불어 사는 사람

영유아가 가족, 이웃, 동식물과 주변 환경에 관심을 가지고 소중히 여기며, 서로 배려하는 마음과 태도, 책임 의식을 가진 사람으로 성장해 갈 수 있도록 돕는다.

(2) 목적과 목표

① 표준보육과정의 목적

영유아가 놀이를 통해 심신의 건강과 조화로운 발달을 이루고 바른 인성과 민주 시민의 기초를 형성하는 데 목적이 있다.

② 표준보육과정의 목표

표준보육과정(0~2세)과 누리과정(3~5세)으로 구분되어 다섯 가지의 목표가 제시되어 있다. 이는 표준보육과정에서 추구하는 인간상에서 구체적인 내용을 설명하고, 이를 실현하기 위한 내용은 다음과 같다.

표준보육과정 목표

0~2세 보육과정 목표		3~5세 보육과정(누리과정) 목표
가. 자신의 소중함을 알고 건강하고 안전한 환경에서 즐겁게 생활한다. 나. 자신의 일을 스스로 하고자 한다. 다. 호기심을 가지고 탐색하며 상상력을 기른다. 라. 일상에서 아름다움에 관심을 가지고 감성을 기른다. 마. 사람과 자연을 존중하고 소통하는 데 관심을 가진다.	→	가. 자신의 소중함을 알고 건강하고 안전한 생활 습관을 기른다. 나. 자신의 일을 스스로 해결하는 기초 능력을 기른다. 다. 호기심과 탐구심을 가지고 상상력과 창의력을 기른다. 라. 일상에서 아름다움을 느끼고 문화적 감수성을 기른다. 마. 사람과 자연을 존중하고 배려하며 소통하는 태도를 기른다.

| 그림 5-8 | 제4차 표준보육과정 목표

출처: 보건복지부(2020). 제4차 어린이집 표준보육과정 해설서. pp. 21-25.

(3) 구성의 중점

구성의 중점은 표준보육과정을 구성할 때 주요하게 고려한 점을 말한다. 표준보육과정 구성의 중점은 다음과 같다.

① 영유아는 개별적인 특성을 지닌 고유한 존재임을 전제로 구성한다.

② 0~5세 모든 영유아에게 적용할 수 있도록 구성한다.

③ 추구하는 인간상 구현을 위한 지식, 기술, 태도 및 가치를 반영하여 구성한다.

④ 표준보육과정은 다음의 영역을 중심으로 구성한다.

- 0~1세 보육과정과 2세 보육과정은 기본생활, 신체운동, 의사소통, 사회관계, 예술경험, 자연탐구 등 6개 영역을 중심으로 구성한다.
- 3~5세 보육과정(누리과정)은 신체운동 · 건강, 의사소통, 사회관계, 예술경험, 자연탐구 등 5개 영역을 중심으로 구성한다.

⑤ 0~5세 영유아가 경험해야 할 내용을 구성한다.

⑥ 초등학교 교육과정과의 연계성을 고려하여 구성한다.

3) 표준보육과정의 운영

(1) 편성 · 운영

표준보육과정의 편성 · 운영은 어린이집에서 영유아 중심 · 놀이 중심 보육과정을 편성하고 운영하기 위해 고려해야 할 공통적 기준을 안내한 것이다. 다음의 상황에 따라 표준보육과정을 편성 · 운영한다.

가. 어린이집 운영시간에 맞추어 편성한다.
- 종일제를 기반으로 일과 운영시간에 따라 조정하여 편성한다.
- 누리과정 운영은 1일 4~5시간을 기준으로 편성한다.

나. 표준보육과정을 바탕으로 각 영유아교육기관의 실정에 적합한 계획을 수립하여 운영한다.

다. 하루 일과에서 바깥 놀이를 포함하여 영유아의 놀이가 충분히 이루어지도록 편성하여 운영한다.

라. 성별, 신체적 특성, 장애, 종교, 가족 및 문화적 배경 등에 따른 차별이 없도록 편성하여 운영한다.

마. 영유아의 발달과 장애 정도에 따라 조정하여 운영한다.

바. 가정과 지역사회와의 협력과 참여에 기반하여 운영한다.

사. 교사 연수를 통해 표준보육과정의 운영을 개선할 수 있도록 한다.

(2) 교수 · 학습

교수 · 학습은 영유아가 즐겁게 놀이하며 스스로 배울 수 있도록 교사가 지원할 때 고려해야 할 사항이다.

표준보육과정에서는 교사를 영유아의 놀이 지원자로 제안하고 있다. 교사는 놀이의 특성, 의미, 가치를 이해하여 영유아가 즐겁게 놀이하면서 배우는 경험을 지원할 수 있다. 교사는 적절하게 환경을 구성하고, 영유아와 바람직한 상호작용을 하여 영유아가 놀이에 몰입하고 놀이를 확장하도록 돕는 역할을 한다. 교사는 다음 사항에 따라 영유아를 지원한다.

가. 영유아의 의사표현을 존중하고 민감하게 반응한다.

나. 영유아의 흥미와 관심에 따라 놀이에 자유롭게 참여하고 즐기도록 한다.

다. 영유아가 놀이를 통해 배우도록 한다.

- 놀이를 통한 배움을 이해한다.
- 놀이와 연계한 활동을 통한 영유아의 배움을 지원한다.
- 자율성을 바탕으로 영유아의 놀이 배움을 지원한다.

라. 영유아가 다양한 놀이와 활동을 경험할 수 있도록 실내·외 환경을 구성한다.

- 다양하고 안전한 실내·외 놀이 공간을 구성한다.
- 풍부한 놀이자료를 제공한다.

마. 영유아와 영유아, 영유아와 교사, 영유아와 환경 사이에 능동적인 상호작용이 이루어지도록 한다.

바. 각 영역의 내용이 통합적으로 영유아의 경험과 연계되도록 한다.

사. 개별 영유아의 요구에 따라 휴식과 일상생활이 원활히 이루어지도록 한다.

아. 영유아의 연령, 발달, 장애, 배경 등을 고려하여 개별 특성에 적합한 방식으로 배우도록 한다.

(3) 평가

표준보육과정에서의 평가는 어린이집에서 영유아가 중심이 되고 놀이가 살아나는 표준보육과정의 운영을 되돌아보고 개선해 가는 과정이다. 제4차 표준보육과정은 어린이집에서 영유아 중심·놀이 중심 보육과정을 운영하는 데 도움이 되고자 평가를 간략화하고 각 어린이집의 자율적인 평가를 강조하였다. 어린이집은 평가의 목적, 대상, 방법, 결과의 활용을 바탕으로 표준보육과정 평가를 자율적으로 실시할 수 있다. 평가는 다음 사항에 중점을 두고 실시한다.

① 표준보육과정 운영의 질을 진단하고 개선하기 위해 평가를 계획하고 실시한다.
② 영유아의 특성 및 변화 정도와 표준보육과정의 운영을 평가한다.
③ 평가의 목적에 따라 적합한 방법을 사용하여 평가한다.
④ 평가의 결과는 영유아에 대한 이해와 표준보육과정 운영 개선을 위한 자료로 활용할 수 있다.

CHAPTER

06 기본생활 영역

Educare Curriculum

0~1세, 2세의 표준보육과정에 해당되는 기본생활 영역은 영아로 하여금 일생의 기초이자 사회생활의 기본이 되는 건강, 안전, 바른 생활에 관한 지식, 기술, 태도를 배우고 익히며, 올바른 생활습관을 형성하도록 하는 생활지도영역이다. 이 영역의 내용범주는 '건강하게 생활하기'와 '안전하게 생활하기'로 구성되어 있다. 제6장에서는 기본생활 영역의 필요성, 영역의 이론적 기초, 연령별 기본생활 영역의 이해, 연령별 목표와 내용, 영아의 실제 경험 및 교사 지원 등의 사례를 제시하여 예비보육교사의 이해를 돕고자 한다.

1 영역의 필요성

기본생활 영역은 영아의 기본이 되는 생활 전반의 지식, 기술, 태도를 등을 포함한 행동양식을 익혀 습관화하도록 도움을 주는 과정이다. 영아기에 몸에 익혀야 하는 기본생활습관은 식사, 수면, 배설훈련, 청결, 옷 입고 벗기, 신발 신고 벗기 등을 비롯하여 안전, 예절, 질서, 절약 등이며 이들 습관은 영아의 건강을 유지함과 동시에 자립성·독립성을 기르는 데 기본이 된다. 기본생활습관은 어린 시절의 양육자나 교사에 의해 행동을 보고 모방하거나 반복적인 학습으로 형성된다. 기본생활습관이 잘 형성된 영유아는 사회에 잘 적응하며 성취감이 높고 봉사 정신이 강하며 능동적이고 행복한 삶을 살아갈 수 있다. 오늘날 시대적 환경의 변화에 따라 기본생활 영역의 필요성을 살펴보면 다음과 같다(김지은 외, 2012).

첫째, 영아는 무기력하고 수동적인 존재가 아니라 적극적이고 자발적인 존재이며, 주변 환경과 상호작용하면서 문제해결 방안을 탐색해 나가는 독립된 인격체로 간주하고 있다.

둘째, 과거에는 기본생활의 일차적인 교육을 부모에게 가정교육을 받았다. 그러나 최근 맞벌이 부부의 증가로 가족의 기능이 약해지고, 어린 시절부터 영유아교육기관을 통해 기본생활지도가 이루어지고 있어 체계적이고 전문적인 교사의 역할이 중요하게 되었다.

셋째, 부모들은 조기교육과 특기 교육에 지나치게 열중하는 반면, 인성이나 예절교육 측면은 소홀히 하는 편이다. 이로 인해 영아가 스트레스를 받고 부적응 행동이 증가하고 있다(이기숙, 외 2001).

2 영역의 이론적 기초

영아기는 인간의 성장과 발달의 기초가 급속히 형성되는 시기이다. 이 시기에 일상생활을 통해 자연스럽게 습득한 기본생활습관은 일생 동안 영향을 미친다. 영아기는 가소성이 풍부하여 초기부터 일상생활에 바람직한 행동을 발달시키는 능력을 습득할 수 있으며, 좋은 습관의 형성은 영아의 행동을 용이하게 해주는 것과 동시에 인지적인 발달과 사회·정서적 측면에도 긍정적인 여건을 제공한다(김상림 외, 2015). 영아기의 기본생활 영역과 관련된 대표적인 이론으로는 학습이론과 도덕성 이론을 들 수 있다.

1) 학습이론

학습이론은 인간의 마음이 백지상태로 태어난다고 보았고, 타고난 유전적 요인보다 환경적 요인을 중시하며 영아의 발달에 있어 외적 경험의 중요성을 강조하였다. 또한, 기본생활 영역에 있어 영아기의 특성을 고려한 행동주의 학습이론과 사회학습이론을 살펴보면 다음과 같다.

(1) 행동주의 학습이론

행동주의 학습이론의 대표적인 학자인 스키너는 '조작적 조건형성' 이론을 제안하였다. 인간은 어떤 행위를 했을 때 행동 빈도에 영향을 미치는 결과를 크게 강화(reinforcement)와 처벌(punishment)이 있다고 보았는데, 강화는 행동 빈도를 증가시키고 처벌은 행동 빈도를 감소시키는 요인으로 작용한다. 즉, 영아가 어떤 행위를 했을 때 보상이 뒤따르면 그 행위는 반복될 가능성이 높아 학습으로 연결되며, 그와 같은 학습이 반복되면 습관화가 형성된다(김상림 외, 2015). 예를 들어 영아가 손 씻기, 이 닦기, 배변 같은 기본생활습관을 잘하거나 안전한 놀이를 했을 때 칭찬으로 보상하고, 따뜻한 상호작용을 해 준다는 결과를 예측한다면, 조작적 조건형성 이론을 잘 활용할 수 있다.

(2) 사회학습이론

사회학습이론에 따르면, 영아가 기본생활 영역에서 건강하고 안전한 생활을 경험하고, 바람직한 생활의 기초를 마련함에 있어서 직접적으로 상호작용하는 교사와 부모의 역할이 매우 중요하다. 즉, 교사나 부모는 영아에게 의미 있는 모델링의 역할이 되므로 일상생활과 기본생활습관 형성에 있어서 모범적이고 긍정적인 모델이 되도록 노력해야 한다.

반두라(Bandula)는 사회학습이론을 통해 외적 강화 없이 모델링을 관찰하거나 모방하는 것을 통해서도 새로운 행동이 학습된다는 '관찰학습'과

'대리학습'의 원리를 제시하였다.

영아는 듣고 기억하고 관찰한 일련의 복잡한 행동에서 보편적 원칙을 추론하는 능력을 가졌으며, 이와 같은 외부 세계에서 일어나는 것을 능동적으로 이해하려고 노력하는 능력을 모방과 학습으로 보았다(김상림 외, 2015). 그는 영아를 지극히 수동적인 존재로 간주하는 행동주의 학습이론과는 달리 영아를 능동적인 존재로 보았고 인지와 사고능력을 중요시하였다.

2) 도덕성 이론

기본생활 영역은 도덕성 발달과 밀접한 관계를 맺고 있다. 도덕성 발달은 개인이 자신의 행동을 점검하여 그것이 옳고 그름의 여부를 판단한 다음 부적절한 충동을 억제하는 학습 과정이다.

콜버그(Kohlberg)는 인간이 도덕적 추론을 발달시키는 단계에 대해 3가지 수준과 6가지 단계를 제시하였는데, 영유아기는 법과 질서를 잘 지키고 유지하려는 동기가 보이는 시기로 교사와 부모는 최선의 본보기(modeling)를 보여주고, 일관성 있는 반복지도를 하는 것이 중요하다고 하였다(김지은 외, 2012).

3 연령별 기본생활 영역의 이해

기본생활 영역은 생애의 기초이며, 일상생활의 기본이 되는 건강, 영양, 안전에 관한 지식과 기술을 습득하고 건강하고 안전하게 생활하는 태도를 기르기 위한 영역이다. 타인의 건강과 안전까지도 배려하고, 즐겁고 원만한 사회생활을 영위할 수 있도록 한다. 기본생활 영역의 이해를 0~1세 영아, 2세 영아로 구분하여 살펴보면 다음과 같다(보건복지부, 2020).

1) 0~1세 영아

0~1세 영아는 씻고, 먹고, 자고, 배변하는 등의 일상에 적응하면서 어린이집 생활에 편안함을 느끼게 된다. 0~1세 영아는 어린이집 생활에 익숙해지고 주변 환경에 친숙해지면서 적극적인 탐색과 놀이를 시도하게 되는데, 위험에 대한 인식이 부족하므로 안전에 대한 관찰과 점검이 필수적이다. 기본생활 영역은 0~1세 영아가 건강하고 안전한 일상생활을 편안하고 자연스럽게 경험하는 것을 목표로 한다. 씻고, 먹고, 자는 등 기본적인 욕구를 충족시키는 일상생활은 교사와 영아가 애착을 형성하는 긴밀한 시간이자 영아의 상태나 발달을 점검하는 기회가 될 수 있다.

교사는 영아의 개별적 요구를 수용하고, 영아가 스스로 시도해 볼 수 있도록 안전한 환경과 기회를 마련하여야 한다. 또한, 적절한 도움과 격려를 제공하여 영아가 편안하고 자연스럽게 일상을 경험하도록 지원한다.

2) 2세 영아

2세 영아는 어린이집에 등원하여 즐겁게 놀이하면서 일상생활을 경험한다. 식사와 휴식, 낮잠을 통해 에너지를 충전하고, 필요할 때 혼자 칫솔질을 하거나 씻어보는 시도를 할 수 있으며, 스스로 배변하는 습관을 갖추어간다. 또한, 2세 영아는 움직임이 활발하고 주변에 대한 호기심이 많으므로 놀이와 일상생활에서 위험 상황에 조심해보는 경험을 통해 점차 안전에 대한 인식을 키우게 된다. 기본생활 영역은 2세 영아가 건강하고 안전한 생활습관의 기초를 형성하는 것을 목표로 한다.

교사는 위생과 청결, 급·간식, 낮잠, 배변 및 안전한 경험을 통해 2세 영아가 즐겁고 쾌적하며 안전하게 일과를 보냄으로써 몸과 마음이 더욱 건강해질 수 있도록 지원해야 한다.

4 연령별 목표와 내용

기본생활 영역의 목표와 내용은 0~1세 영아, 2세 영아로 구분하여 제시하였다. 내용에서는 구체적인 내용범주와 내용으로 영아의 실제 경험을 중점으로 하며, 기본생활 영역의 목표를 달성할 수 있도록 교사는 지원한다.

1) 0~1세 목표와 내용

(1) 목표

0~1세 표준보육과정에서 수립한 기본생활 영역의 목표와 내용범주에 따른 하위 목표를 살펴보면 다음과 같다.

목표	건강하고 안전한 일상생활을 경험한다.
내용범주에 따른 목표	1. 건강한 일상생활을 경험한다. 2. 안전한 일상생활을 경험한다.

기본생활 영역의 목표는 0~1세 영아가 건강하고 안전한 일상생활을 자연스럽게 경험하는 것이다. 0~1세 영아가 신체의 청결과 위생, 수유 및 이유식 등의 식사, 편안한 휴식과 배변을 통해 건강한 생활을 경험하며 놀이하는 등의 일상에서 안전한 생활을 경험하는 것을 목표로 한다.

(2) 내용[1)]

기본생활 영역에서는 영아가 건강한 생활습관을 통해 몸과 마음을 건강하게 유지하도록 하며, 안전과 위험에 대해 아는 것을 통해 안전하게 생활하는 능력을 기르도록 한다. 기본생활 영역은 '건강하게 생활하기'와 '안전하게 생활하기'의 두 가지 내용범주로 구성되어 있다.

- '건강하게 생활하기'는 영아가 신체의 청결과 위생, 즐거운 식사, 편안한 수면, 휴식과 배변경험 등을 통해 건강한 일상을 경험하는 내용이다.
- '안전하게 생활하기'는 영아가 안전한 상황에서 놀이하고 생활하며, 위험하다고 알려주면 주의할 수 있는 안전한 생활을 경험하는 내용이다.

0~1세 기본생활 영역의 내용범주와 내용은 표 6-1과 같다.

표 6-1 0~1세 기본생활 영역의 내용범주와 내용

내용범주	내용
건강하게 생활하기	• 도움을 받아 몸을 깨끗이 한다. • 음식을 즐겁게 먹는다. • 하루 일과를 편안하게 경험한다. • 배변 의사를 표현한다.
안전하게 생활하기	• 안전한 상황에서 놀이하고 생활한다. • 안전한 상황에서 교통수단을 이용해 본다. • 위험하다는 말에 주의한다.

출처: 보건복지부(2020). 제4차 어린이집 표준보육과정 해설서. p.47.

1) 보건복지부(2020). 제4차 어린이집 표준보육과정 해설서. pp. 47-61. 발췌.

① 건강하게 생활하기

• 도움을 받아 몸을 깨끗이 한다.

0~1세 영아가 몸을 깨끗이 할 때의 기분 좋음을 경험하며 위생과 청결에 대한 기본적인 감각을 기르는 것으로 교사의 도움을 받아 손과 몸을 씻고 이를 닦는 경험을 하는 내용이다. 다음은 '치카치카 양치해요' 영아의 경험(사례)에 따른 교사의 지원은 표 6-2와 같다.

| 표 6-2 | '치카치카 양치해요' 영아의 경험(사례)에 따른 교사의 지원

'치카치카 양치해요' 교사 지원			
내용범주	공간	자료	상호작용
건강하게 생활하기	• 영아가 편안하고 즐겁게 양치를 경험할 수 있도록 화장실에 의자를 비치하거나, 동시에 양치질을 하는 영아의 수를 조절하면서 충분한 공간을 확보한다.	• 양치질, 손 씻기 순서 관련 그림을 세면대 주변에 비치하여 영아가 관심을 보일 때 이를 탐색할 수 있도록 지원한다. • 몸을 씻는 데 사용하는 일상생활용품을 교구로 비치하여 영아가 자신의 경험을 놀이로 표현할 수 있도록 지원한다.	• 영아가 거즈 손수건을 무는 행동을 수용하며, 영아의 행동을 통해 필요한 것을 살피고 이를 적극적으로 지원한다. • 치약의 맛이나 종류를 명확히 구분하지 못하더라도 일상생활에서 영아가 선택할 수 있는 경험을 제공하여 영아가 보다 주도적이고 즐겁게 일상생활에 참여할 수 있도록 지원한다. • 교사는 영아들과 함께 양치를 하며, 이 닦기의 올바른 방법을 자연스럽게 모델링하고 즐길 수 있도록 지원한다.

• 음식을 즐겁게 먹는다.

0~1세 영아가 먹는 것에 대한 즐거움을 알고, 수유-이유식-고형식 등 다양한 음식을 섭취하는 과정을 즐겁게 경험하는 내용이다. 다음은 '즐겁게 먹어요' 영아의 경험(사례)에 따른 교사의 지원은 표 6-3과 같다.

표 6-3 '즐겁게 먹어요' 영아의 경험(사례)에 따른 교사의 지원

'즐겁게 먹어요' 교사 지원				
내용범주	공간	자료	상호작용	안전
건강하게 생활하기	• 수유→이유→고형식 단계의 영아 각각에게 필요한 식사환경을 준비해 준다. • 어린이집 급·간식 시간이 익숙해질 수 있도록 개별적인 공간을 마련해 준다.	• 이유식을 제공할 때, 교사가 먹여주는 숟가락과 영아의 손에 쥐여주는 숟가락을 함께 준비하여, 스스로 먹는 것에 관심을 가지고 시도해 보도록 지원한다. • 여러 친구들과 함께 먹는 것이나 자리에 앉아 먹는 것이 낯선 영아에게, 좋아하는 인형과 함께 식사를 할 수 있도록 지원한다.	• 영아가 먹는 속도를 조절하고, 스스로 먹으려는 시도를 격려하며 즐거운 식사 경험을 할 수 있도록 지원한다.	• 영아가 젖병을 놓치거나, 젖병 안의 공기를 마시지 않도록 영아를 안고, 천천히 먹을 수 있도록 한다.

- 하루 일과를 편안하게 경험한다.

0~1세 영아가 어린이집에서의 수면, 휴식, 놀이 등의 일과를 건강하고 편안하게 경험하는 내용이다. 다음은 '편안하게 쉬어요' 영아의 경험(사례)에 따른 교사의 지원은 표 6-4와 같다.

| 표 6-4 | '편안하게 먹어요' 영아의 경험(사례)에 따른 교사의 지원

'편안하게 먹어요' 교사 지원				
내용범주	일과	공간	자료	상호작용
건강하게 생활하기	• 개별 영아의 컨디션, 생활리듬, 피곤할 때의 행동을 잘 관찰하여 일과 중 언제든 쉴 수 있도록 배려한다.	• 불을 끄거나 커튼을 치는 등, 영아가 편히 쉴 수 있도록 교실의 밝기를 전체적으로 낮춘다.	• 영아가 편안하고 안락하게 쉴 수 있는 휴식공간을 마련하고, 심리적 안정을 느낄 수 있는 애착물을 준비한다.	• 피곤하거나 졸린 영아가 보이는 행동을 세심하게 관찰하여 수용해 준다. • 낮잠 시간에 자리를 지키며, 개별 영아의 요구나 필요에 반응해 준다.

• 배변 의사를 표현한다.

0~1세 영아가 대소변의 마려움을 인식하고 배변 의사를 나타낼 수 있도록 하여 배변훈련을 준비하는 내용이다. 다음은 '변기랑 친해져요' 영아의 경험(사례)에 따른 교사의 지원은 표 6-5와 같다.

| 표 6-5 | '변기랑 친해져요' 영아의 경험(사례)에 따른 교사의 지원

'변기랑 친해져요' 교사 지원			
내용범주	공간	자료	상호작용
건강하게 생활하기	• 영아가 일과 중에 화장실을 갈 수 있도록 하여 영아가 변기를 비롯한 화장실 공간에 친숙하게 여기도록 한다.	• 영아가 배변훈련에 관심을 가질 수 있는 책과 놀잇감을 준비한다. • 영아가 배변 훈련하는 본인과 또래의 모습을 지속적으로 접할 수 있도록, 변기에 앉아 있는 영아들의 사진으로 환경을 구성한다.	• 영아가 변기를 긍정적으로 경험할 수 있도록 영아의 낯설고 두려운 감정을 수용하고 탐색을 지원한다. • 영아의 배변의사 표현을 민감하게 알아차리고, 영아가 변기에 배변할 수 있는 기회를 마련해 준다. • 영아가 변기에 배변을 시도하려는 것을 격려해 준다.

② 안전하게 생활하기

• 안전한 상황에서 놀이하고 생활한다.

0~1세 영아가 안전한 상황에서 놀이하고 생활하도록 하는 내용이다. 다음은 '올라가면 위험해' 영아의 경험(사례)에 따른 교사의 지원은 표 6-6과 같다.

| 표 6-6 | '올라가면 위험해' 영아의 경험(사례)에 따른 교사의 지원

'올라가면 위험해' 교사 지원				
내용범주	공간	자료	상호작용	안전
안전하게 생활하기	• 영아의 대근육 발달을 고려하여 안전하게 활동할 수 있는 대근육 활동 공간을 구성한다.	• 안전과 관련된 동화책, 그림 자료 등을 비치하여 영아가 관심을 보일 때 이를 탐색할 수 있도록 지원한다.	• 영아가 원하는 것에 공감해주고, 위험한 이유를 구체적으로 말해 준 후, 안전하게 행동하는 대안을 제시한다. • 부정어 대신 긍정어를 사용하고, 안전하게 행동한 영아를 격려해 주는 긍정적 지도방법을 사용한다. •"선생님이랑 같~아~"와 같이 짧은 문장을 노래 부르듯 반복적으로 말하여 영아가 안전 규칙을 쉽게 인식할 수 있도록 지원한다.	• 영아가 생활하는 환경에 위험한 물건이 없도록 점검하고, 안전한 상황이 유지될 수 있도록 관리한다. • 영아의 행동에 즉각적으로 위험을 알려 영아가 위험을 인식할 수 있도록 한다.

• 안전한 상황에서 교통수단을 이용해 본다.

0~1세 영아가 차량으로 이동할 경우 안전 장구를 착용하고 안전하게 이용하는 경험을 하도록 하는 내용이다. 다음은 '내 카시트예요' 영아의 경험(사례)에 따른 교사의 지원은 표 6-7과 같다.

표 6-7 '내 카시트예요' 영아의 경험(사례)에 따른 교사의 지원

'내 카시트예요' 교사 지원			
내용범주	공간 및 자료	상호작용	안전
안전하게 생활하기	• 영아가 관심을 보이는 카시트를 안전한 보육실로 가져와 충분히 탐색하고 놀이할 수 있도록 지원한다.	• 카시트에 대한 영아들의 관심을 일상의 놀이에서 교통안전 교육의 기회로 연결한다. • 영아가 카시트에 오르내리고, 안전띠에 팔을 끼우고 빼며, 버클을 끼우고 푸는 단순 행동을 반복할 때 이를 지켜보고 필요한 순간에 도움을 주며 탐색이 지속될 수 있도록 한다. • 영아의 욕구와 행동을 언어로 표현해주며 탐색과 모방 행동을 지원한다. • 모방 놀이를 하면서 자동차 안전이용 수칙을 간단하면서 자연스럽게 안내한다.	• 영아가 실물 카시트를 탐색하는 과정에서 부딪힘, 넘어짐, 끼임 등의 사고가 발생하지 않도록 안전에 유의한다.

• 위험하다는 말에 주의한다.

0~1세 영아가 위험하다는 말을 듣고 이에 반응을 보이며 주의할 수 있도록 하는 내용이다. 다음은 '앗 뜨거워' 영아의 경험(사례)에 따른 교사의 지원은 표 6-8과 같다.

표 6-8 '앗 뜨거워' 영아의 경험(사례)에 따른 교사의 지원

'앗 뜨거워' 교사 지원			
내용범주	자료	상호작용	안전
안전하게 생활하기	• 주방에서 사용하는 조리기구, 밥솥, 커피포트, 전자레인지 등의 그림이나 사진을 준비한다.	• 조리기구나 열기구를 만지면 '앗 뜨거워'하고 교사가 그림이나 사진을 보여주며 상호작용한다. • 김이 나는 음식을 보여주고 '앗 뜨거워'하고 몸을 피하는 모습을 보여주고 모방행동을 지원한다. • 실물을 제시한 후 위험표지판을 붙이면서 자연스럽게 피하도록 안내한다.	• 주방의 열기구를 만지지 않도록 안전에 주의한다.

2) 2세 목표와 내용

(1) 목표

2세 표준보육과정에서 수립한 기본생활 영역의 목표와 내용범주에 따른 하위 목표를 살펴보면 다음과 같다.

목표	건강하고 안전한 생활습관의 기초를 형성한다.
내용범주에 따른 목표	1. 건강한 생활습관의 기초를 형성한다. 2. 안전한 생활습관의 기초를 형성한다.

기본생활 영역의 목표는 2세 영아가 건강하고 안전한 생활습관의 기초를 형성하는 것이다. 2세 영아가 신체의 청결과 위생, 즐거운 식사, 배변습관의 형성, 안전한 놀이와 생활, 위험한 상황에서의 대처 등 일상생활에서 건강하고 안전한 생활습관의 기초를 형성하는 것을 목표로 한다.

(2) 내용[2)]

2세 영아가 건강하고 안전한 생활을 배우고 익히며, 자신의 건강과 안전을 자기 스스로 보호할 수 있는 생활습관의 기초를 형성되는 시기이다. 이 시기의 건강하고 안전한 생활습관은 이후 자기 자신을 사랑할 줄 알며, 타인을 존중하며 함께 즐거운 사회생활을 영위하는 데 토대가 된다.

2세 기본생활 영역은 '건강하게 생활하기'와 '안전하게 생활하기'의 두 가지 내용범주로 0~1세와 내용범주는 동일하며, 내용은 좀 더 구체적으로 제시하고 있다.

- '건강하게 생활하기'는 영아가 신체의 청결과 위생, 급·간식, 배변습관의 형성, 즐거운 하루 일과 등을 통해 건강한 생활습관의 기초를 형성하는 내용이다.
- '안전하게 생활하기'는 영아가 놀이와 일상생활에서 안전하게 지내고, 위험한 상황에서 어른의 지시에 따라 대피하여 자신의 안전을 지키는 경험을 해보는 내용이다.

2세 영아의 기본생활 영역의 내용범주와 내용은 표 6-9와 같다.

| 표 6-9 | 2세 기본생활 영역의 내용범주와 내용

내용범주	내용
건강하게 생활하기	• 자신의 몸을 깨끗이 해 본다. • 음식에 관심을 가지고 즐겁게 먹는다. • 하루 일과를 즐겁게 경험한다. • 건강한 배변습관을 갖는다.
안전하게 생활하기	• 일상에서 안전하게 놀이하고 생활한다. • 교통수단을 안전하게 이용해 본다. • 위험한 상황에 대처하는 방법을 경험한다.

출처: 보건복지부(2020). 제4차 어린이집 표준보육과정 해설서. p.143.

2) 보건복지부(2020). 제4차 어린이집 표준보육과정 해설서. pp. 143-157. 발췌.

① 건강하게 생활하기

• 자신의 몸을 깨끗이 해 본다.

2세 영아가 스스로 손과 몸 씻기, 이 닦기 등을 시도하고 경험하며, 위생적이고 청결한 생활습관의 기초를 형성하는 내용이다. 다음은 '깨끗이 씻어요' 2세 영아의 경험(사례)에 따른 교사의 지원은 표 6-10과 같다.

표 6-10 '깨끗이 씻어요' 영아의 경험(사례)에 따른 교사의 지원

'깨끗이 씻어요' 교사 지원			
내용범주	공간	자료	상호작용
건강하게 생활하기	• 손 씻기를 좁은 공간, 빠듯한 일과 등의 물리적 환경으로 인해 서두르지 않도록, 한 번에 손을 씻을 수 있는 인원을 제한(3~4명)하여 교사 및 또래 간의 교육적 상호작용이 일어날 수 있도록 지원하였다.	• 세면대 주변에 손 씻는 방법과 순서를 붙여 두어 영아가 올바른 손 씻기를 스스로 익힐 수 있도록 하였다.	• 일과 중 필요할 때마다 영아들과 함께 손을 씻으며 바른 손 씻기 방법을 시범 보이는 등 건강한 생활습관의 모델링이 되도록 한다. • 손을 씻는 위생관리를 통해 질병을 예방할 수 있음을 알려준다. • 영아가 스스로 손을 씻으며 유능감을 느끼고 표현할 수 있도록 격려한다.

• 음식에 관심을 가지고 즐겁게 먹는다.

2세 영아가 위생적인 환경에서 다른 사람과 더불어 다양한 음식을 즐기며, 건강한 식사 습관의 기초를 형성하는 내용이다. 다음은 '즐겁게 먹어요' 영아의 경험(사례)에 따른 교사의 지원은 표 6-11과 같다.

표 6-11 '즐겁게 먹어요' 영아의 경험(사례)에 따른 교사의 지원

'즐겁게 먹어요' 교사 지원			
내용범주	일과	공간	상호작용
건강하게 생활하기	• 손을 씻고 점심식사를 하는 과정에 전이활동을 여유롭게 진행하여, 영아가 개별적으로 편안하게 일과를 따를 수 있도록 한다. • 영아들이 짝을 지어 식사자리를 찾을 수 있게 하며 일과 중 영아의 개별적 선호를 존중하고 자율적 선택의 기회를 마련한다.	• 영아가 또래 및 교사와 상호작용하며 식사할 수 있도록 공간을 배치한다.	• 영아들이 기대를 가지고 즐겁게 식사를 할 수 있도록 메뉴 소개를 한다. • 영아가 다양한 음식의 맛과 향, 질감을 접할 수 있도록 모델링이 되도록 한다. • 영아가 식사도구를 사용하면서 유능감을 느낄 수 있도록 격려해 준다.

- 하루 일과를 즐겁게 경험한다.

2세 영아가 놀이, 휴식(수면), 식사 등 어린이집의 규칙적인 일과 속에서 즐겁게 생활하고, 일과 중 옷을 입고 신발을 신는 등의 자조기술을 시도하며 자율감을 경험하는 내용이다. 다음은 '혼자 할 수 있어요' 영아의 경험(사례)에 따른 교사의 지원은 표 6-12와 같다.

표 6-12 '혼자 할 수 있어요' 영아의 경험(사례)에 따른 교사의 지원

'혼자 할 수 있어요' 교사 지원				
내용범주	일과	공간	자료	상호작용
건강하게 생활하기	• 영아가 일과 중에 스스로 양말을 신고, 신발을 신는 등 자조기술을 익힐 수 있는 전이시간을 충분히 확보한다.	• 영아가 손쉽게 자신의 양말을 정리하거나 찾을 수 있도록 개별적인 공간을 마련한다.	• 영아가 놀이 중에 자조기술을 익힐 수 있도록 역할의 의상, 생활소품 등을 준비한다. • 영아가 스스로 시도하고 성공하는 기쁨을 통해 자율감을 경험할 수 있도록, 발달 수준을 고려한 자료(예: 벨크로 테이프로 여미는 역할 의상)를 제시한다.	• 아가 옷 입기, 양말 신기, 신발 신기 등의 자조기술을 스스로 시도할 수 있도록 기다려주며, 영아의 성공에 대해 긍정적인 반응을 해준다. • 영아의 수준에 따라 적절한 도움을 준다.

• 건강한 배변습관을 갖는다.

2세 영아가 배변과 관련된 신체조절능력 발달을 바탕으로 즐겁게 배변 훈련을 시도하고 경험해보도록 함으로써 건강하고 자율적인 배변습관을 형성하는 내용이다. 다음은 '응가 할래요' 영아의 경험(사례)에 따른 교사의 지원은 표 6-13과 같다.

표 6-13 '응가 할래요' 영아의 경험(사례)에 따른 교사의 지원

'응가 할래요' 교사 지원			
내용범주	공간	자료	상호작용
건강하게 생활하기	• 영아의 신체 크기에 맞는 변기를 준비하여 장난감처럼 편안하게 친해지도록 따뜻한 공간을 마련한다.	• 인형 등을 활용하여 변기에서 소변이나 대변을 보는 모델을 보여주거나 배변훈련 관련된 동화책을 준비한다.	• 배변습관을 서두르거나 강요하지 않으며, 실수에 대해 나무라거나 수치심을 주지 않도록 관대하게 대한다. • 규칙적으로 화장실을 다녀오도록 하고, 실수를 줄이기 위해 쉽게 벗을 수 있는 고무줄 바지, 입고 벗기 편한 옷을 입도록 한다.

| 표 6-16 | '선생님과 함께 약을 먹어요' 영아의 경험(사례)에 따른 교사의 지원

'선생님과 함께 약을 먹어요' 교사 지원		
내용범주	공간 및 안전	상호작용
안전하게 생활하기	• 투약할 약은 보관 방법(상온, 냉장보관 등)을 준수하여 영아의 손이 닿지 않는 곳에 안전하게 보관한다. • 정확한 투약이 이루어지도록 약봉투, 약병 등에 영아의 이름을 적고, 투약 전에 확인한다. • 부모가 의뢰한 투약 사항에 따라 영아에게 투약하고, 투약한 내용을 기록하여 부모에게 보고하였다.	• 영아가 투약을 긍정적으로 받아들일 수 있도록 편안한 분위기를 형성한다. • 영아가 교사의 약 먹는 행동을 모방할 때 관심을 보이며 놀이 상대가 되어 주고, 상황이나 놀잇감을 추가로 제시하여 놀이를 활성화시킴으로써 영아의 표상 활동을 지원한다. • 일상생활에서의 투약경험과 관련하여 영아가 관심을 보이는 부분이 모방놀이나 투약 안전교육으로 이어질 수 있도록 지원한다.

CHAPTER

07 신체운동 · 건강 영역

Educare Curriculum

신체운동 · 건강 영역은 영유아의 감각기능을 발달시키고 신체를 조절하여 기본 운동능력을 기르고, 건강하고 안전한 생활습관과 기본적인 신체운동의 기초 능력을 기르기 위한 영역이다.

제4차 표준보육과정에서의 0~1세, 2세는 기본생활 영역과 신체운동 영역에 해당되며, 3~5세는 신체운동 · 건강 영역으로 구성되어 있다. 0~1세, 2세의 기본생활 영역의 내용범주는 ’건강하게 생활하기‘, 안전하게 생활하기’이며, 신체운동 영역의 내용범주는 ‘감각과 신체 인식하기’, ‘신체활동 즐기기’가 있다. 3~5세는 신체운동 · 건강 영역으로 내용범주는 ‘신체활동 즐기기’, ‘건강하게 생활하기’, ‘안전하게 생활하기’로, 0~1세, 2세 영아의 기본생활 영역과 신체운동 영역이 합친 것이다. 제7장에서는 0~1세, 2세의 신체운동 영역과 3~5세의 신체운동 · 건강 영역의 필요성, 영역의 이론적 기초, 연령별 신체운동 · 건강 영역의 이해, 연령별 목표와 내용, 영유아의 실제 경험 및 교사 지원 등의 사례를 제시하여 예비보육교사의 이해를 돕고자 한다.

1 영역의 필요성

영유아는 신체를 통한 보육활동 속에서 신체운동 능력을 발달시키며, 정서적으로 만족과 인지적 학습의 기회를 경험한다. 영유아기에 활발한 신체적 활동은 인간관계 및 사회성 발달에도 지대한 영향을 미친다. 따라서 영유아기의 신체운동 능력은 발달과 적응 및 전인교육을 위한 기본적이고 중요한 영역이라 할 수 있다(김지은 외, 2012).

사회적 변화와 핵가족화는 영유아의 주 양육자인 부모 중 어머니의 사회경제 활동으로 양육을 기피하는 현상과 더불어, 하루의 대부분을 집이 아닌 어린이집이나 영유아교육기관에서 보내는 영유아가 급증하고 있다. 따라서 상대적으로 부모와 같이 있는 시간이 점차 줄어드는 추세이며, 어린이집의 실외공간이 부족하여 보육실에서 활동하는 경우가 많아지므로 보육실의 공기 질이 나빠서 적절한 신체활동을 할 수 있는 기회와 양이 줄어들고 있는 것이 현실이다.

이러한 변화에 대응하기 위해서는 어린이집이나 영유아교육기관에서 신체적 활동을 할 수 있는 공간과 양질의 공기 질을 확보하여 영유아기에 적합한 신체활동을 제공할 필요가 있다. 또한 대부분의 영유아들은 신체조절 능력이 미숙하지만 영유아에 따라 개인차가 있음을 인식하고 있어야 한다. 영유아를 위한 신체운동 능력을 계획하기 위해서는 무엇보다 발달에 적합한 활동을 구성할 필요가 있다.

신체운동·건강 영역의 필요성을 요약하면, 다음과 같다(김지은 외, 2012).

첫째, 영유아의 발달 수준에 적절한 활동을 제공 받는다.
둘째, 신체활동에 즐겁게 참여할 수 있다.
셋째, 신체운동 능력의 발달과 함께 신체적 즐거움과 자신감을 가지고 긍정적인 자아 개념을 형성할 수 있다.

넷째, 또래와의 놀이를 확대하고 사회적 상호작용의 기회가 늘어난다.

다섯째, 신체운동 · 건강, 인지, 사회 · 정서발달의 전인적인 기초를 형성할 수 있다.

2 영역의 이론적 기초

인간은 출생에서부터 신생아기, 영아기, 유아기, 아동기 등의 성장 과정을 거치면서 하나의 독립적인 개체로 살아가기 위한 기초를 형성한다. 발달 초기에는 신체와 운동능력이 급속도로 발달하는 시기일 뿐만 아니라 유연성, 평형성, 리듬감, 대 · 소근육의 기본운동 능력을 습득하는 결정적인 시기임에 분명하다.

특히 0~2세 영아기는 성인에게 의존하기만 하던 신생아가 스스로 기고, 앉고, 서고, 걸을 수 있는 등 신체적으로 급속한 발달과 변화를 보여주는 시기이다. 이러한 양적 발달의 성장은 3~5세 유아기에 이르면 다소 둔화되는데, 이 시기에는 운동기술이 보다 정교해지고 섬세해지면서 향상된다. 또한 이와 같은 신체운동의 발달은 기초 체력 형성을 통해 건강 및 안전한 생활습관과 직결된다(김상림 외, 2015). 다음은 0~1세, 2세의 영아와 3~5세 유아의 신체 발달에 관한 이론적 지식을 알아보고, 신체운동 · 건강 영역의 내용과 관련된 이론적 기초를 제시하고자 한다.

1) 0~1세 영아의 발달

영아기는 태어날 때부터 생명 유지를 위한 본능적인 움직임과 움직이고 싶어 하는 욕구를 충족하면서 주변 세계에 대한 이해 수단으로 감각능력을 이용한다. 초기 신체 움직임의 성공적인 경험은 이후에 긍정적인 영향을 미치게 되고, 감각이 발달하여 환경을 탐색하고 조정해 나가는 중요한 발달이 이루어지는 시기이다(김지은 외, 2012). 각 연령별 신체적 발달과 운동기능 발달의 내용은 김상림 외(2015)에서 발췌하여 재구성하였다.

(1) 신체적 발달

① 생후 6개월 동안 몸무게는 하루에 20~30g 증가하고, 키는 매달 2.5cm씩 자란다.

② 생후 1년이 되면 출생 시 몸무게의 3배가 된다.

③ 12개월이 되면 뇌의 무게는 2.5배로 증가한다.

④ 1년이 지나면서 영아의 신체발달 속도 이전보다 감소한다.

⑤ 얼굴과 신장의 비율은 신생아기의 1:4에서 1:5로 변화하게 된다.

⑥ 신장은 1년 동안 총 10cm 정도 자라게 되며 신체적으로 몸이나 머리보다 다리의 길이가 더 길어진다.

⑦ 24개월이 되면 몸무게는 출생 시 4배가 된다.

(2) 운동기능 발달

① 태어나서 몸을 제대로 가누기 어려웠던 영아는 차츰 자신의 몸을 조절하기 시작하며 다양하게 새로운 시도를 할 수 있게 된다.

② 1개월경: 엎드린 자세에서 턱을 들 수 있고, 장난감 고리를 쥘 수 있다.

③ 5~6개월경: 보조 없이 앉을 수 있고, 손 전체를 이용해서 작은 크기(5cm)의 블록 장난감을 잡고, 일상생활에서 낮에 깨어 있는 시간이 점점 많아진다.

④ 7개월경: 손으로 바닥을 짚고 앉아 있을 수 있으며, 팔을 붙잡고 세워 주면 다리를 깡충거리고, 팔을 뻗쳐 원하는 장난감을 잡는다.

⑤ 11개월경: 균형을 잡도록 두 손을 어깨높이에서 잡아 주면 서고, 걷고, 손가락을 사용하여 물건을 잡을 수 있다.

⑥ 12개월경: 어른과 공놀이를 할 수 있고, 흘리지만 컵을 사용해 물이나 주스를 마실 수 있다.

⑦ 13~14개월경: 혼자서 일어설 수 있고, 나무토막을 쌓으려고 한다.

⑧ 15개월경: 거의 넘어지지 않고 혼자 서서 걸을 수 있고, 숟가락을 사용하고 물건을 쥘 수 있다.

⑨ 18개월경: 공을 던질 수 있고, 혼자 낙서도 하고, 종이 위에 수직선을 그린다.

⑩ 20개월경: 일상생활에서 음식에 선호가 생기고, 칫솔을 사용해 양치질을 할 수 있다.

⑪ 21개월경: 난간을 잡고 계단을 오르내릴 수 있고, 포크와 숟가락을 사용한다.

⑫ 24개월경: 몸에 균형을 잡고, 공을 앞으로 칠 수 있게 되며, 나무토막을 6~7개 쌓을 수 있다.

(3) 일상생활

① 신생아는 빨기, 잡기 등이 반사행동으로 나타난다.

② 6개월경 치아가 나기 시작하면서 짜증을 내기도 한다.

③ 잠들기 전에 보채는 경우도 있다.

④ 음식에 선호가 나타난다.

⑤ 화장실 변기를 사용하기 시작한다.

2) 2세 영아의 발달

(1) 대근육 발달

① 한 발로 설 수 있다.

② 뛸 수도 있고 뒤로 걸을 수 있다.

③ 뛰다 갑자기 서기 등의 속도 조절이 가능하다.

④ 세발자전거 타기가 가능하다.

⑤ 발 바꿔 계단을 오르내릴 수 있다.

쓸 수 있다.

⑤ 옷 입고 벗기, 벨트 풀기, 단추 끼우기, 지퍼 올리고 내리기, 양말 신고 벗기, 혼자 먹기 등 자조능력이 증가한다.

⑥ 숟가락 사용, 이 닦기, 손 씻기 등이 익숙해진다.

⑦ 식탁 차리기가 가능하다.

5) 5세 유아의 발달

(1) 대근육 발달

① 8~10초간 한 발로 서 있을 수 있다.

② 인라인스케이트를 배울 수 있다.

③ 경기에서 효과적으로 출발, 회전, 멈추기를 한다.

④ 발을 교대로 바꾸면서 도움 없이 긴 계단을 내려온다.

(2) 소근육 발달

① 글쓰기와 그림 그리기가 점차 세련되어 간다.

② 가위질이 능숙해지고 네모를 자른다.

③ 종이를 접어 봉투에 넣을 수 있다.

④ 집의 지붕, 창문, 문, 굴뚝을 그린다.

⑤ 사선을 능숙하게 그린다.

3 연령별 신체운동 · 건강 영역의 이해

신체운동 · 건강 영역은 영유아가 자신의 신체에 대한 긍정적인 인식과 함께 일상생활에 필요한 기본운동 능력을 습득하게 함으로써 건강하게 성장 발달할 수 있도록 지원하는 영역이다. 이 영역에서는 0~1세, 2세는 신체운동 영역이 있으며, 3~5세는 신체운동 · 건강 영역으로, 구분하여 살펴보면 다음과 같다(보건복지부, 2020).

1) 0~1세 영아

신체운동 영역은 출생 후 영아가 자신의 감각적 경험을 통해 신체를 탐색하고 대 · 소근육을 발달해 가며 0~1세에 적합한 신체활동에 참여하면서 감각 능력과 기본적인 신체운동의 기초 능력을 기르기 위한 영역이다.

영아의 감각과 신체 인식은 신체운동 능력의 발달에 기초가 된다. 영아는 다양한 감각 경험을 통하여 주변 환경을 탐색하고 자신과 환경과의 관계를 인식하게 되므로 영아의 감각과 신체 인식의 기초 능력은 중요하다.

영아는 오감각을 사용하여 외부 세계에 대한 정보를 얻게 되므로 영아의 감각운동 능력은 영아와 환경을 연결하는 첫 번째 통로가 된다. 또한 0~1세 영아는 걷기 등 신체 균형감의 기초적인 발달과 대 · 소근육의 조절을 포함한 기본운동 능력이 발달하는 시기이다. 따라서 영아는 신체의 균형을 잡고 대 · 소근육을 다양하게 사용해 보면서 신체조절 능력을 획득하게 된다. 예를 들어, 만지고, 두드리고, 던지며 노는 가운데, 눈과 손의 협응 능력과 조작 능력의 발달을 꾀하면서 기본운동 능력 발달의 기초를 형성하게 된다.

신체운동 영역은 '감각과 신체 인식하기', '신체활동 즐기기'의 두 가지 내용범주로 구성되어 있다. 영아의 발달 수준에 맞는 감각활동 경험 및 대 · 소근육 조절과 이동운동, 제자리 운동의 시도를 통해 감각과 신체조절 능력 및 기본운동 능력 발달의 기초를 형성하도록 한다.

신체운동 영역에서는 영아가 신체운동 능력을 증진시키기 위해서 신체활동에 적극적이고 지속적으로 참여하는 것이 필수적이다. 이를 통해 영아의 기본적인 신체운동 능력이 발달할 수 있도록 지원하는 것이 중요하다.

2) 2세 영아

신체운동 영역은 2세 영아가 자신의 신체 움직임을 탐색하고 대·소근육을 조절해 보며 신체활동을 즐기면서 감각 및 신체조절 능력과 기본적인 신체운동 능력을 기르기 위한 영역이다.

2세 영아는 발달 수준이나 흥미, 요구에 적절한 신체활동에 참여함으로써 성취감을 경험하게 되고, 자신의 신체를 긍정적으로 인식할 수 있는 기초를 이룬다.

신체에 대한 긍정적 인식은 몸을 통해 이루어지는 활동 속에서 자신이 유능하다는 것을 반복적으로 경험할 때 향상될 수 있다. 따라서 사물을 만지고, 보고, 듣고, 맛보는 등의 다양한 감각적 경험이나 신체활동 속에서 즐거움을 느끼고 자신의 신체에 대한 유능감을 경험하도록 하여 긍정적 신체 인식 발달을 도모한다.

영아의 건강한 발달을 위해 기본운동 능력과 기초 체력을 기르는 것은 매우 중요하다. 영아기에 습득된 운동 능력은 후에 운동 습관이나 태도에 영향을 주므로 영아의 놀이나 신체운동이 지속적이고 규칙적으로 이루어지도록 해야 한다.

신체운동 영역의 내용범주는 0~1세와 동일하게 '감각과 신체 인식하기', '신체활동 즐기기'의 두 가지 내용범주로 구성되어 있다. 이 내용범주는 주로 감각과 신체 인식 및 신체활동 즐기기와 관련된 내용으로 특징된다. 다음은 표 7-1에서 제3차 표준보육과정 신체운동 영역의 내용범주가 제4차 표준보육과정에서 '신체 조절과 기본 운동하기' 내용범주가 삭제된 것을 알 수 있다.

| 표 7-1 | 0~2세 신체운동 영역의 내용범주 비교

제3차 표준보육과정	제4차 표준보육과정
감각과 신체 인식하기	감각과 신체 인식하기
신체 조절과 기본 운동하기	
신체활동에 참여하기	신체활동 즐기기

2세 신체운동 영역에서는 감각기관을 활용하는 활동과 신체의 움직임에 대한 탐색활동을 통해 자신의 신체에 대한 인식을 높이고, 영아의 발달 수준과 흥미에 맞는 다양한 신체활동과 규칙적인 운동을 통해 기본운동 능력과 기초체력을 형성하는 생활태도를 기르도록 한다.

3) 3~5세 유아

신체운동 · 건강 영역은 유아가 자신의 신체를 긍정적으로 인식하고 신체활동에 즐겁게 참여함으로써 유아기에 필요한 기본운동 능력과 기초체력을 기르고, 건강하고 안전한 생활을 실천하는 능력과 태도를 기르기 위한 영역이다.

유아가 신체운동 능력을 가지고 건강한 신체 및 정신을 유지하는 것은 자신에 대한 긍정적인 인식을 형성하는 것은 물론 대인관계에서도 자신감을 가질 수 있게 한다. 이 시기 유아는 신체운동을 성공적으로 수행하면서 성취감을 느낄 수 있기 때문이다. 이러한 경험은 유아가 또래 친구들과 우호적인 관계를 형성하는 기초가 된다. 따라서 유아가 긍정적인 신체 인식 능력을 형성하기 위해서는 발달 수준이나 흥미에 적절한 신체운동 활동을 제공해주는 것이 중요하다.

유아기의 기초 체력은 신체조절 능력과 이동운동, 비이동운동을 통해 형성하는 근력, 근지구력, 민첩성, 유연성, 협응성 등을 포함하는 개념으로 이후 아동기나 청소년기 체력과 운동 능력에 영향을 미친다. 최근 생활 형태의 변화로 유아의 신체운동 기회가 점차 줄어들어 기초체력이 저

하되고, 식습관의 변화로 비만 등의 문제가 발생하고 있으므로 유아기에 바른 식습관을 형성하는 것도 중요하다. 또한 생활 속에서 자연재해나 안전사고의 발생 위험 또한 증가하고 있으므로, 유아가 다양한 신체운동 활동에 적극적이고 지속적으로 참여함으로써 기본운동 능력을 형성하고 건강하고 안전한 생활습관을 기르도록 지원하는 것이 중요하다.

교육부 · 보건복지부(2019a)의 개정 누리과정에 따르면, 신체운동 · 건강 영역은 '신체활동 즐기기', '건강하게 생활하기', '안전하게 생활하기'의 세 가지 내용범주로 구성되어 기존의 다섯 가지 영역에서 대폭 축소되었다.

| 표 7-2 | 3~5세 신체운동 · 건강 영역의 내용범주 비교

누리과정	개정 누리과정
신체 인식하기	신체활동 즐기기
신체 조절과 기본 운동하기	
신체활동에 참여하기	
건강하게 생활하기	건강하게 생활하기
안전하게 생활하기	안전하게 생활하기

신체운동 · 건강 영역에서는 유아의 발달 수준과 흥미에 맞는 다양한 신체운동 활동과 규칙적인 운동을 통해 기본운동 능력과 기초 체력을 형성하고, 적절히 휴식하며 주변을 청결히 하고, 위생적이고 안전한 생활습관과 위험한 상황으로부터 자신을 지킬 수 있는 방법과 태도를 자연스럽게 습득하도록 한다.

4 연령별 목표와 내용

신체운동 · 건강 영역의 목표 및 내용은 0~1세, 2세 표준보육과정(신체운동 영역)과 3~5세 누리과정(신체운동 · 건강 영역)으로 나누어 제시되고 있다. 이 영역의 목표를 달성하기 위해서 영유아 중심, 놀이 중심, 경험 중심별로 목표와 내용을 계열성 있게 경험하도록 구성되어 있다.

1) 0~1세 목표와 내용

(1) 목표

0~1세 표준보육과정에서 수립한 신체운동 영역의 목표와 내용범주에 따른 하위 목표를 살펴보면 다음과 같다.

목표	감각으로 탐색하고 신체활동을 즐긴다.
내용범주에 따른 목표	1. 감각 탐색을 즐긴다. 2. 신체활동을 즐겁게 경험한다.

신체운동 영역의 목표는 영아가 감각 및 기본 신체운동 능력을 기르는 것이다. 이를 위해 뒤집고, 앉고, 서고, 걷는 등 신체의 움직임을 발달시키고 자신의 신체를 탐색하며, 대 · 소근육을 조절하고 걷기 등의 능력과 규칙적으로 신체활동에 참여하여 신체운동 능력을 기르는 것을 목표로 한다.

(2) 내용[1)]

신체운동 영역에서는 영아가 오감각을 통해 감각기능을 발달시키고 자신의 신체를 탐색하며, 대·소근육을 조절하여 걷기 능력을 기르며 규칙적인 생활을 영위하고자 한다. 신체운동 영역은 '감각과 신체 인식하기', '신체활동 즐기기'의 두 가지 내용범주로 구성되어 있다.

① '감각과 신체 인식하기'는 감각적 자극에 반응하고, 감각으로 주변을 탐색하며, 자신의 신체를 탐색하는 것으로 구성되어 있다.
② '신체활동 즐기기'는 대·소근육을 조절하고, 기본운동을 시도하며, 실·내외 신체활동을 즐기는 것으로 한다.

다음은 0~1세 신체운동 영역의 내용범주와 내용은 표 7-3과 같다.

표 7-3 0~1세 신체운동 영역의 내용범주와 내용

내용범주	내용
감각과 신체 인식하기	• 감각적 자극에 반응한다. • 감각으로 주변을 탐색한다. • 신체를 탐색한다.
신체활동 즐기기	• 대·소근육을 조절한다. • 기본운동을 시도한다. • 실내·외 신체활동을 즐긴다.

출처: 보건복지부(2020). 제4차 어린이집 표준보육과정 해설서. p. 63.

① 감각과 신체 인식하기

0~1세 영아가 여러 가지 다양한 감각적 자극에 오감각으로 반응하고 동시에 감각기관으로 주변을 탐색하며 이와 함께 자신의 신체를 즐겁게 탐색하면서 스스로 신체를 인식하게 하는 내용으로 구성되어 있다.

1) 보건복지부(2020). 제4차 어린이집 표준보육과정 해설서. pp. 63-77. 발췌.

• 감각적 자극에 반응한다.

0~1세 영아가 시각, 청각, 촉각, 후각, 미각의 오감각으로 다양한 감각 경험을 통해 자극을 느끼고 그 자극에 반응하는 내용이다. 다음은 '물을 만져요' 영아의 경험(사례)에 따른 교사의 지원은 표 7-4와 같다.

표 7-4 '물을 만져요' 영아의 경험(사례)에 따른 교사의 지원

'물을 만져요' 교사 지원				
내용범주	공간	자료	상호작용	안전
감각과 신체 인식하기	• 영아들이 튜브풀에 물을 받아 물놀이를 즐길 수 있도록 충분한 넓이의 물놀이 공간을 제공하였다.	• 여러 명이 같이 물놀이를 할 수 있도록 큰 사이즈의 물놀이용 튜브풀을 제공하였다. • 영아가 익숙한 놀잇감을 이용해 물놀이를 즐길 수 있도록 물에 젖지 않는 다양한 놀잇감을 준비하여 제공하였다.	• 교사는 영아가 오감으로 물탐색하는 것을 즐겁게 지속할 수 있도록 영아의 감각적인 경험을 관찰하면서 언어적 · 비언어적인 표현으로 관심을 보이며 영아의 감각적 경험에 적극적으로 반응하였다.	• 바닥에 물기가 있을 경우 영아가 미끄러져서 넘어질 수 있으므로 바닥에 매트를 깔아 미끄러짐을 방지하였다. • 물놀이용 튜브풀을 설치할 때 바닥에 쿠션이 없으면 영아가 넘어졌을 때 딱딱하게 느껴 아파할 수 있으므로 튜브풀에 물을 담기 전에 바닥재의 쿠션 정도를 확인하였다. • 물놀이를 마친 후 사후 관리를 위해 영아의 몸을 닦아 줄 큰 수건과 갈아입을 옷을 미리 준비하여 가까운 곳에 준비해 두었다.

• 감각으로 주변을 탐색한다.

0~1세 영아가 오감각으로 주변의 사물을 포함한 환경을 탐색하는 내용이다. 다음은 '신기한 소리가 들려요' 영아의 경험(사례)에 따른 교사의 지원은 표 7-5와 같다.

I 표 7-5 I '신기한 소리가 들려요' 영아의 경험(사례)에 따른 교사의 지원

'신기한 소리가 들려요' 교사 지원			
내용범주	자료	상호작용	안전
감각과 신체 인식하기	• 영아들이 자연스럽게 오감을 이용한 주변 탐색을 할 수 있도록 놀이실 안에 다양한 재질과 종류의 안전한 놀잇감을 제공하였다.	• 교사는 영아가 오감으로 소리 나는 놀잇감을 즐겁게 탐색해 볼 수 있도록 영아의 감각적 경험을 언어로 표현하고, 손뼉치기 등의 비언어적 표현으로 격려하였다.	• 교사는 영아가 오감으로 물 탐색하는 것을 즐겁게 지속할 수 있도록 영아의 감각적인 경험을 관찰하면서 언어적·비언어적인 표현으로 관심을 보이며 영아의 감각적 경험에 적극적으로 반응하였다.

• 신체를 탐색한다.

0~1세 영아가 자신의 손이나 발 등을 입에 넣어보거나 바라보고 팔, 다리, 몸통 등의 움직임을 탐색하는 가운데 자신에 대해 인식하게 되는 내용이다. 다음은 '톡톡톡 눌러요' 영아의 경험(사례)에 따른 교사의 지원은 표 7-6과 같다.

I 표 7-6 I '톡톡톡 눌러요' 영아의 경험(사례)에 따른 교사의 지원

'톡톡톡 눌러요' 교사 지원			
내용범주	공간	자료	상호작용
감각과 신체 인식하기	• 영아들이 소근육뿐 아니라 대근육을 이용하여 몸을 움직이며 에어캡 놀이를 할 수 있도록 충분한 넓이의 실내공간을 제공하였다.	• 여러 명의 영아가 지속적으로 에어캡을 탐색할 수 있도록 충분한 양의 에어캡을 준비하였다. • 영아의 에어캡 놀이에 대한 관심을 지원하기 위해 에어캡 밑에 붙일 전지와 물감을 제공하였다.	• 교사는 영아가 감각적으로 새로운 물체를 탐색할 수 있도록 탐색과정 자체를 언어와 비언어적 표현으로 격려하였다. • 교사는 영아가 몸을 움직일 때 같이 움직여줌으로써 놀이 참여자로서 영아의 놀이를 지지하였다.

② 신체활동 즐기기

0~1세 영아가 자신의 몸을 움직이는 가운데 대 · 소근육의 조절력을 키우고, 이를 기반으로 이동운동이나 제자리에서 다양한 동작으로 몸을 움직여보면서 실내 · 외에서 이루어지는 여러 가지 신체활동을 즐기는 내용으로 구성되어 있다.

- 대 · 소근육을 조절한다.

0~1세 영아가 목 가누기, 뒤집기, 앉기, 서기 등의 대근육 조절능력을 발달시키는 것으로, 신체 균형을 잡으면서 안정되게 자세를 유지할 수 있는 능력을 키우는 내용이다. 다음은 '올라갔다 내려갔다' 영아의 경험(사례)에 따른 교사의 지원은 표 7-7과 같다.

표 7-7 '올라갔다 내려갔다' 영아의 경험(사례)에 따른 교사의 지원

'올라갔다 내려갔다' 교사 지원				
내용범주	공간	자료	상호작용	안전
신체활동 즐기기	• 영아들이 기어서 이동하면서 부딪히지 않도록 충분한 넓이의 실내공간을 제공하였다. • 미끄럼틀을 배치하고 미끄럼틀을 타기 위한 영아의 동선을 고려하여 충분한 공간을 확보하였다.	• 영아가 안전하게 기어 오르내릴 수 있도록 신체 발달에 적합한 커다란 계단 모양의 경사진 스펀지 매트와 안전하게 오르며 재미있게 미끄러질 수 있는 높이와 각도의 영아용 미끄럼틀을 제공하였다.	• 영아가 대근육을 이용하여 몸을 움직여 보고 시도하는 것을 돕기 위하여, 오르내리는 과정을 말과 표정, 행동으로 지원함으로 영아가 즐겁게 기본운동 능력을 증진시킬 수 있도록 격려하였다. • 영아가 매트 오르내리기를 할 때 급하게 움직이지 않고 각자의 속도에 맞게 움직일 수 있도록 기다려 주면서 발달의 개인차를 존중하였다.	• 영아가 오르내리기할 때 미끄러지거나 다른 영아와 부딪히는 일이 없도록 세심히 관찰하였다. • 기어서 오르고 내리는 동안 바닥에 떨어진 작은 물건을 집어 삼키는 일이 발생하지 않도록 바닥 청소에 신경을 쓰고 관리하였다.

• 기본운동을 시도한다.

0~1세 영아가 몸을 한 곳에서 다른 곳으로 이동하는 기기, 걷기 등의 이동운동과 제자리에서 몸을 축으로 하여 원하는 방향이나 물체를 향해 움직여보는 뻗기, 흔들기 등의 제자리 운동을 시도해 보는 내용이다. 다음은 '끌차를 움직여요' 영아의 경험(사례)에 따른 교사의 지원은 표 7-8과 같다.

| 표 7-8 | '끌차를 움직여요' 영아의 경험(사례)에 따른 교사의 지원

'끌차를 움직여요' 교사 지원			
내용범주	공간	자료	상호작용
신체활동 즐기기	• 영아가 바깥에서 편안하게 산책할 수 있도록, 사전에 주변 공간이 안전성과 이동 경로 등을 확인하였다.	• 영아가 실내에서 흥미를 보였던 끌차 놀잇감을 실외에서도 지속적으로 놀이할 수 있도록 끌차를 제공하였다.	• 교사는 영아들이 바깥 놀이터에서 관심을 보이는 것이 무엇인지를 민감하게 관찰하여 있는 그대로의 사실을 언어로 표현함으로 영아의 놀이를 격려하였다. • 영아의 산책과 놀이가 편안하게 지속될 수 있도록 충분한 시간을 제공하였다.

• 실내·외 신체활동을 즐긴다.

0~1세 영아가 몸을 움직이는 것에 활발히 참여하고 도구를 이용하여 다양하게 시도하며 실내뿐만 아니라 실외에서도 신체활동을 하고 인근 놀이터나 공원, 지역사회 시설 등을 활용하여 신체활동을 즐기는 내용이다. 다음은 '블록을 쌓고 무너뜨려요' 영아의 경험(사례)에 따른 교사의 지원은 표 7-9와 같다.

표 7-9 '블록을 쌓고 무너뜨려요' 영아의 경험(사례)에 따른 교사의 지원

'블록을 쌓고 무너뜨려요' 교사 지원			
내용범주	공간	자료	상호작용
신체활동 즐기기	• 영아기 블록 구성의 특징은 쌓고 부수고 늘어놓는 과정의 반복임을 고려하여, 영아들 간에 갈등이 초래되지 않도록 사전에 충분한 공간을 확보하였다.	• 영아가 오감으로 블록을 경험할 수 있도록 사이즈가 크고 가벼운 재질로 이루어진 다양한 블록들을 제공하였다.	• 교사는 영아들이 블록을 쌓고 늘어놓고 부수는 반복적인 놀이를 즐길 수 있도록 블록구성 과정을 말과 표정으로 격려하며 블록놀이가 즐겁게 이루어질 수 있도록 지원하였다.

2) 2세 목표와 내용

(1) 목표

2세 표준보육과정에서 수립한 신체운동 영역의 목표와 내용범주에 따른 하위 목표를 살펴보면 다음과 같다.

목표	감각을 활용하고 신체활동을 즐긴다.
내용범주에 따른 목표	1. 감각을 활용하고 신체를 인식한다. 2. 신체활동을 즐긴다.

신체운동 영역의 목표는 2세 영아가 감각을 활용하고 신체활동을 즐기는 경험을 하는 것이다. 신체운동 영역은 2세 영아가 감각을 활용하여 주변 사물과 환경을 탐색하고 자신의 신체를 인식하며, 대 · 소근육을 조절하고 기본운동과 실내 · 외 신체활동을 즐기도록 하는 데 중점을 둔다.

(2) 내용[2)]

2세 영아의 신체운동 영역은 0~1세 영아와 마찬가지로 '감각과 신체 인식하기', '신체활동 즐기기'의 두 가지 내용범주로 구성되어 있다.

- '감각과 신체 인식하기'는 2세 영아가 자신의 감각을 활용하고 신체를 인식하며 움직이는 경험을 하도록 하는 내용이다.
- '신체활동 즐기기'는 영아가 대·소근육을 조절하고 기본운동과 실내·외 신체활동을 즐기도록 하는 내용이다.

다음은 2세 신체운동 영역의 내용범주와 내용은 표 7-10과 같다.

표 7-10 2세 신체운동 영역의 내용범주와 내용

내용범주	내용
감각과 신체 인식하기	• 감각 능력을 활용한다. • 신체를 인식하고 움직인다.
신체활동 즐기기	• 대·소근육을 조절한다. • 기본운동을 즐긴다. • 실내·외 신체활동을 즐긴다.

출처: 보건복지부(2020). 제4차 어린이집 표준보육과정 해설서. p. 159.

① 감각과 신체 인식하기

영아가 자신의 감각을 활용하고 신체를 인식하며 움직이는 경험을 하도록 하는 내용이다.

- 감각 능력을 활용한다.

2세 영아가 다양한 감각기관을 활용하여 주변의 사물과 환경을 탐색하면서 사물의 특성과 환경을 인식하는 경험을 하게 하는 내용이다. 다음은 '눈을 굴려요' 영아의 경험(사례)에 따른 교사의 지원은 표 7-11과 같다.

2) 보건복지부(2020). 제4차 어린이집 표준보육과정 해설서. pp. 160-178. 발췌.

표 7-11 '눈을 굴려요' 영아의 경험(사례)에 따른 교사의 지원

'눈을 굴려요' 교사 지원				
내용범주	공간	일과	상호작용	안전
감각과 신체 인식하기	• 영아가 실외에서 눈과 얼음을 모두 탐색할 수 있는 장소를 선정하였다.	• 영아가 실외에서 눈을 자유롭게 탐색하고 신체를 움직이는 경험을 할 수 있도록 바깥놀이 시간을 충분히 제공하였다.	• 영아가 같이 눈사람을 만들자고 제안하자 영아의 의도를 존중하며 눈사람을 만드는 데 함께 하였다.	• 영아가 눈 놀이를 할 때 안전하게 놀이할 수 있도록 주변의 위험한 물건이 있는지 확인하였다. • 영아가 눈을 밟고 만지고 얼음을 탐색하는 과정에서 다치지 않도록 주의 깊게 지켜보았다.

- 신체를 인식하고 움직인다.

2세 영아가 자신의 신체를 탐색하면서 자신의 신체에 대해 인식하고 움직이는 경험을 하게 하는 내용이다. 다음은 '나뭇잎을 뿌려요' 영아의 경험(사례)에 따른 교사의 지원은 표 7-12와 같다.

표 7-12 '나뭇잎을 뿌려요' 영아의 경험(사례)에 따른 교사의 지원

'나뭇잎을 뿌려요' 교사 지원				
내용범주	공간	일과	상호작용	안전
감각과 신체 인식하기	• 실외에서 영아가 산책을 하면서 계절과 날씨 변화를 느낄 수 있도록 낙엽이 많이 쌓여 있는 곳을 선정하였다.	• 영아가 실외에서 낙엽을 자유롭게 탐색하고 신체를 움직이는 경험을 할 수 있도록 바깥놀이 시간을 충분히 제공하였다.	• 영아가 나뭇잎을 눈으로 보고, 발로 밟고, 손으로 뿌리고, 귀로 바스락거리는 소리를 듣도록 기다려주면서 다양한 감각을 활용하도록 지원하였다. • 영아가 나뭇잎을 과자라고 말하자 바스락 과자라고 확장시켜 주면서 영아가 나뭇잎 소리에 관심을 가질 수 있도록 반응적인 상호작용을 하였다.	• 영아들이 실외에서 안전하게 산책할 수 있도록 주변에 위험한 물건이 있는지 확인하고 치워주었다.

② 신체활동 즐기기

영아가 대·소근육을 조절하고 기본운동과 실내·외 신체활동을 즐기도록 하는 내용이다.

- 대·소근육을 조절한다.

2세 영아가 몸의 균형을 잡고 몸을 자유롭게 움직이면서 대·소근육을 조절하는 경험을 하게 하는 내용이다. 다음은 '올라갔다 내려가요' 영아의 경험(사례)에 따른 교사의 지원은 표 7-13과 같다.

표 7-13 '올라갔다 내려가요' 영아의 경험(사례)에 따른 교사의 지원

'올라갔다 내려가요' 교사 지원				
내용범주	공간	일과	상호작용	안전
신체활동 즐기기	• 영아가 넓고 안전한 실외 놀이터에서 오르고 뛰어 넘는 놀이기구를 자유롭게 탐색하고 이용할 수 있도록 하였다.	• 영아가 하루 일과 중 실외 놀이터에서 놀 수 있는 시간을 충분히 구성하였다.	• 영아가 시소를 안전하게 탈 수 있도록 도움을 주며 영아가 시소를 그만 타고 싶다는 의사를 밝히자 도움을 주었다. • 영아가 미끄럼틀에서 얼굴을 내밀고 "까꿍" 하고 말할 때 영아의 말에 민감하게 반응하고 까꿍 놀이를 함께 하였다.	• 영아가 실외놀이기구를 안전하게 이용할 수 있도록 놀이기구의 위험한 부분은 없는지 확인하였다. • 교사는 영아의 놀이 행동을 지켜보고 시소에서 내려달라고 할 때 안전하게 내릴 수 있도록 도움을 주었다.

- 기본운동을 즐긴다.

2세 영아가 신체의 위치를 바꾸면서 몸을 한 곳에서 다른 곳으로 옮기는 이동운동이나 장소를 움직이지 않고 제자리에서 움직이는 비이동 운동을 경험하게 하는 내용이다. 다음은 '종이 공 던질래요' 영아의 경험(사례)에 따른 교사의 지원은 표 7-14와 같다.

| 표 7-14 | '종이 공 던질래요' 영아의 경험(사례)에 따른 교사의 지원

'종이 공 던질래요' 교사 지원					
내용 범주	공간	자료	일과	상호작용	안전
신체 활동 즐기기	• 영아가 습자지 종이를 자유롭게 탐색할 수 있도록 미술 영역과 신체 영역을 확장하여 넓은 공간을 만들어 주었다.	• 영아가 습자지 종이에 관심을 가지고 감각기관을 활용하여 탐색할 수 있도록 다양한 색깔의 습자지 종이를 충분히 제공하였다. • 영아가 습자지 종이를 뭉쳐서 만든 공을 던지고 싶어 하자 바구니를 제공하였다.	• 영아에게 하루 일과 중 실내 자유놀이 시간을 충분히 제공하여 습자지 종이를 찢고, 구기고, 뿌리고, 뭉쳐보는 다양한 신체 활동을 할 수 있도록 지원하였다.	• 영아가 실내에서 습자지 종이를 찢어 보면서 놀이하다가 보육실 바닥에 종이가 많이 널려 있을 때 종이를 뭉쳐 보자고 새로운 놀이를 제안하였다.	• 영아가 습자지 종이를 찢고, 구기고, 뿌리고, 뭉치고, 던지는 과정에서 서로 부딪히지 않도록 넓은 공간에서 놀이를 하도록 지원하였다. • 영아가 습자지 종이를 찢고 뿌리면서 충분히 놀이를 하게 하다가 바닥에 종이가 많이 깔려있을 때 종이를 뭉쳐 보는 것으로 전환시켜서 바닥에 널린 종이에 미끌어지는 것을 예방하였다.

• 실내 · 외 신체활동을 즐긴다.

2세 영아가 실내 · 외 다양한 신체활동과 도구를 이용한 신체활동에 참여하면서 즐거움을 느끼는 경험을 하게 하는 내용이다. 다음은 '나, 올라갈거야' 영아의 경험(사례)에 따른 교사의 지원은 표 7-15와 같다.

표 7-15 '나, 올라갈 거야' 영아의 경험(사례)에 따른 교사의 지원

'나, 올라갈 거야' 교사 지원			
내용범주	공간	상호작용	안전
신체활동 즐기기	• 영아가 블록으로 놀이할 수 있도록 다양한 블록을 충분히 제공하고 보육실 내 넓은 공간에서 활동을 할 수 있도록 지원하였다.	• 영아가 만들어 놓은 계단 모양의 블록을 스펀지 미끄럼틀과 연결해서 놀이를 할 수 있도록 하여 놀이가 확장될 수 있도록 하였다.	• 영아가 블록에 오르고 내려갈 때 다치지 않도록 주의 깊게 살펴보고 블록을 튼튼하게 쌓을 수 있도록 도움을 주었다.

3) 3~5세 목표와 내용

(1) 목표

3~5세 표준보육과정(누리과정)에서 수립한 신체운동 · 건강 영역의 목표와 내용범주에 따른 하위 목표를 살펴보면 다음과 같다.

목표	실내 · 외에서 신체활동을 즐기고, 건강하고 안전한 생활을 한다.
내용범주에 따른 목표	1. 신체활동에 즐겁게 참여한다. 2. 건강한 생활습관을 기른다. 3. 안전한 생활습관을 기른다.

3~5세 유아는 신체적 발달이 왕성하고 활동적이며 대인관계에 있어서도 가족과의 관계를 토대로 또래 관계를 형성하기 시작한다. 또한 독립적이며 자기주장이 강한 성향이 나타나게 되므로 여러 가지 일상적인 활동

을 스스로 해결하도록 하여 독립성과 자율성을 기르고 성취감을 느끼게 함으로써 긍정적인 자아개념을 형성할 수 있다(고문숙 외, 2014).

3~5세 위한 신체운동 · 건강 영역의 목표는 3~5세 유아가 신체활동에 즐겁게 참여하고, 건강하고 안전한 생활습관을 기르는 것을 목표로 한다.

(2) 내용[3)]

2019 개정 누리과정 이전에는 5개의 내용범주와 14개의 내용으로 구분하였으며, 3세, 4세, 5세 연령별 세부 내용으로 구성되었으나 2019 개정 누리과정에서는 3가지의 내용범주와 12개의 내용으로 축소되었고, 3세, 4세, 5세 연령별 세부 내용이 삭제되었다. 구체적 내용을 살펴보면 표 7-16과 같다.

표 7-16 3~5세 신체운동 · 건강 영역의 내용범주와 내용

내용범주	내용
신체활동 즐기기	• 신체를 인식하고 움직인다. • 신체 움직임을 조절한다. • 기초적인 이동운동, 제자리 운동, 도구를 이용한 운동을 한다. • 실내 · 외 신체활동에 자발적으로 참여한다.
건강하게 생활하기	• 자신의 몸과 주변을 깨끗이 한다. • 몸에 좋은 음식에 관심을 가지고 바른 태도로 즐겁게 먹는다. • 하루 일과에서 적당한 휴식을 취한다. • 질병을 예방하는 방법을 알고 실천한다.
안전하게 생활하기	• 일상에서 안전하게 놀이하고 생활한다. • TV, 컴퓨터, 스마트폰 등을 바르게 사용한다. • 교통안전 규칙을 지킨다. • 안전사고, 화재, 재난, 학대, 유괴 등에 대처하는 방법을 알고 행동한다.

출처: 교육부 · 보건복지부(2019a). 2019 개정 누리과정 해설서. p. 62.

3) 교육부 · 보건복지부(2019a). 2019 개정 누리과정 해설서. pp. 62-71. 발췌.

신체운동 · 건강 영역의 목표 및 내용범주는 유아가 다양한 신체활동에 즐겁게 참여하고, 청결과 위생, 즐거운 식사, 적당한 휴식을 통해 건강한 생활습관을 기르며, 일상에서 안전하게 생활하는 방법을 배우고 실천하는 내용으로 구성하였다.

유아가 자유롭게 신체를 움직이며 놀이하는 즐거운 경험을 강조하고자 기존 누리과정의 '신체 인식하기', '신체 조절과 기본 운동하기', '신체활동에 참여하기' 등의 내용범주를 통합하여 '신체활동 즐기기'로 구성하였다.

- '신체활동 즐기기'는 유아가 자신의 신체를 인식하고 움직이며 조절할 수 있도록 운동하며, 스스로 신체활동에 참여하도록 하였다.
- '건강하게 생활하기'는 바른 태도로 즐겁게 음식을 먹는 내용을 새롭게 포함하였으며, 기존 누리과정의 배변이나 낮잠 등 유아의 일상생활과 관련된 내용은 '교수 · 학습'의 '바' 항(개별 유아의 요구에 따라 휴식과 일상생활이 원활히 이루어지도록 한다)을 통해 하루 일과 전체에서 지원하도록 하였다.
- '안전하게 생활하기'는 유아 안전교육을 강조하고자 관련 법령 및 지침에 제시된 내용을 최대한 반영하여 안전사고를 사전에 예방하고자 하였다.

다음은 신체운동 · 건강 영역의 내용범주에 따른 내용과 유아 경험의 실제를 살펴보면 다음과 같다.

① 신체활동 즐기기

유아가 스스로 신체를 움직이는 동안 자연스럽게 자신의 신체를 인식하고 조절하며, 실내 · 외에서 다양한 신체활동에 자발적으로 참여하면서 신체활동을 즐기는 내용이다. 다음 표 7-17은 '신체활동 즐기기'의 내용범주에 따른 목표 및 내용을 이해하고 유아 경험의 실제를 살펴본다.

| 표 7-17 | '신체활동 즐기기'의 내용 이해 및 유아 경험의 실제

내용범주	신체활동 즐기기
목표	신체활동에 즐겁게 참여한다.
내용	• 신체를 인식하고 움직인다. • 신체 움직임을 조절한다. • 기초적인 이동운동, 제자리 운동, 도구를 이용한 운동을 한다. • 실내 · 외 신체활동에 자발적으로 참여한다.
내용 이해	**유아 경험의 실제**
① 신체를 인식하고 움직인다. 유아가 자신의 신체에 관심을 가지며 신체 각 부분의 특성을 알고 다양하게 움직이는 내용이다.	• 물놀이를 하기 전, 교사와 유아들이 함께 체조를 한다. 목을 오른쪽 왼쪽으로 번갈아 가며 돌리고, 어깨를 으쓱거리고, 허리에 손을 얹고 허리를 돌리고, 무릎을 구부렸다가 펴고, 손목과 발목을 돌린다.
② 신체 움직임을 조절한다. 유아가 몸을 움직이며 균형을 잡고, 몸이나 도구의 움직임을 다양하게 조절하는 내용이다. 또한 눈과 손을 협응하며 소근육 움직임을 조절하는 내용이다.	• 유아들은 '얼음 땡' 놀이를 하면서, 술래가 천천히 걸으면 천천히 걷고, 술래가 빠른 걸음으로 걸으면 빠른 걸음으로 달아난다. 그리고 술래에게 잡힐 듯하면 몸의 방향을 재빨리 바꿔 달아나기도 하고, "얼음!" 하고 외치며 급히 멈춰 서서 즐겁게 웃는다.
③ 기초적인 이동운동, 제자리 운동, 도구를 이용한 운동을 한다. 유아가 한 곳에서 다른 곳으로 몸을 움직이는 걷기 · 달리기 · 뛰어넘기 등의 이동운동, 구부리기 · 뻗기 · 돌기 등의 제자리 운동, 공 · 줄 · 후프 등의 도구를 이용한 운동을 하는 내용이다.	• 유아들이 후프 돌리기를 한다. 한 유아가 안정된 자세로 후프를 오랫동안 돌린다. 옆에서 지켜보던 다른 유아가 "나도 잘 돌려. 이것 봐." 하며 후프를 허리에 놓고 손으로 힘껏 돌린다. 후프가 돌아가는 동안 유아의 허리도 빠르게 움직인다.
④ 실내 · 외 신체활동에 자발적으로 참여한다. 유아가 하루 일과에서 실내 · 외의 다양한 신체 활동에 자발적으로 즐겁게 참여하는 내용이다.	• 유아가 바깥 놀이터에서 친구들이 있는 쪽을 향해 "나랑 달리기할 사람?"하고 큰소리로 외친다. 이 소리를 듣고 같이 하고 싶은 유아들이 "나도.", "나도 같이 하자." 라고 말하며 달려와 달리기를 제안한 유아의 엄지손가락을 잡고 모여 선다.

출처: 교육부 · 보건복지부(2019a). 2019 개정 누리과정 해설서. pp. 65-66. 발췌.

② 건강하게 생활하기

유아가 스스로 몸과 주변을 깨끗이 하고, 즐겁게 식사하며, 자신의 신체 리듬에 맞게 휴식을 취하고, 질병을 예방하는 다양한 방법을 실천하는 내용이다. 다음 표 7-18은 '건강하게 생활하기'의 내용범주에 따른 목표 및 내용을 이해하고 유아 경험의 실제를 살펴본다.

표 7-18 '건강하게 생활하기'의 내용 이해 및 유아 경험의 실제

내용범주	건강하게 생활하기
목표	건강한 생활습관을 기른다.
내용	• 자신의 몸과 주변을 깨끗이 한다. • 몸에 좋은 음식에 관심을 가지고 바른 태도로 즐겁게 먹는다. • 하루 일과에서 적당한 휴식을 취한다. • 질병을 예방하는 방법을 알고 실천한다.

내용 이해	유아 경험의 실제
① 자신의 몸과 주변을 깨끗이 한다. 유아가 손을 씻고 이를 닦는 등 몸을 깨끗이 하는 적절한 방법을 알고 실천하며, 자기 주변을 깨끗하게 정리정돈하는 내용이다.	• 간식, 점심을 먹기 전에 화장실에 다녀오게 하는데 화장실에 갔다 올 때는 손 씻기 6단계를 꼭 지키는 모습을 볼 수 있었다. 지키지 않는 친구에게는 그림을 보고 따라하도록 유도하였다.
② 몸에 좋은 음식에 관심을 가지고 바른 태도로 즐겁게 먹는다. 유아가 몸을 건강하게 하는 음식에 관심을 가지고, 음식을 소중히 여기며, 제자리에 앉아서 골고루 즐겁게 먹는 내용이다.	• 시금치 무침 요리 활동 중에, 교사는 유아가 데친 시금치를 맛보고 싶다고 하여 맛보게 한다. 유아들이 "맛있어?", "맛없지?", "난 시금치 안 좋아해. 안 먹을래."라고 말하며 인상을 찌푸린다. 교사가 "시금치에 양념 옷을 입혀 맛있게 변신시켜 줄까?" 하고 말한 후, 유아들에게 직접 깨소금, 참기름 등의 여러 양념을 넣고 손으로 무쳐 보게 한다. 유아들은 "우와! 좋은 냄새 난다.", "맛있겠다!", "저도 주세요."라고 말한다.
③ 하루 일과에서 적당한 휴식을 취한다. 유아가 피곤하거나, 몸이 아프거나, 몸을 많이 움직여서 쉬고 싶을 때, 적절한 휴식을 취하는 내용이다.	• 유아들은 바깥 놀이터에서 신나게 놀이한 후 교실로 돌아오자마자, "선생님, 정말 더워요. 에어컨 틀어 주세요."라고 다급한 목소리로 요청한다. 교사는 "그래. 선풍기도 켜 놓을게. 그런데 땀을 많이 흘렸으니 얼굴이랑 팔을 씻는 것은 어떨까?" 하며 에어컨과 선풍기를 켠다. 유아들은 얼굴과 팔, 손을 씻고 들어와 "이젠 좀 쉬자!"라고 말하며 교실 바닥에 앉거나 눕기도 한다.
④ 질병을 예방하는 방법을 알고 실천한다. 유아가 질병의 위험으로부터 건강을 유지할 수 있는 다양한 생활 방식(몸을 청결히 하기, 날씨와 상황에 알맞은 옷 입기, 찬 음식 적당히 먹기, 정해진 시간에 자고 일어나기, 따뜻한 물 마시기 등)을 경험하는 내용이다.	- 유아: 선생님, 나 감기에 걸렸어요. - 교사: 어떡하니, 많이 아파? - 유아: 네. 열도 났어요. 그래서 엄마가 따뜻한 물을 넣어 주셨어요. - 교사: 그렇구나. 따뜻한 물이 감기에 좋지. 오늘은 따뜻한 물을 자주 마셔 봐. 감기가 금방 나을 거야.

출처: 교육부 · 보건복지부(2019a). 2019 개정 누리과정 해설서. pp. 67-68. 발췌 및 재구성.

③ 안전하게 생활하기

유아가 안전하게 놀이하고 생활하며, 자주 접하는 TV, 컴퓨터, 스마트폰을 바르게 사용하고, 안전하게 다닐 수 있도록 교통안전 규칙을 지키며, 안전사고, 화재, 재난, 학대, 유괴 등의 위험한 일이 발생하였을 때 도움을 요청하거나 대처할 수 있는 방법을 경험하는 내용이다. 다음 표 7-19는 '안전하게 생활하기'의 내용범주에 따른 목표 및 내용을 이해하고 유아 경험의 실제를 살펴본다.

표 7-19 '안전하게 생활하기'의 내용 이해 및 유아 경험의 실제

내용범주	안전하게 생활하기
목표	안전한 생활습관을 기른다.
내용	• 일상에서 안전하게 놀이하고 생활한다. • TV, 컴퓨터, 스마트폰 등을 바르게 사용한다. • 교통안전 규칙을 지킨다. • 안전사고, 화재, 재난, 학대, 유괴 등에 대처하는 방법을 경험한다.

내용 이해	유아 경험의 실제
① 일상에서 안전하게 놀이하고 생활한다. 유아가 일상에서 위험한 장소, 상황, 도구 등을 알고, 안전한 놀이 방법과 놀이 규칙을 지키며 놀이하고 생활하는 내용이다.	• 한 유아가 미끄럼틀을 내려오려고 한다. 다른 유아가 미끄럼틀 아래서 바라보다가 올라가려고 한다. 이때, 미끄럼틀을 타고 내려오던 유아가 "야, 비켜, 다쳐!"하고 큰 소리로 외친다. 이 모습을 지켜본 교사는 유아들에게 다가와 안전하게 미끄럼틀을 타기 위한 약속을 정하자고 제안한다.
② TV, 컴퓨터, 스마트폰 등을 바르게 사용한다. 유아가 일상에서 자주 접하는 TV, 컴퓨터, 스마트폰 등을 필요한 상황에서 적절하게 사용하며, 바른 자세로 이용하는 내용이다.	• 유아가 색종이를 반으로 접어 한 면에는 모니터를 그리고, 다른 한 면에는 컴퓨터 자판 모양처럼 그린다. 다른 유아들에게 "나는 지금 컴퓨터로 공룡에 대해서 찾아보고 있어." 하며 색종이 자판을 두드린다. 그리고 옆에 있던 친구에게 "같이 찾아볼래?"라고 말한다.
③ 교통안전 규칙을 지킨다. 유아가 안전한 보행 및 도로 횡단, 교통기관의 안전한 이용 등 교통안전 규칙을 알고 실천하는 내용이다.	• 3세 유아가 종이 벽돌을 이어 길을 만들고, 그 위에 교통 표지판과 자동차를 일렬로 놓는다. 만들어진 길을 바라보다 갑자기 팔이 움직이는 사람 모형 2개를 가져와 팔 한쪽을 반복적으로 들어 올리고 내리며 "조심, 조심 지나가요. 자동차들은 우리가 건너면 지나가세요."라고 흥얼거린다.
④ 안전사고, 화재, 재난, 학대, 유괴 등에 대처하는 방법을 경험한다. 유아가 안전사고, 화재, 재난, 학대, 유괴 등의 위험에 처한 상황을 알고, 주변에 도움을 요청하는 방법을 배우며, 평소 훈련에 따라 대피하는 연습을 하는 등의 안전교육과 관련된 내용이다.	• 화재경보기 소리와 함께 지진 대피 방송이 들리자, 유아들은 재빨리 책상 아래와 벽 쪽으로 대피한다. 지진이 잠시 멈췄다는 안내방송 후 유아들은 교사의 안내에 따라 침착하면서도 신속하게 바깥으로 대피한다.

출처: 교육부 · 보건복지부(2019a). 2019 개정 누리과정 해설서. pp. 69-70. 발췌.

CHAPTER

08 의사소통 영역

Educare Curriculum

의사소통 영역은 언어의 기본 형태인 구어와 문어를 활용하여 나와 다른 사람의 느낌이나 생각, 경험을 상황과 상대방에 알맞게 소통할 수 있는 능력을 기르고, 말과 글의 관계를 알고 읽기와 쓰기에 흥미를 가져 언어 사용을 즐기도록 하는 영역이다(서영숙 외, 2017).

제4차 표준보육과정(0~2세) 및 개정 누리과정(3~5세)에서의 의사소통 영역의 내용범주는 기존의 듣기, 말하기, 읽기, 쓰기 등의 넷 가지 내용범주에서 '듣기와 말하기', '읽기와 쓰기에 관심 가지기', '책과 이야기 즐기기' 등으로 세 가지로 축소되었다(육아정책연구소, 2019). 제8장에서는 의사소통 영역의 필요성, 영역의 이론적 기초, 연령별 의사소통의 이해, 연령별 목표와 내용, 영유아의 실제 경험 및 교사 지원 등의 사례를 제시하여 예비보육교사의 이해를 돕고자 한다.

1 영역의 필요성

언어를 통한 의사소통은 두 사람 또는 둘 이상의 사람들 간에 정보가 전달되는 교류하는 과정을 의미하며, 경험을 나누고 관계를 맺게 하는 상호작용이다. 이때 의도적이든 의도적이지 않든 감정과 욕구, 생각 등을 전달하는 행위가 포함된다(김지은 외, 2012). 의사소통 행위는 발성, 구화 등의 언어적 행위와 몸짓, 표정, 자세 등의 행위로 나눌 수 있는데(Dunst, Lowe & Barthilomew, 1990), 1~2세를 전후로 의사소통 능력은 표상적 사고능력이나 인지발달 과정을 반영하여 이후의 언어발달을 지원하고 촉진시키는 기초가 된다. 또한 의사소통은 신체적, 인지적, 사회·정서적 발달과 밀접한 관련이 있으며 촉매제 역할을 하며, 특히 언어는 인지발달의 매개체가 된다.

2 영역의 이론적 기초

영유아의 의사소통 능력에는 언어적 능력이 포함되는데 단순히 언어를 알고 언어를 사회적으로 적절한 방식으로 사용하는 것 이상을 의미하며, 현대에서는 언어의 사용 방법을 아는 것은 읽고 쓸 줄 아는 것도 포함한다(김상림 외, 2015 재인용).

언어발달을 연구하는 데 있어서 영유아가 어떻게 말하는 것을 배우는지, 다양한 이론들이 있지만 어떠한 이론도 우세하거나 명확하지 않다. 하지만 각 이론들은 일정 부분이 서로 다른 측면을 보완하여 유용하게 사용된다. 의사소통 영역과 관련된 이론적 기초를 생득주의 이론, 학습이론, 상호작용 이론의 측면에서 살펴보면 다음과 같다.

1) 생득주의 이론

생득주의 이론의 기본은 인간이 언어를 빠르게 습득하고 별다른 노력을 기울이지 않아도 언어를 습득하며, 직접적인 교육 없이도 언어를 배운다는 관점이다. 언어발달은 학습보다는 성숙이 더 많이 관여한다고 주장한다.

촘스키(Chomsky, 1986)에 따르면, 언어습득이란 영유아가 어떤 환경에 노출되었을 때 생득적인 내재적 능력이 발동되어 주위의 언어 자료를 스스로 분석하여 그 언어의 기본적인 원리를 구성해 가는 능동적인 과정이라고 하였다. 즉, 적절한 영양과 환경적인 자극이 주어졌을 때 영유아의 신체가 미리 결정된 방식으로 성장하고 성숙하듯이 영유아에게 적절한 환경이 주어지면 학습이 일어난다고 보았다(김지은 외, 2012). 또한 촘스키는 인간은 누구나 언어습득 장치(language acquisition device)를 가지고 태어난다고 보았으며, 이는 언어적 입력에 의해 활성화되는 타고난 언어처리자라고 하였다. 이 장치는 모든 언어에 공통적으로 있는 언어 규칙(문법)의 체계를 다룬다고 하였다(김상림 외, 2015). 인간은 언어 문법이 복잡하기 때문에 경험에 의해 습득할 할 수 없으며, 영유아기 때 언어적 자극을 받아서 언어습득장치가 자연스럽게 활성화되면서 언어를 매개로 하여 모국어에 맞도록 모국어 사용이 가능해진다.

2) 학습이론

학습이론은 인간 행동의 원천을 학습으로 파악하고, 자극과 반응에 의한 인간의 학습 과정을 설명하려는 행동주의 학습이론이 있으며, 또한 지나치게 행동의 결과에만 집착하고 있다는 문제점을 지적한 사회학습이론이 있다.

(1) 행동주의 학습이론

행동주의 학습이론에서는 언어발달이 환경의 적극적인 역할로 이루어진다고 보았다. 행동주의 심리학자들은 외적 행동을 연구대상으로 삼는다. 스키너는 언어를 언어행동으로 정의하고, 언어행동은 다른 행동처럼 학습된 것이고 환경에 의해 변화되었다고 하였다(윤매자 외, 2021). 즉, 강화와 처벌과 같은 조건화의 원리에 의해 변화된다고 주장하였다. 영유아는 언어에 대한 선천적인 지식을 갖고 있지 못한 상태에서 언어를 습득해야 하는 학습과제에 직면하게 되며, 외부의 환경으로부터의 자극이 영유아로 하여금 언어(구어 반응)를 이끌어 낸다고 보았다(김상림 외, 2015). 예를 들어, 아기가 옹알이를 할 때, '맘마', '빠바'와 같은 소리에 부모는 평소보다 더 기뻐하고 많은 긍정적인 피드백을 주면, 영아는 그러한 반응을 이끌어 내기 위해 그 소리를 듣고 반복하게 된다. 이처럼 교사나 부모는 자녀가 보이는 여러 소리들 중에 모국어 소리에만 강화를 주고 한번 획득이 되면 가끔 주는 강화만 해도 그 언어는 계속 유지되며, 이후 영유아가 말하려는 모방 시도는 그 환경의 언어 사용자들의 행동에 의해 강화된다.

(2) 사회학습이론

반두라는 자연발생적으로 부정확한 소리나 말이 정확한 언어로 강화되는 것이 아니라 다른 사람들이 내는 소리를 모방함으로써 언어를 습득하며 모방한 소리가 정확할 때 더 많은 강화를 받게 된다고 하였다(김상림 외, 2015). 그는 모방이 영유아의 언어 습득에 주된 역할을 한다고 주장하면서 모델링과 더불어 관찰학습, 대리학습이라는 용어를 사용하였으며, 직접적인 강화가 아닌 대리 강화의 경우도 학습이 일어난다고 하였다(한유미 외, 2006). 예를 들어, 양육자가 '이게 뭐야'라고 말을 반복하여 사용하는 경우, 영유아도 그대로 사람들을 향해 '이게 뭐야~'라고 했을 때, 교사나 성인들이 실제로 영유아가 궁금해서 묻는 질문이라 여기고 그 언어에 반응해 주고, 피드백을 주었을 때 사회학습이 일어난다. 수많은 '단어'를 반복해서 들려주는 경험과 행동을 했을 때 영유아는 자연스럽게 학습으로 이어지게 된다.

3) 상호주의 이론

상호주의 이론은 언어발달에 관하여 생득적인 특성과 함께 언어를 매개로 경험과 상호작용하면서 언어발달이 일어난다고 보았다. 즉, 언어는 타고난 요인과 환경적인 영향을 받아서 발달하는데, 생물학적 성숙과 인지발달, 그리고 주위 사람들과 의사소통하려는 영유아의 시도에 의해 영향을 받으며, 끊임없이 변화하는 언어적 환경 사이에 복잡한 상호작용의 결과이다(Shaffer, 2000). 이 이론에는 영유아가 생득적인 정신 능력을 사용하고, 환경에 의해 제공되는 정보를 조작함으로써 언어를 구성한다는 인지주의 관점이 있다. 피아제의 인지발달 이론에 따르면 영유아는 물리적 환경에서 기본 관계를 추상해 내고, 언어적 환경에서 규칙을 만들어 내는데 이러한 정보가 내면화되어서 이후 표현 언어로 나타난다고 하였다(김지은 외, 2012).

비고츠키(Vygotsky)의 이론에서는 사회적 상호작용에 의해서 고등정신사고를 발달해 간다고 하였다. 즉, 인간은 고유한 고등정신을 가진 존재이며, 영유아들 주변에 근접해 있는 유능한 교사, 부모, 또래들 사이에 사회적 상호작용이 영유아의 언어 습득을 위한 결정적인 요인이라고 보았다. 언어 습득은 사회화의 한 과정이며 영유아는 양육자와 언어를 주고받으면서 상호작용하는 과정에서 대화의 규칙을 이해하고 배우게 된다.

3 연령별 의사소통 영역의 이해

의사소통 영역의 0~1세 영아는 출생 후 첫울음, 옹알이 등의 소리나 몸짓, 표정과 같은 비언어적 행동을 통해 자신의 감정이나 요구를 타인에게 전달하다가 점차 한 단어와 짧은 문장으로 다른 사람과 소통할 수 있는 기초를 형성한다. 2세 영아는 기초적인 어휘와 의사소통 체제를 습득한 후에 듣고, 말하기의 구어 능력이 향상되고 읽고, 쓰기에 관심이 증진되어 자신의 느낌, 생각, 경험을 구어와 문어로 표현하는 능력을 기르고 다른 사람과 소통할 수 있는 기초를 이룬다. 3~5세 유아는 언어의 기본 형태인 구어와 문어를 활용하여 나와 다른 사람의 느낌이나 생각, 경험을 상황과 상대방에 알맞게 소통할 수 있는 능력을 기르고, 말과 글의 관계를 알고 읽기와 쓰기에 흥미를 가져 언어 사용을 즐기도록 한다.

의사소통 영역에서 0~1세, 2세 표준보육과정(보건복지부, 2020), 3~5세 누리과정(교육부 · 보건복지부, 2019a)으로 구분하여 연령별로 살펴보면 다음과 같다.

1) 0~1세 영아

0~1세 영아는 적극적 의사소통자로 비언어와 언어를 이용하여 자신의 생각, 느낌, 감정을 표현하고 상대방의 표현과 반응을 보고 들으며 소통한다. 또한 주변의 그림과 상징에 관심을 가지고, 자유롭게 끼적이기를 즐기며 책과 이야기에도 관심을 갖는다. 의사소통 영역은 일상에서 영아가 자신의 의사를 상대방에게 전달하고, 상대방의 표현을 이해하는 과정에서 다른 사람과 소통하는 다양한 방식을 경험하면서 의사소통의 즐거움을 느끼며 의사소통 능력의 기초를 형성하는 것을 목표로 한다. 이를 위하여 교사는 0~1세 영아가 자유롭고 편안하게 자신의 의사를 표정, 몸짓, 옹알이, 말소리, 말, 끼적이기 등 다양한 방식으로 표현할 수 있도록 하고, 책과 이야기에 관심을 갖고 자유롭게 즐기는 것을 지원하도록 한다.

의사소통 영역에서는 신뢰감이 형성된 사람과 친숙한 환경에서 듣기와 말하기, 읽기와 쓰기에 관심 가지기, 책과 이야기 즐기기 등 세 가지 내용범주의 경험이 이루어질 수 있도록 하는 것이 중요하다. 일상생활에서 자연스럽고 친근하게 말을 걸어주는 성인의 말소리를 듣는 것에 흥미를 나타내고 소리나 옹알이, 어휘를 즐겨 표현하도록 눈을 맞추고 영아에게 주의를 기울이도록 한다. 그림책의 그림을 즐겨 보며 마음껏 끼적이도록 격려해 준다.

2) 2세 영아

2세 영아는 의사소통 경험을 통해 일상의 기초적인 어휘를 습득하여 구어로 소통하는 능력이 향상되고 상징과 문자를 읽고 쓰며 문어로 소통하는 방식을 경험한다. 의사소통 영역은 자신의 의사를 다른 사람에게 표현하여 전달하고, 상대방의 이야기를 듣고 말하며, 일상에서 읽기, 쓰기와 관련되는 경험에 관심을 가지며 책과 이야기를 즐기고 상상의 즐거움을 가질 수 있는 경험을 하는 것에 목표를 두고 있다. 교사는 2세 영아가 일상에서 자유롭고 편안하게 상대방에게 표정, 몸짓, 말로 의사를 표현하는 기회를 제공하고, 다른 사람과 소통하는 것을 격려하고, 영아가 읽고 쓰는 데 관심을 가질 수 있는 다양한 그림과 사물의 상징이 담긴 인쇄물 등을 충분히 제공하며, 책과 이야기에서 자유로운 상상을 즐길 수 있도록 지원한다.

또한 2세 영아는 발음을 하는 조음 능력, 어휘력, 문장구성력이 놀랍게 향상되는 중요한 시기이다. 사용하는 문장도 '빠방 가'처럼 명사와 동사로 이루어진 단순한 구조의 짧은 문장 길이를 유지하다가 점차 세 단어, 네 단어를 조합하여 이전에 비해 복잡한 문장을 말할 수 있게 된다(백혜리 외, 2013). 말하는 양도 급격히 증가한다. 2세 영아는 자신에게 일어난 일을 다른 사람에게 그 사건의 처음과 중간, 끝을 어느 정도 맞추어서 말을 하는 것이 가능해지기도 한다. 성인과 대화를 할 때, 말하고 있는 내용에 대해서 두서너 번 정도는 같은 내용에 대한 대화를 교환할 수 있다. 예를 들면 "엄마 가?"라고 영아가 교사에게 묻는다. 교사가 "응 엄마 가셨네, 이따 ○○이 데리러 다시 오실 거야"라고 답하면 "엄마 빠방 가?"(엄마가 자동차를 타고 다시 가느냐라는 뜻)라고 같은 주제에 대해 다른 내용으로 질문을 할 수 있다(고문숙 외, 2014).

의사소통 영역은 듣기와 말하기, 읽기와 쓰기에 관심 가지기, 책과 이야기 즐기기의 세 가지 내용범주로 구성되어 있다. 의사소통 영역에서는 일상생활에서 반복적으로 일어나는 경험에 기초하여 영아의 듣기와 말하기 능력이 향상되도록 한다. 이 시기에는 성인과의 의사 교환이 주로 이루어지며, 이때 성인은 영아의 의도를 민감하게 해석하고 적절하게 반응해 주는 것이 중요하다. 정서적으로 안정되고 신뢰로운 분위기에서 영아들은 의사표현의 시도가 많아진다.

3) 3~5세 유아

유아는 주변 사람들과 소통하며 관계를 맺는 능동적인 의사소통자이다. 유아는 다른 사람의 말을 주의 깊게 듣고 자신의 생각, 느낌, 감정을 다양

목표	의사소통 능력의 기초를 형성한다.
내용범주에 따른 목표	1. 일상생활에서 듣기와 말하기를 즐긴다. 2. 읽기와 쓰기에 관련된 관심을 가진다. 3. 책과 이야기에 관심을 가진다.

의사소통 영역의 목표는 0~1세 영아가 의사소통 능력의 기초를 형성하는 경험하는 것이다. 0~1세 영아가 일상생활에서 다른 사람의 말이나 이야기를 듣고 말하기를 즐기며, 주변의 그림과 다양한 상징에 관심을 가지고, 자유롭게 끼적이기에 관심을 갖는 것과 다양한 책과 이야기를 접하며 관심을 가지는 것을 목표로 한다.

(2) 내용[1)]

의사소동 영역에서는 의사소통 능력의 기초를 형성하기 위해 영아가 소리를 구분하고 듣기와 말하기, 읽기와 쓰기에 관심 가지기, 책과 이야기 즐기기 경험을 통해 다른 사람과 소통할 수 있는 기초를 마련하는 데 있다. 의사소통 영역은 세 가지 내용범주로 구성되어 있다.

- '듣기와 말하기'는 영아가 다른 사람의 표정, 몸짓, 말 등에 관심을 갖고 보고 들으며, 표정, 몸짓, 말소리로 자신의 의사를 표현하는 내용이다.
- '읽기와 쓰기에 관심 가지기'는 영아가 주변의 그림과 상징에 관심을 가지고, 자유롭게 끼적이기에 관심을 가지는 내용이다.
- '책과 이야기 즐기기'는 영아가 책과 이야기에 관심을 가지는 내용이다.

다음은 0~1세 의사소통 영역의 내용범주와 내용은 표 8-2와 같다.

1) 보건복지부(2020). 제4차 어린이집 표준보육과정 해설서. pp. 79-93. 발췌.

표 8-2 0~1세 의사소통 영역의 내용범주와 내용

내용범주	내용
듣기와 말하기	• 표정, 몸짓, 말과 주변의 소리에 관심을 갖고 듣는다. • 상대방의 이야기를 들으면서 말소리를 낸다. • 표정, 몸짓, 말소리로 의사를 표현한다.
읽기와 쓰기에 관심 가지기	• 주변의 그림과 상징에 관심을 가진다. • 끼적이기에 관심을 가진다.
책과 이야기 즐기기	• 책에 관심을 가진다. • 이야기에 관심을 가진다.

출처: 보건복지부(2020). 제4차 어린이집 표준보육과정 해설서. p. 79.

① 듣기와 말하기

• 표정, 몸짓, 말과 주변의 소리에 관심을 갖고 듣는다.

0~1세 영아가 주변 사람의 표정과 몸짓에 관심을 가지고 반응하며, 주변에서 들리는 말소리와 소리에 관심을 보이면서 다양한 말과 소리에 주의를 기울여 들으며 소통한다.

• 상대방의 이야기를 들으면서 말소리를 낸다.

0~1세 영아가 주변에서 말하는 이야기에 주의를 기울여 들으면서 다양한 발성과 옹알이로 반응하고 점차 적극적으로 말소리를 내며 소통한다.

• 표정, 몸짓, 말소리로 의사를 표현한다.

0~1세 영아가 표정과 몸짓의 비언어적인 방법을 포함하여 점차 말소리와 같은 언어적인 방법으로 표현하게 되면서 소통의 방식을 다양하게 활용하여 의사를 표현한다. 다음은 '나뭇잎 놀이' 영아의 경험(사례)에 따른 교사의 지원은 표 8-3과 같다.

| 표 8-3 | '나뭇잎 놀이' 영아의 경험(사례)에 따른 교사의 지원

'나뭇잎 놀이' 교사 지원				
내용범주	공간	시간	상호작용	안전
듣기와 말하기	• 영아가 실외에 나가 자유롭게 탐색하고 놀이할 수 있도록 하였다.	• 정해진 실외놀이시간에 따르기보다는 충분한 시간을 제공하여 놀이에 몰입하고 확장할 수 있도록 지원하였다.	• 영아의 표정과 몸짓, 말을 경청하면서, "까까"라는 영아의 말에 "과자 하나 주세요."라며 놀이를 시도하고, 영아의 의도를 따라가며 나뭇잎 놀이에 함께 참여하였다. • 영아의 놀이에서 나타나는 경험을 이해하기 위하여 사진을 찍고 대화를 짧은 글로 기록하였다.	• 영아들이 나뭇잎 놀이를 안전하게 할 수 있도록 바닥에 위험한 것은 없는지 살펴보며 놀이를 관찰하였다.

② 읽기와 쓰기에 관심 가지기

• 주변의 그림과 상징에 관심을 가진다.

0~1세 영아가 자신의 주변의 친숙한 그림이나 표지판, 상표와 같은 주변의 친숙한 상징에 관심을 가진다.

• 끼적이기에 관심을 가진다.

0~1세 영아가 손에 무엇인가를 쥐고 벽이나 바닥면에 끼적이기를 시도하며 의도적으로 움직여 어떤 결과가 나타나는 것에 관심을 가진다. 다음은 '샌님 이거 바바' 영아의 경험(사례)에 따른 교사의 지원은 표 8-4와 같다.

| 표 8-4 | '샌님 이거 바바' 영아의 경험(사례)에 따른 교사의 지원

'샌님 이거 바바' 교사 지원			
내용범주	공간	자료	상호작용
읽기와 쓰기에 관심 가지기	• 교실에 끼적이기 공간(책상)을 마련하였다.	• 영아가 끼적일 수 있는 다양한 크기와 질감의 종이(기름종이, 메모지 등), 쓰기도구(크레용, 볼펜 등)를 제공하였다. • 영아가 교사가 사용하는 볼펜을 사용해보고자 할 때 써 볼 수 있도록 하였다.	• 영아가 자신의 끼적이기를 봐 주길 바라는 요구에 반응하였고, 영아가 교사의 개입이나 소통하기를 원하지 않을 때는 기다려주었다.

③ 책과 이야기 즐기기

• 책에 관심을 가진다.

0~1세 영아가 다양한 형태의 책을 탐색하는 경험을 하며 책에 대한 관심을 가지고 책과 자신의 경험을 관련짓고 상징 행동을 하며 상상해보면서 책에 대한 선호가 생긴다.

• 이야기에 관심을 가진다.

0~1세 영아가 이야기를 자주 접하게 되면서 점차 자신이 좋아하는 이야기에 대한 선호가 생기게 되는 것과 관련된다. 다음은 '사과가 쿵!' 영아의 경험(사례)에 따른 교사의 지원은 표 8-5와 같다.

표 8-5 '사과가 쿵!' 영아의 경험(사례)에 따른 교사의 지원

'사과가 쿵!' 교사 지원			
내용범주	공간	자료	상호작용
책과 이야기 즐기기	• 영아가 자유롭게 책을 탐색할 수 있도록 편안하고 책을 즐길 수 있는 공간을 마련하여 지원하였다.	• 그림책 '사과가 쿵!'을 보고 사과를 먹는 몸짓을 하며 이야기를 만드는 영아에게 교실에 있던 토끼 인형을 책 속에 등장하는 토끼와 연결시켜 상상할 수 있도록 소개하였다.	• 영아가 책을 반복하여 즐길 수 있도록 하였고, 영아가 관심을 보이는 부분을 반복하여 표현할 수 있도록 영아가 만드는 이야기 흐름에 따라 지원하였다. • 유사한 관심을 보이며 몸짓으로 표현하고 있는 영아들이 함께 상상하며 이야기를 이어 나갈 수 있도록 영아들이 함께 이야기를 연결할 수 있는 상황을 말로 제안하였다. 예) "친구에게도 사과를 먹여줄 수 있니?"

2) 2세 목표와 내용

(1) 목표

2세 표준보육과정에서 수립한 의사소통 영역의 목표와 내용범주에 따른 하위 목표를 살펴보면 다음과 같다.

목표	의사소통 능력과 상상력의 기초를 기른다.
내용범주에 따른 목표	1. 일상생활에서 듣기와 말하기를 즐긴다. 2. 읽기와 쓰기에 관심을 가진다. 3. 책과 이야기에 재미를 느낀다.

의사소통 영역의 목표는 2세 영아가 듣기와 말하기, 읽기와 쓰기의 의사소통 방식에 관심을 가지고 활용하며, 책과 이야기에서 상상하는 즐거움을 경험하는 것이다. 즉, 2세 영아가 일상생활에서 듣고 말하기를 즐기고, 그림과 문자 상징을 읽고 쓰기에 관심을 가지는 것과 책과 이야기를 즐길 수 있는 경험을 하는 것을 목표로 한다.

(2) 내용[2)]

의사소통 영역에서는 영아들이 듣고 말하는 것을 즐거워하며 반응하고 자신의 생각, 느낌을 말로 주고받기를 즐기면서 그림책에 관심을 가지고 끼적거리기를 하도록 하는 데 중점을 둔다. 2세 의사소통 영역은 0~1세와 마찬가지로 세 가지 내용범주로 구성되어 있다.

- '듣기와 말하기'는 영아가 다른 사람의 표정, 몸짓, 말에 관심을 가지고 듣고, 상대방의 이야기를 듣고 말하며, 표정, 몸짓, 단어로 자신의 의사를 표현하며, 자신의 요구와 느낌을 자유롭게 말하는 내용이다.

2) 보건복지부(2020). 제4차 어린이집 표준보육과정 해설서. pp. 180-196. 발췌.

- '읽기와 쓰기에 관심 가지기'는 영아가 주변의 그림과 상징, 글자에 관심을 가지고, 이를 활용하여 자유롭게 끼적이며 표현을 즐기는 내용이다.
- '책과 이야기 즐기기'는 영아가 다양한 책과 이야기에 관심을 가지고 상상하기를 즐기며, 말놀이와 이야기 짓기에 재미를 느끼는 내용이다.

다음은 2세 의사소통 영역의 내용범주와 내용은 표 8-6과 같다.

표 8-6 2세 의사소통 영역의 내용범주와 내용

내용범주	내용
듣기와 말하기	• 표정, 몸짓, 말에 관심을 갖고 듣는다. • 상대방의 이야기를 듣고 말한다. • 표정, 몸짓, 단어로 의사를 표현한다. • 자신의 요구와 느낌을 말한다.
읽기와 쓰기에 관심 가지기	• 주변의 그림과 상징, 글자에 관심을 가진다. • 끼적이며 표현하기를 즐긴다.
책과 이야기 즐기기	• 책에 관심을 가지고 상상한다. • 말놀이와 이야기에 재미를 느낀다.

출처: 보건복지부(2020). 제4차 어린이집 표준보육과정 해설서. p. 180.

① 듣기와 말하기

- 표정, 몸짓, 말과 주변의 소리에 관심을 갖고 듣는다.

2세 영아가 상대방의 표정, 몸짓, 말에 관심을 가지고 적극적으로 들으며, 상대방의 생각과 의도를 파악하고, 다양한 말과 소리의 차이에 관심을 가지고 듣는다.

- 상대방의 이야기를 듣고 말한다.

2세 영아가 상대방의 말 혹은 이야기를 듣고 반응하며 자신의 느낌, 생각을 상대방에게 말하는 경험을 한다.

• 표정, 몸짓, 단어로 의사를 표현한다.

2세 영아가 표정과 몸짓의 비언어를 포함하여 단어 혹은 말로 자신의 의사를 표현하여 상대방과 소통하는 경험을 한다.

• 자신의 요구와 느낌을 말한다.

2세 영아가 상대방에게 자신의 요구와 느낌을 자유롭고 편안하게 말하는 경험을 한다.

다음은 '거미줄 놀이' 영아의 경험(사례)에 따른 교사의 지원은 표 8-7과 같다.

표 8-7 '거미줄 놀이' 영아의 경험(사례)에 따른 교사의 지원

'거미줄 놀이' 교사 지원			
내용범주	공간	자료	상호작용
듣기와 말하기	• 영아가 종이테이프를 교실 바닥에 붙이거나 책상에 붙이는 것을 허용하고, 책상과 의자 등을 자유롭게 옮기며 놀이할 수 있도록 지원하였다.	• 영아들의 반응을 살펴보면서 풀, 물레방아 테이프, 종이테이프로 자료를 바꾸어 제시하여 영아가 스스로 사용할 수 있는 적합한 자료를 지원하기 위해 노력하였다. • 영아의 안전을 고려하여 상자를 제공하였고, 영아들이 자유롭게 상자에 테이프를 붙이고 연결하며 놀이할 수 있도록 지원하였다.	• 영아가 자유롭게 고유한 방식으로 테이프로 모양을 만드는 것을 인정하였다. • 영아에게 놀이(기차놀이)를 제안하며 함께 놀이하였다. • 종이테이프를 이용하여 놀이를 변형(만들기→고래 만들기→거미줄 놀이→테이프 넘고 아래로 기어가기)하는 영아의 놀이 방식을 존중하여 놀이가 이어질 수 있도록 하였다.

② 읽기와 쓰기에 관심 가지기

• 주변의 그림과 상징, 글자에 관심을 가진다.

2세 영아가 주변 인쇄물의 그림이나 표지판, 상표와 같은 상징, 자신의 이름과 같이 친숙한 글자에 관심을 가지며 상징 읽기를 시도한다.

• 끼적이며 표현하기를 즐긴다.

2세 영아가 다양한 쓰기 도구를 이용하여 의도적으로 끼적이며 이를 상징화하며 표현하는 것에 관심을 가지고 즐긴다.

다음은 '이거 도깨비 뿔이잖아' 영아의 경험(사례)에 따른 교사의 지원은 표 8-8과 같다.

표 8-8 '이거 도깨비 뿔이잖아' 영아의 경험(사례)에 따른 교사의 지원

'이거 도깨비 뿔이잖아' 교사 지원			
내용범주	영아 경험의 이해	공간 및 자료	상호작용
읽기와 쓰기에 관심 가지기	• 소민이는 도깨비 뿔 노래를 부르면서 도깨비를 그림으로 상징화하여 표현하였고, 소민이의 그림에 관심을 보이며 말하는 일준이에게 머리를 묶은 자신의 예쁜 모습이라며 그림의 의도를 말로 설명하였다. 소민이와 일준이는 그림을 그려 의미를 표현하기를 즐겼다. • 일준이는 손가락으로 가리키며 소민이에게 도깨비 뿔을 더 그릴 것을 말로 요구하였다. 소민이는 일준이의 요구를 받아 그림을 계속해서 그렸다.	• 영아가 자유롭게 그릴 수 있는 크기의 종이를 제공하였다.	• 영아가 주도적으로 소통할 수 있도록 개입하지 않고 이를 지켜보며 소통과정을 기록하였다.

③ 책과 이야기 즐기기

• 책에 관심을 가지고 상상한다.

2세 영아가 주변의 다양한 책을 보는 것을 즐기며 책의 내용을 자유롭게 상상하는 내용이다. 영아는 선호하는 책이 생기고, 책을 만들기도 하며 책 보기를 즐기게 된다.

• 말놀이와 이야기에 재미를 느낀다.

2세 영아가 다양한 표현의 말과 이야기 짓기를 즐기면서 말과 이야기의 변화에 재미를 느낀다.

다음은 '재후의 이야기 짓기' 영아의 경험(사례)에 따른 교사의 지원은 표 8-9와 같다.

▎표 8-9▎ '재후의 이야기 짓기' 영아의 경험(사례)에 따른 교사의 지원

'재후의 이야기 짓기' 교사 지원			
내용범주	영아 경험의 이해	자료	상호작용
책과 이야기 즐기기	• 재후는 이야기를 몸짓으로 표현하며 가상놀이를 즐겼다. 상상과 실제를 넘나드는 가상의 이야기 짓기를 즐겼다. • 재후는 다양한 매체를 활용하여 주변의 사물을 가작화하여 이야기 짓기를 즐기고 있었다. 재후는 변형된 사물에서 새로운 이야기를 떠올리고 하는 방식으로 이야기 짓기를 이어갔다. 재후는 교사와 함께 상상 이야기를 주고받는 경험을 하였다.	• 영아에게 주사기 등 병원놀이 자료를 제공하였다. • 영아가 자유롭게 탐색하며 놀이할 수 있는 매체(적당한 크기의 식재료, 꼬치 등)를 제공하였다.	• 영아가 다양한 공간에서 상상하여 이야기 짓는 것에 호응하였다. • 영아와 함께 상상의 이야기 짓기에 참여하였다.

3) 3~5세 목표와 내용

(1) 목표

3~5세 표준보육과정(누리과정)에서 수립한 의사소통 영역의 목표와 내용범주에 따른 하위 목표를 살펴보면 다음과 같다.

목표	일상생활에 필요한 의사소통 능력과 상상력을 기른다.
내용범주에 따른 목표	1. 일상생활에서 듣고 말하기를 즐긴다. 2. 읽기와 쓰기에 관심을 가진다. 3. 책이나 이야기를 통해 상상하기를 즐긴다.

의사소통 영역의 목표와 내용범주는 유아가 일상생활에서 다른 사람의 말이나 이야기를 듣고 말하기를 즐기며, 주변의 상징을 읽고 글자와 비슷

한 형태로 써보기에 관심을 가지며, 다양한 책과 이야기를 통해 의사소통 능력과 상상력을 기른 것을 목표로 한다.

(2) 내용[3)]

3~5세 의사소통 영역은 유아가 일상생활에서 말과 글의 의미 있는 경험을 통해, 자신의 느낌과 생각, 경험을 타인에게 표현하는 것을 즐기며, 책이나 이야기를 통해 상상하기를 즐기는 능력과 태도를 기르기 위한 영역이다.

2019 개정 누리과정 이전에는 네 가지의 내용범주와 12개의 내용으로 구성되었으나 개정 누리과정에서는 세 가지 내용범주와 12개의 내용으로 구성되었다. 구체적 내용을 살펴보면 표 8-10과 같다.

표 8-10 3~5세 의사소통 영역의 내용범주와 내용

내용범주	내용
듣기와 말하기	• 말이나 이야기를 관심 있게 듣는다. • 자신의 경험, 느낌, 생각을 말한다. • 상황에 적절한 단어를 사용하여 말한다. • 상대방이 하는 이야기를 듣고 관련해서 말한다. • 바른 태도로 듣고 말한다. • 고운 말을 사용한다.
읽기와 쓰기에 관심 가지기	• 말과 글의 관계에 관심을 가진다. • 주변의 상징, 글자 등의 읽기에 관심을 가진다. • 자신의 생각을 글자와 비슷한 형태로 표현한다.
책과 이야기 즐기기	• 책에 관심을 가지고 상상하기를 즐긴다. • 동화, 동시에서 말의 재미를 느낀다. • 말놀이와 이야기 짓기를 즐긴다.

출처: 교육부 · 보건복지부(2019a). 2019 개정 누리과정 해설서. p. 73.

3) 교육부 · 보건복지부(2019a). 2019 개정 누리과정 해설서. pp. 72-78. 발췌.

의사소통 영역의 목표와 내용범주는 유아가 일상생활에서 다른 사람의 말이나 이야기를 듣고 말하기를 즐기며, 주변의 상징을 읽고 글자와 비슷한 형태로 써보기에 관심을 가지며, 다양한 책과 이야기를 통해 상상하기를 즐기는 내용으로 구성하였다.

유아가 일상생활에서 말과 글의 의미 있는 경험을 통해 자신의 느낌과 생각, 경험을 타인에게 표현하는 것을 즐기며, 책이나 이야기를 통해 상상하는 것을 즐거운 경험을 강조하여, '듣기와 말하기', '읽기와 쓰기에 관심 가지기', '책과 이야기 즐기기' 등의 내용범주로 구성하였다.

- '듣기와 말하기'는 유아의 듣고 말하는 경험이 분리되지 않음을 고려하여 기존 누리과정의 '듣기'와 '말하기'를 통합하였다.
- '읽기와 쓰기에 관심 가지기'는 유아가 읽고 쓰는 경험이 분리되지 않음을 고려하여 기존 누리과정의 '읽기'와 '쓰기'를 통합하였다.
- '책과 이야기 즐기기'는 유아가 동화와 동시, 말놀이와 이야기 짓기 등 일상에서 자연스럽게 문학을 즐기는 경험에 중점을 두어 내용범주를 새롭게 구성하였다.

다음은 3~5세 의사소통 영역의 내용범주에 따른 내용과 유아 경험의 실제를 살펴보면 다음과 같다.

① 듣기와 말하기

유아가 다른 사람의 말이나 이야기를 관심 있게 듣고, 자신의 경험, 느낌, 생각을 상황에 적절한 단어를 사용하여 말하고, 고운 말을 사용하는 내용이다. 다음 표 8-11은 '듣기와 말하기'의 내용범주에 따른 목표 및 내용을 이해하고 유아 경험의 실제를 살펴본다.

표 8-11 '듣기와 말하기'의 내용 이해 및 유아 경험의 실제

내용범주	듣기와 말하기
목표	일상생활에서 듣고 말하기를 즐긴다.
내용	• 말이나 이야기를 관심 있게 듣는다. • 자신의 경험, 느낌, 생각을 말한다. • 상황에 적절한 단어를 사용하여 말한다. • 상대방이 하는 이야기를 듣고 관련해서 말한다. • 바른 태도로 듣고 말한다. • 고운 말을 사용한다.

내용 이해	유아 경험의 실제
① 말이나 이야기를 관심 있게 듣는다. 유아가 다른 사람이 하는 말과 흥미로운 주제, 익숙한 경험이 담긴 이야기에 관심을 가지며 듣는 내용이다. ② 자신의 경험, 느낌, 생각을 말한다. 유아가 상대방에게 자신의 경험, 느낌, 생각을 자유롭게 말하는 내용이다.	• 유아가 친구들에게 동물원에 놀러갔던 이야기를 신나고 재미있게 들려준다. 유아는 "나는 호랑이다. 어흥!" 하며 눈을 크게 뜨고, 목소리를 굵고 거칠게 한다. 이어 원숭이에 대한 이야기를 할 때는 가늘고 날카로운 음성으로 바꿔 말한다. 옆에서 이야기를 듣던 유아들이 원숭이 동작과 목소리를 흉내 내며 웃는다.
③ 상황에 적절한 단어를 사용하여 말한다. 유아가 때와 장소, 대상과 상황을 고려하여 적절한 단어와 문장을 선택하여 말하는 내용이다.	• 유아들이 병원 놀이를 한다. 의사 역할을 하는 유아가 "어디가 아파서 오셨어요?" 라고 묻자 환자 역할을 하는 유아가 "의사 선생님, 배가 너무 아파요."라고 말하며 배를 움켜쥔다. 의사가 진찰한 후 옆에 있던 간호사 역할을 하는 유아가 "이쪽으로 오세요. 주사 맞아야 합니다."라고 말한다.
④ 상대방이 하는 이야기를 듣고 관련해서 말한다. 유아가 다른 사람이 이야기하는 내용을 듣고 말하는 사람의 생각, 의도, 감정을 고려하여 말하는 내용이다.	• 유아들이 자신이 가장 좋아하는 음식에 대해 서로 이야기를 나누고 있다. 수정이가 "나는 아이스크림이 좋아. 왜냐하면 시원하고 달콤…"하고 말을 끝내기도 전에 옆에 있던 우진이가 "나는 짜장면!" 하며 끼어든다. 그때 수정이가 "야! 내가 말하고 있잖아. 내말 아직 안 끝났거든. 기다려봐."라고 말하며 "아이스크림은 달콤해. 딸기 아이스크림이 제일 좋아. 넌?"

⑤ 바른 태도로 듣고 말한다. 유아가 말하는 사람에게 주의를 기울이며 듣는 내용이다. 말을 끝까지 듣고, 자신의 의견을 말하는 내용이다. ⑥ 고운 말을 사용한다. 유아가 일상생활에서 자주 쓰는 유행어, 속어, 신조어, 상대방을 비난하는 말을 사용하지 않고, 우리말을 바르게 사용하는 내용이다.	• 유아가 선생님에게 웃음 참기 놀이를 하자고 제안한다. 선생님이 유아에게 웃음 참기 놀이의 방법을 물어보자, 유아는 자신이 생각한 웃음 참기놀이의 방법을 또박또박 설명한다. – 유아: 그건… 음… 서로 웃기게 해서 안 웃으면 되는 거예요. – 교사: 어머. 정말 재미있겠는데! 여기 친구도 함께해도 될까? – 유아: 네. 같이 하면 더 재밌어요. – 교사: 그럼 동생에게 웃음 참기 놀이를 어떻게 하는지 설명해 줄래? – 유아: 준서야, 서로 웃기게 해서 안 웃으면 되는 거야. 웃음을 참아야 돼. 알겠지?

출처: 교육부 · 보건복지부(2019a). 2019 개정 누리과정 해설서. pp. 76-77. 발췌.

② 읽기와 쓰기에 관심 가지기

유아가 말과 글의 관계에 관심을 가지고, 주변의 상징, 글자 등을 읽으며, 자신의 생각을 글자와 비슷한 형태로 표현해 보는 내용이다. 다음 표 8-12는 '읽기와 쓰기에 관심 가지기'의 내용범주에 따른 목표 및 내용을 이해하고 유아 경험의 실제를 살펴본다.

표 8-12 '읽기와 쓰기에 관심 가지기'의 내용 이해 및 유아 경험의 실제

내용범주	읽기와 쓰기에 관심 가지기
목표	읽기와 쓰기에 관심을 가진다.
내용	• 말과 글의 관계에 관심을 가진다. • 주변의 상징, 글자 등의 읽기에 관심을 가진다. • 자신의 생각을 글자와 비슷한 형태로 표현한다.

내용 이해	유아 경험의 실제
① 말과 글의 관계에 관심을 가진다. 유아가 일상에서 말이 글로, 글이 말로 옮겨지는 것에 관심을 갖는 내용이다.	• 유아들이 음식점놀이를 하고 있다. 유아가 "선생님, 우리 지금 가게 만들 건데 '김밥가게' 어떻게 적어요?" 하며 선생님에게 도움을 요청한다. 선생님은 유아가 잘 볼 수 있도록 보드판에 천천히 '김밥가게' 글자를 크게 적는다. 유아는 보드판의 글자를 보며 천천히 따라 적는다.
② 주변의 상징, 글자 등의 읽기에 관심을 가진다. 유아가 일상에서 자주 보는 상징(표지판, 그림문자 등)이나 글자 읽기에 관심을 가지는 내용이다. 유아가 상징이나 글자에는 사람들의 생각과 감정, 정보가 담겨있다는 것을 이해하는 내용이다.	• 유아가 교실 입구의 비상구 표시등을 가리키며 "저것 봐! 사람이 초록 색깔이야. 이렇게 하고 있어." 하며 비상구 사람의 모습을 흉내낸다. 함께 이야기를 나누던 유아는 "나 저거 알아. 저거는 불날 때 저쪽으로 빨리 피하라는 말이야."라고 말한다.
③ 자신의 생각을 글자와 비슷한 형태로 표현한다. 유아가 자신의 생각이나 말을 끼적거리거나 글자와 비슷한 선이나 모양, 글자와 비슷한 형태로 표현하는 내용이다.	• 유아가 자신의 이름을 적어서 보여준다. "내 이름은 '미영이야' 어때 잘 썼지?" 하며 앞으로 내밀자 옆에 있던 유아가 '미용실'이라고 적어서 보여준다.

출처: 교육부 · 보건복지부(2019a). 2019 개정 누리과정 해설서. p. 77. 발췌.

③ 책과 이야기에 관심 가지기

유아가 다양한 책에 관심을 가지고 상상하며, 동화, 동시에서 말의 재미를 느끼고, 말놀이와 이야기 짓기를 즐기는 내용이다. 다음 표 8-13은 '책과 이야기에 관심 가지기'의 내용범주에 따른 목표 및 내용을 이해하고 유아 경험의 실제를 살펴본다.

표 8-13 '책과 이야기에 관심 가지기'의 내용 이해 및 유아 경험의 실제

내용범주	책과 이야기에 관심 가지기
목표	책이나 이야기를 통해 상상하기를 즐긴다.
내용	• 책에 관심을 가지고 상상하기를 즐긴다. • 동화, 동시에서 말의 재미를 느낀다. • 말놀이와 이야기 짓기를 즐긴다.

내용 이해	유아 경험의 실제
① 책에 관심을 가지고 상상하기를 즐긴다. 유아가 책에 흥미를 가지며 책 보는 것을 즐기고 상상하는 즐거움을 경험하는 내용이다.	• 유아가 여러 책을 한꺼번에 쌓아 두고 읽는다. 다른 유아가 와서 "내가 좋아하는 공룡책 여기 있어?" 하며 책을 찾는다. 유아가 책장을 넘기며 공룡 이름 맞추기를 하다가 브라키오사우루스가 나오자 "와! 정말 길다. 여기서 여기 끝까지 미끄럼 타면 진짜 재미있겠다.", "그런데 여기까지는 어떻게 올라가지?"하며 낄낄낄 웃는다.
② 동화, 동시에서 말의 재미를 느낀다. 유아가 동화와 동시를 자주 들으며 우리말의 재미와 아름다움을 느끼는 내용이다.	• 서은이가 친구들에게 이야기를 한다. - 서은: 그 공주님이 사는 성에는 아~주 유명한 사다리가 있어. 그런데 그 사다리는 하늘까지 올라가고, 또 하늘을 넘어 가지고 - 하영: 우주도 넘어? - 서은: 어. 우주에 우주까지도 넘는대. - 유아들: 헤엑~~ • 3세 반에서 교사가 동시를 읽어 주자 유아들이 서로 "꼬불꼬불?"이라고 말하며 까르르 웃는다. 그리고 유아들은 리본 막대를 휘두르며 "꼬불꼬불"하며 서로 까르르 웃는다.
③ 말놀이와 이야기 짓기를 즐긴다. 유아가 끝말잇기, 수수께끼, 스무고개 등 다양한 말놀이를 즐기는 내용이다. 자신의 경험, 생각, 상상을 기초로 새로운 이야기를 만드는 과정을 즐기는 내용이다.	• 유아가 친구를 보고 "바보"라고 놀리자, 옆에 있던 유아가 우리 "바보"를 가지고 끝말잇기 하자고 제안한다. "그래 내가 먼저 한다." "'바보 → 보배 → 배꽃 → 꽃차 → 차도 → 도로 → 로타리 → 리듬 …' 그러다가 듬 …듬 … 생각이 … 모르겠다."

출처: 교육부 · 보건복지부(2019a). 2019 개정 누리과정 해설서. p. 79. 발췌.

CHAPTER

09 사회관계 영역

사회관계 영역에서는 영유아가 자기 자신에 대한 존중감을 기르고, 다른 사람에 대한 정서와 감정을 이해하고 인식하여 적절하게 조절하며, 교사, 가족과 또래, 그리고 지역사회와 긍정적인 관계를 형성하여 유능한 사회 구성원으로 기능하기 위해 필요한 사회적 지식을 획득하기 위한 영역이다.

제4차 표준보육과정의 내용범주로 0~1세, 2세 영아는 '나를 알고 존중하기', '더불어 생활하기'로 구성되어, 제3차 표준보육과정보다 한 가지 내용범주가 축소되었다. 또한 개정 누리과정의 내용범주로 3~5세 유아는 '나를 알고 존중하기', '더불어 생활하기', '사회에 관심 가지기'로 구성되어, 누리과정 개정 이전보다 두 가지 내용범주가 축소되었다(교육부 · 보건복지부, 2019a). 제9장에서는 사회관계 영역의 필요성, 영역의 이론적 기초, 연령별 사회관계 영역의 이해, 연령별 목표와 내용, 영유아의 실제 경험 및 교사 지원 등의 사례를 제시하여 예비보육교사의 이해를 돕고자 한다.

1 영역의 필요성

사회관계 영역에서는 영유아의 자기 존중감 형성을 격려함으로써 영유아가 스스로의 소중함을 알고 주도적으로 자신의 일을 계획하고 실천할 수 있는 기초 능력과 인성을 기르기 위한 영역이다. 또한 영유아가 다른 사람의 정서를 올바르게 이해할 수 있도록 하여 다양한 사회적 관계에서 정서 능력 이해와 조절을 통해 다른 사람들과 원만한 관계를 맺을 수 있도록 한다.

이 영역에서는 영유아가 가족 및 또래와의 긍정적인 관계를 형성하고 사회현상에 관한 올바른 지식을 형성하게 함으로써 능력 있는 공동체 구성원으로서의 자질을 계발하는 데 도움을 주고자 한다(김지은 외, 2012).

영유아기부터 우리나라의 전통문화에 자부심을 가지고, 나아가 세계의 다양한 문화에 관심을 갖는 것은 자신에 대한 정체감을 기르며, 더불어 살아가는 공동체 의식을 기를 수 있도록 한다.

2 영역의 이론적 기초

인간은 태어나서 자신을 돌보아주는 사람을 통해 기본적인 신뢰감이 형성하고 점차 다른 사람들과 관계를 맺어 가면서 자아를 확립하게 된다. 영아기에 주 양육자와의 관계에서 형성한 애착은 기본적인 정서적 유대관계를 형성하는 데 기초가 된다. 사회관계 영역의 이론적 기초가 되는 선행연구들을 살펴보면 자아 인식, 자아존중감 등은 발달의 기초가 된다.

2세가 되면 배변훈련과 함께 나타나는 자조기술의 발달과 일상 과업들을 성공적으로 수행하면서 대인관계에서도 신뢰감을 갖는다. 사회관계 영역과 관련된 이론적 기초를 애착이론, 심리사회적 이론, 학습이론, 사회인지이론, 생태학적 체계이론의 측면에서 살펴보면 다음과 같다.

1) 애착이론

볼비(Bowlby)는 애착이란 한 인간이 가장 가까운 사람들에게 느끼는 강하고 지속적인 정서적 유대관계라고 정의하였다(Shaffer & Kipp, 2007). 애착이론은 초기에 영유아와 양육자와의 관계 연구가 활발하였고, 후기에는 청소년 및 성인 애착까지 확장되어 애착이 전 생애에 영향을 미치는 구조임을 설명하였다(Bowlby, 2009).

볼비는 영유아가 양육자에게 애착하는 행동이 생물학적인 진화에 필요한 것임을 인식하였고, 양육자와 물리적인 근접성을 유지하려는 절대적 필요 요건이며, 정서적 안정과 영유아의 생존을 위한 것으로 이해하였다(Wallin, 2010). 즉, 볼비는 애착이 전인적 발달을 돕는 중요한 요소이며, 애착 행동은 유기체가 환경에 적응하는 데 필수적인 생존기능이라고 보았다.

어린 영유아는 애착을 형성한 친밀한 사람에게로 향하는데 주 양육자와의 경험에서 발달하는 애착관계는 영유아의 감정과 기대, 그리고 행동 전략의 기초를 형성한다. 즉, 양육자와의 친밀한 정서적 유대관계는 안정애착으로 이어지며, 내적작동모델(internal working model)은 자신과 타인에 대한 인지적 표상으로서, 지속적으로 사회적 관계를 맺는 데 영향을 미치며, 주 양육자와의 안전기지의 역할을 수행한다. 그러므로 영유아의 건강한 사회 · 정서발달을 위해서는 영유아기에 이들을 돌보는 교사, 부모 등 주 양육자와의 안정애착이 매우 중요하다.

2) 심리사회적 이론

정신분석이론에서 프로이트의 심리성적 이론과 에릭슨의 심리사회적 이론으로 구분된다. 심리사회적 이론에서 에릭슨은 생의 각 발달단계에 대해 태어나서부터 노년기에 이르기까지 여덟 단계로 나누어, 각 단계마다 일반적인 문제점과 여러 가지 갈등에 대해 언급하였다. 각 단계는 고정된 순서로 전개되며, 각 단계에서 나타나는 문제나 갈등은 문화와는 상관없이 공통적으로 나타난다고 했으며, 어느 한 단계를 성공적으로 이루지 못해도 사회·심리적 위기를 통해 발달하며, 다음 단계를 경험한다고 하였다. 즉, 자아발달은 이러한 위기를 어떻게 성공했는지, 실패했는지에 따라 달라진다. 영아기에 형성된 기본적인 신뢰감과 자아존중감은 영아의 탐색활동을 활발하게 하고 유능감을 가지게 하여 사회관계의 기본요소가 된다.

유아기는 자아에 대한 인식과 더불어 자율적인 능력을 기르고 타인과의 상호작용을 통해 사회관계의 기초를 형성한다(김상림 외, 2015). 이러한 관점에서 에릭슨의 심리사회적 이론에서 말하는 건강한 자아발달은 사회관계 영역의 핵심이라고 할 수 있다.

에릭슨의 8단계를 살펴보면, 1단계는 신뢰감 대 불신감(출생~생후 1년, 구강기), 2단계는 자율성 대 수치심(2~3세, 항문기), 3단계는 주도성 대 죄책감(4~5세, 남근기), 4단계는 근면성 대 열등감(6~11세, 잠복기), 5단계는 자아정체감 대 역할혼미(청년기, 생식기), 6단계는 친밀감 대 고립감(성인전기), 7단계는 생산성 대 침체감(성인중기), 8단계는 통합성 대 절망감(성인후기 혹은 노년기)을 거친다. 이때 각 단계의 강점을 발달하기 위한 결정적인 시기를 지니며 연속적으로 발달한다.

3) 학습이론

행동주의 학습이론에서는 사람의 행위나 교정 반응을 위해 보상과 강화를 받기 때문에 학습이 일어난다고 믿어왔다. 영유아는 일련의 자극과 반응에 의해 조건화되고 학습은 성인이나 환경에 의해 제공된 조건화의 결과라고 보았다.

강화된 사회적 행동이 증가한다는 입장에서 교사는 다른 영유아와의 상호작용이 영유아에게 긍정적이고 보상되는 경험이 되도록 하여야 한다. 또한 영유아가 친사회적 행동에 대해 칭찬하고 강화해야 한다. 또래나 친구들과 함께 공유하거나 협력하기로 인해 칭찬받은 경험이 있는 영유아는 앞으로도 공유하기와 협력하기를 강화하여 지속적으로 할 가능성이 높다.

또래관계의 성공적인 상호작용은 또래관계 및 사회관계에서 안정감을 느끼고 자아발달을 할 수 있다. 따라서 긍정적인 또래 관계를 유지하는 것은 사회적 발달과 사회화에 매우 중요하다.

4) 사회인지이론

영아는 자신을 다른 대상과 구분되는 독립된 존재로서 인식하기 시작하게 되는데 이러한 자아 인식은 자아개념과 자아존중감 발달에 기초가 된다(김지은 외, 2012). 자아개념과 자아존존감 발달은 영유아의 사회적 행동에 크게 영향을 미치는데 이는 피아제의 인지발달 단계의 특성을 고려하여 영유아가 자기중심성에서 벗어나 탈중심화, 조망수용능력 등의 발달로 사회적 기대를 구성한다고 볼 수 있다.

사회인지 발달뿐만 아니라 발달은 성숙과 경험을 토대로 서로 상호작용에서 비롯되지만 이 모든 것은 개인 스스로가 사회적 지식을 구성해야만 가능하다. 즉, 교사나 부모가 먼저 직접적인 문제해결책을 제시하기보다는 영유아가 스스로 해결책을 생각하면서 사회적 기술을 증진하도록 해야 한다.

5) 생태학적 체계이론

브론펜브레너(Bronfenbrenner)의 생태학적 체계이론은 비고츠키의 사회문화적 인지발달 이론과 유사한데, 환경과의 상호작용을 통해 인간 발달을 사회문화적 관점에서 이해하려고 했기 때문이다. 환경은 인간 발달에 영향을 주거나 받는 유기체와 상호작용을 하는 체계로서 물리적 환경은 가정, 이웃, 자연 등이며, 사회적 환경은 어린이집, 영유아교육기관, 부모의 직장, 사회복지서비스 등이다. 브론펜브레너는 타인을 포함한 관계적·사회적인 상황 속에서의 관계 형성과 변화가 개인 발달에 많은 영향을 미친다고 보았다. 따라서 발달은 인간이 자신의 행동을 지각하고 다루는 방식에서 지속적인 변화를 일으키는 과정이라고 볼 수 있다.

바람직한 영유아 보육을 위해서는 영유아와 그를 둘러싼 변화하는 환경 간의 상호영향을 미치는 과정을 이해하는 것이 중요하다. 이러한 관점에서 '사회관계' 영역에서는 영유아 자신을 비롯하여 영유아를 둘러싼 환경인 가족, 이웃, 지역사회, 우리나라, 세계 여러 나라 등을 포괄하며(김상림 외, 2015), 생태학적 체계이론은 유기체를 중심으로 미시적 체계, 중간체계, 외체계, 거시적 체계, 시간체계로 분류하고, 그 안에서 영유아 자신을 존중하고 더불어 생활하는 지식과 기술, 태도를 기를 수 있도록 한다.

3 연령별 사회관계 영역의 이해

사회관계 영역의 보육과정은 기본적으로 영유아의 성장과 성숙, 학습에 관한 다양한 이론과 연구결과에 근거하여 구성되었다. 또한 특별한 욕구를 가지고 있는 영유아를 비롯하여 다양한 사회·문화적 배경을 가지고 어린이집에 오는 모든 영유아를 대상으로 적용할 수 있도록 다문화와 통합의 개념을 수용하고자 하였다(김지은 외, 2012).

제4차 표준보육과정에서의 내용범주는 0~1세, 2세 영아는 '나를 알고 존중하기', '더불어 생활하기'로 구성되었고, 개정 누리과정에서의 내용범주는 3~5세 유아는 '나를 알고 존중하기', '더불어 생활하기', '사회에 관심 가지기'로 구성되었다.

1) 0~1세 영아

사회관계 영역은 영아가 자신을 다른 사람과 분리된 존재로 인식하고 스스로 긍정적인 느낌을 가지며, 자신의 감정을 표현하고 다른 사람의 감정을 이해하며, 주 양육자와 안정된 애착관계를 형성하고, 또래에게 관심을 갖고 자기가 소속된 집단이 있다는 것을 알게 됨으로써 다른 사람들과 더불어 생활하는 기초를 익히도록 하는 영역이다.

또한 자신의 이름이나 친숙한 물건을 구별하며, 자신이 좋아하는 것을 시도해보면서 자신에 대해 긍정적인 자아존중감의 기초를 갖추는 것이 중요하다. 영아기에 형성된 자아존중감은 유아기 이후 평생 동안 사회관계의 기본 요소가 되기 때문에 영아기에 긍정적인 경험을 지속적으로 해야 할 필요가 있다.

영아는 정서가 다양하게 분화되면서 여러 가지 감정을 느끼고 이를 말과 행동으로 나타내며 다른 사람의 행동이나 표정을 보거나 말을 듣고, 그 사람에게 주의를 기울이거나 반응을 보이게 된다. 영아가 자신과 다른 사람의 감정을 인식하는 과정은 사회적 상호작용의 기초가 된다. 영아기 사회관계는 자기를 돌봐주는 주 양육자를 알고 복수의 양육자에게 안정된 애착을 형성하게 되며, 자기와 함께 생활하는 친숙한 사람을 인식하게 되는 과정으로 확대된다. 영아가 주변 사람들과 긍정적인 관계를 경험하고 어린이집에서의 규칙적인 생활을 통해 기본적인 사회적 가치를 익힐 수 있도록 지원하는 것이 중요하다.

0~1세 영아는 사회관계 영역에서 '나를 알고 존중하기', '더불어 생활하기'의 두 가지 내용범주로, 첫 번째 내용범주는 영아가 자신을 알고 소중하게 여기는 데 필요한 내용이며, 두 번째는 영아가 자신의 주변 사람들과 함께 생활하는 데 필요한 내용으로 전개되어 있다. 따라서 사회관계 영역에서는 영아가 다른 사람과의 사회적 관계를 하는 데 필요한 안정된 애착을 형성하고 주변의 친숙한 사람들에게 관심을 갖고 애정을 느낄 수 있도록 긍정적이고 따뜻한 보살핌이 제공되어야 한다.

2) 2세 영아

2세 영아가 자신을 알고 소중히 여기며 자신을 존중하고, 자신과 다른 사람의 감정을 보다 명확히 인식할 수 있으며, 가족, 또래, 자신이 속한 집단의 다른 사람들과 생활해 보는 경험을 통해 기본적인 사회적 가치를 자연스럽게 익히도록 하는 영역이다.

영아기에는 자신과 다른 사람을 구분할 수 있게 되고, 자신이 좋아하는 것이 생기고, 선호에 따라 자신이 좋아하는 것을 선택하여 스스로 놀이를 하면서 자신의 고유성과 독특성을 소중하게 인식하게 된다.

자아존중감은 영아기부터 토대를 갖추어 유아기 이후 평생 동안 사회관계의 기본 요소가 되기 때문에 영아기에 긍정적인 경험을 통하여 스스로를 소중히 생각해야 할 필요가 있다. 영아는 자신이 느끼는 여러 가지 긍정적, 부정적 감정을 말과 행동으루 나타낼 수 있게 되며 다른 사람이 나타내는 여러 가지 감정에도 위로와 공감 등의 반응을 보일 수 있게 된다. 그뿐만 아니라 영아는 자신의 가족을 인식하고 가족에게 특별한 애정과 관심을 보이게 된다. 또한 영아는 자신과 상호작용하는 또래에 대해서도 관심을 보이고, 또래가 있는 곳에서 놀이하는 것을 즐거워하게 된다.

영아는 점차 사회적 관계에서 다른 사람과 더불어 생활하는 경험에 익숙해지며, 이를 통해 사회적으로 필요한 여러 가지 지식과 기술을 자연스럽게 익힐 수 있다. 영아는 정리정돈, 차례 지키기, 인사하기, 약속 지키기 등의 기본적인 사회적 가치를 알고 이를 지키기 위해 무엇을 해야 하는지 등의 기본적인 내용을 알게 된다.

2세 영아의 사회관계 영역의 내용범주는 0~1세와 동일하며, '나를 알고 존중하기', '더불어 생활하기'의 두 가지 내용범주로 구성된다. 다음 표 9-1에서는 제3차 표준보육과정과 제4차 표준보육과정 사회관계 영역의 내용범주를 비교한 것이다.

| 표 9-1 | 0~2세 사회관계 영역의 내용범주 비교

제3차 표준보육과정	제4차 표준보육과정
나를 알고 존중하기	나를 알고 존중하기
나와 다른 사람의 감정 알기	
더불어 생활하기	더불어 생활하기

'나를 알고 존중하기'는 영아가 자신과 다른 사람을 구별하고 감정을 표현하며 자신이 좋아하는 것을 하도록 하는 내용이며, '더불어 생활하기'는 가족에게 관심을 가지고 또래와 함께 놀며 다른 사람의 감정과 행동에 반응하고 간단한 규칙과 약속을 지킬 수 있도록 하는 내용이다. 따라서 사회관계 영역에서는 자신의 선호에 따라 좋아하는 것을 선택해 봄으로써 자신의 고유성과 독특성 인식에 소중함을 느끼고, 자신의 감정을 말과 행동으로 적절하게 나타내도록 지원해 주며, 영아가 가족, 또래, 자신이 속한 집단의 구성원과 즐겁고 유쾌하게 상호작용할 수 있도록 격려해 준다.

3) 3~5세 유아

유아가 자신을 알고 소중하게 여기며 가족, 또래와 함께 원만하게 지내는 방법뿐 아니라 공동체에서 함께 살아가는 방법을 익히고, 사회에 관심을 가지며 적응해 나갈 수 있는 기초 능력과 인성을 기르기 위한 영역이다.

유아가 나를 알고 존중하는 태도를 기르는 것은 긍정적인 자아존중감을 형성하는 데 기초를 마련해 주는 중요한 부분이다. 또한 자신과 타인의 감정을 알고 조절하는 능력을 갖추는 것은 유아가 타인과 원활한 관계를 형성하기 위한 바탕이 된다. 가족을 소중하게 여기는 마음은 자신의 가족 배경과 구성원에 대하여 편견 없는 태도를 형성하는 데 필요하다. 유아가 타인을 존중하고 배려하며 협력하여, 갈등을 조절하고 문제를 해결할 줄 아는 능력을 배워나가는 것도 중요하다. 또한 유아기부터 우리나라의 전통문화에 자부심을 가지고, 나아가 세계의 다양한 문화에 관심을 갖는 것은 유아가 사회 구성원으로서의 정체감을 갖고 성장해 가는 데 필요한 부분이다.

사회관계 영역은 '나를 알고 존중하기', '더불어 생활하기', '사회에 관심 가지기'로 내용범주 세 가지 내용범주로 구성된다. 다음 표 9-2에서는 제3차 표준보육과정과 제4차 표준보육과정 사회관계 영역의 내용범주를 비교한 것이다.

표 9-2 3~5세 사회관계 영역의 내용범주 비교

제3차 표준보육과정	제4차 표준보육과정
나를 알고 존중하기	나를 알고 존중하기
나와 다른 사람의 감정 알고 조절하기	
가족을 소중히 여기기	더불어 생활하기
다른 사람과 더불어 생활하기	
사회에 관심 가지기	사회에 관심 가지기

'나를 알고 존중하기' 내용범주는 유아가 스스로를 존중하는 것과 관련된 내용이며, 나머지 두 가지 내용범주에서는 유아가 주변 사람들과의 신뢰를 바탕으로 사회를 편견 없이 바라보도록 하는 내용을 다룬다. 이러한 내용을 유아가 가족, 친구와 교사, 지역사회, 우리나라 그리고 세계로 점차 관심을 확장해 나갈 수 있도록 동심원적 접근 방식으로 전개해 나간다. 또한 자신과 타인에 대한 존중과 배려, 협력, 질서 등 타인과 더불어 살아가는 데 필요한 기초 예절과 소양을 기르기 위해 힘쓴다. 유아가 원만한 대인관계 속에서 건강한 자아를 지닌 유아로 성장할 수 있도록 인성교육에 강조점을 두고 있다(교육부 · 보건복지부, 2013).

4 연령별 목표와 내용

사회관계 영역의 목표와 내용은 0~1세, 2세 영아는 제4차 표준보육과정, 3~5세 유아는 개정 누리과정을 중심으로 제시되어 있으며, 이를 달성하기 위해서는 영유아 중심, 놀이 중심으로 보육과정의 목표와 내용을 계열성 있게 경험하도록 하였다.

1) 0~1세 목표와 내용

(1) 목표

0~1세 표준보육과정에서 수립한 사회관계 영역의 목표와 내용범주에 따른 하위 목표를 살펴보면 다음과 같다.

목표	나를 인식하고, 친숙한 사람과 관계를 맺는다.
내용범주에 따른 목표	1. 나를 고유한 존재로 안다. 2. 안정적인 애착을 형성하고, 또래, 교사와 함께 지낸다.

사회관계 영역의 목표는 0~1세 영아가 자신을 인식하고 주변의 친숙한 사람과 관계를 맺는 경험을 하는 것이다. 영아기는 자신을 구별하고, 다른 사람에게 반응하며, 함께 생활해보는 경험을 통해 평생 동안 지속될 사회관계의 토대를 갖추는 시기이다. 0~1세 영아가 다른 사람과 분리된 자신을 고유한 존재로 인식하고 친숙한 성인과 안정적인 애착을 형성하여 어린이집에서 또래, 교사와 편안하게 지내는 것을 목표로 한다.

(2) 내용[1)]

사회관계 영역에서는 영아가 나의 것 인식하고 구별하며, 자신의 감정을 표현하고 다른 사람에게 주의를 기울이고, 안정된 애착 형성과 또래에게 관심을 가지고, 집단을 알고 사회적 가치를 아는 등의 경험을 통해 다른 사람과 사회적 관계를 할 수 있는 기초를 마련하는 데 있다.

사회관계 영역은 '나를 알고 존중하기'와 '더불어 생활하기'의 두 가지 내용범주로 구성되어 있다.

- '나를 알고 존중하기'는 0~1세 영아가 자신을 인식하고 기본적인 욕구와 감정을 나타내며 자신에게 친숙한 것을 알아가는 내용이다.
- '더불어 생활하기'는 0~1세 영아가 교사와 안정적인 애착을 형성하고, 또래와 다른 사람에게 관심을 가지면서 반에서 편안하게 지내는 것을 경험하는 내용이다.

0~1세 사회관계 영역의 내용범주와 내용은 표 9-3과 같다.

표 9-3 | 0~1세 사회관계 영역의 내용범주와 내용

내용범주	내용
나를 알고 존중하기	• 나를 인식한다. • 나의 욕구와 감정을 나타낸다. • 나와 친숙한 것을 안다.
더불어 생활하기	• 안정적인 애착을 형성한다. • 또래에게 관심을 가진다. • 다른 사람의 감정과 행동에 관심을 가진다. • 반에서 편안하게 지낸다.

출처: 보건복지부(2020). 제4차 어린이집 표준보육과정 해설서. p. 95.

1) 보건복지부(2020). 제4차 어린이집 표준보육과정 해설서. pp. 95-103. 발췌.

① 나를 알고 존중하기

• 나를 인식한다.

0~1세 영아가 자신의 몸을 스스로 움직이기 시작하면서 자신의 신체를 탐색하고, 교사와 개별적으로 상호작용하는 일상적 경험을 통해 자신을 다른 사람과 독립된 존재로 인식한다.

• 나의 욕구와 감정을 나타낸다.

0~1세 영아가 자신의 생리적 욕구와 감정을 나타내고 이에 대한 민감하고 따뜻한 반응과 돌봄을 받는 경험을 통해 자신의 욕구와 감정 표현에 익숙해진다.

• 나와 친숙한 것을 안다.

0~1세 영아가 이름이나 친숙한 물건 등 자기에게 속한 것이 있다는 것을 일상에서 경험하면서 자신의 고유성을 인식한다. 다음은 '같이 거울 보자' 영아의 경험(사례)에 따른 교사의 지원은 표 9-4와 같다.

표 9-4 '같이 거울 보자' 영아의 경험(사례)에 따른 교사의 지원

'같이 거울 보자' 교사 지원		
내용범주	자료	상호작용
나를 알고 존중하기	• 영아들이 자신의 전체를 비춰 볼 수 있도록 보육실 벽면에 안전 거울을 붙여주었다.	• 교사는 영아들이 자신의 신체를 인식하며 즐겁게 놀이를 할 수 있도록 지지하였다. • 교사는 영아가 자신을 표현하는 것을 긍정적으로 지켜보았으며 영아가 교사에게 표현하였을 때 영아의 감정을 공감해주면서 반응해 주었다. • 교사는 영아와 영아 간의 상호작용이 잘 일어나도록 돕기 위하여 두 영아가 서로 모방 행동을 하며 놀이할 때 미소로 바라보며 비언어적 상호작용을 하였다.

② 더불어 생활하기

• 안정적인 애착을 형성한다.

0~1세 영아가 교사에게 정서적 유대와 심리적 안정감을 가지고 자신의

욕구와 관심을 표현함으로써 자신이 안전하게 보호받고 있다는 것을 인식한다.

- 또래에게 관심을 가진다.

0~1세 영아가 교사 외에 다른 영아와 함께 지내는 경험을 통해 자연스럽게 자신과 구별되는 다른 존재로서 또래가 있다는 것을 인식하고 또래에게 관심을 가진다.

- 다른 사람의 감정과 행동에 관심을 가진다.

0~1세 영아가 주변의 다른 사람이 표현하는 감정과 행동을 보고 자신이 여러 가지 감정을 표현하는 것처럼 다른 사람도 감정과 행동을 나타내는 존재임을 알고 관심을 가진다.

- 반에서 편안하게 지낸다.

0~1세 영아가 자기가 속한 반의 쾌적한 환경, 반응적인 교사, 불편함을 주지 않는 또래, 규칙적인 일과 운영 속에서 생활하며 정서적 안정감을 가지고 편안하게 지낸다. 다음은 '선생님이 좋아' 영아의 경험(사례)에 따른 교사의 지원은 표 9-5와 같다.

표 9-5 '선생님이 좋아' 영아의 경험(사례)에 따른 교사의 지원

'선생님이 좋아' 교사 지원			
내용범주	자료	일과	상호작용
더불어 생활하기	• 신입 영아가 정서적 안정감을 갖고 적응하도록 영아가 흥미를 가질 만한 인형을 제공하였다.	• 영아가 어린이집의 하루 일과에 적응하는 과정에서 편안해질 수 있도록 개별적으로 충분한 시간을 제공하며 천천히 놀이에 참여하도록 하였다.	• 교사는 영아의 감정을 읽어주고 언어적 표현뿐 아니라 친근함을 나타내는 표정과 행동으로 상호작용을 하였다. 영아가 듣고 이해하여 스스로 감정을 조절할 수 있도록 기다려주면서 제안하는 방법으로 이야기를 하였다.

2) 2세 목표와 내용

(1) 목표

2세 표준보육과정에서 수립한 사회관계 영역의 목표와 내용범주에 따른 하위 목표를 살펴보면 다음과 같다.

목표	나를 알고, 다른 사람과 더불어 생활하는 경험을 한다.
내용범주에 따른 목표	1. 나를 알고 긍정적으로 여긴다. 2. 다른 사람과 즐겁게 지내기 위한 태도를 기른다.

2세 사회관계 영역의 목표는 2세 영아가 자신에 대해 알아가고, 다른 사람과 더불어 생활하는 경험을 통해 사회관계 형성의 기초를 기른다. 2세가 되면 다른 사람으로부터 긍정적인 피드백을 많이 받는 영아는 자존감이 높아지고, 자신의 감정을 알고 다른 사람의 감정에 반응할 수 있으며, 가족을 알고 사랑하며, 교사나 또래들과 지내면서며 간단한 규칙 등을 지킬 수 있다. 2세 영아가 자신이 다른 사람과 다르다는 것을 알고 자신을 긍정적으로 인식하며, 다른 사람과 생활하며 즐겁게 지내기 위한 태도를 기르는 것을 목표로 한다.

(2) 내용[2)]

사회관계 영역의 목표를 달성하기 위하여 2세 영아들이 자신을 알고 표현하는 것을 즐거워하며 좋아하는 것을 하도록 한다. 가족에게 관심을 가지고 또래와 함께 놀이하며 다른 사람의 감정과 행동에 대해 반응하며 간단한 규칙과 약속을 지키도록 하는 데 중점을 둔다. 2세 사회관계 영역은 '나를 알고 존중하기'와 '더불어 생활하기'의 두 가지 내용범주로, 0~1

2) 보건복지부(2020). 제4차 어린이집 표준보육과정 해설서. pp. 198-211. 발췌.

세와 내용범주는 동일하며, 내용은 좀 더 구체적으로 제시하고 있다.

- '나를 알고 존중하기'는 2세 영아가 자신을 다른 사람과 구별하고, 자신의 여러 가지 감정을 표현해 보며, 스스로 선택한 놀이를 즐겁게 해봄으로써 자신을 긍정적으로 여기도록 하는 내용이다.
- '더불어 생활하기'는 2세 영아가 가족에게 관심과 특별한 감정을 갖고, 또래와 함께 놀이하며, 다른 사람의 감정과 행동에 적절하게 반응하고, 반에서의 기본적인 규칙과 약속을 알고 지킬 수 있도록 하여 사회관계의 기초를 경험하는 내용이다.

2세 영아의 기본생활 영역의 내용범주와 내용은 표 9-6과 같다.

표 9-6 2세 사회관계 영역의 내용범주와 내용

내용범주	내용
나를 알고 존중하기	• 나와 다른 사람을 구별한다. • 나의 감정을 표현한다. • 내가 좋아하는 것을 한다.
더불어 생활하기	• 가족에게 관심을 가진다. • 또래와 함께 놀이한다. • 다른 사람의 감정과 행동에 반응한다. • 반에서의 규칙과 약속을 알고 지킨다.

출처: 보건복지부(2020). 제4차 어린이집 표준보육과정 해설서. p. 198.

① 나를 알고 존중하기

- 나와 다른 사람을 구별한다.

2세 영아가 자신과 다른 사람의 신체적 특징, 능력, 성별 등을 바탕으로 구별함으로써 자신이 고유한 존재임을 인식하도록 한다.

- 나의 감정을 표현한다.

2세 영아가 즐거움이나 기쁨, 슬픔이나 두려움, 화남 등 자신의 욕구나 감정을 인식하고, 다른 사람이 알도록 적절한 말과 표정, 행동으로 표현할 수 있도록 한다.

- 내가 좋아하는 것을 한다.

2세 영아가 자신이 좋아하는 것, 관심이 생기는 것을 찾아 직접 해보는 경험을 통해 자신이 스스로 무엇을 한다는 것에 만족감을 느끼며 자신에 대한 긍정적인 인식을 갖게 한다. 다음은 '내가 좋아하는 것은…' 2세 영아의 경험(사례)에 따른 교사의 지원은 표 9-7과 같다.

표 9-7 '내가 좋아하는 것은…' 영아의 경험(사례)에 따른 교사의 지원

'내가 좋아하는 것은…' 교사 지원				
내용범주	공간	자료	일과	상호작용
나를 알고 존중하기	• 교사는 영아가 좋아하는 놀이를 며칠 동안 이어갈 수 있도록 놀이하는 공간과 영아의 작품을 그대로 보전해주었다.	• 교사는 영아가 탐색할 수 있는 새로운 자료들을 제공하였다. • 영아가 새로운 자료에 관심을 보이면 그 자료를 활용한 놀이를 확장할 수 있는 다른 자료는 없는지 살펴보고 제공해주었다.	• 교사는 영아가 좋아하는 놀이를 계속 지속할 수 있도록 놀이 시간을 충분히 제공하고, 며칠 동안 일과에 반영하였다.	• 교사는 영아가 관심을 보이는 놀이를 관찰하며 영아가 만든 것이나 하고 있는 놀이에 대해 질문하며 관심을 보여주고 격려하였다. • 영아의 다양한 시도, 독립적인 수행과 성취에 대해 칭찬해주고, 영아가 스스로 능력이 있다고 느끼고 조절할 수 있도록 도와주었다.

② 더불어 생활하기

• 가족에게 관심을 가진다.

2세 영아가 주변의 친숙한 사람 중에서도 가족이 보다 특별한 대상임을 알고 가족에게 관심과 소속감, 애정을 가지고 표현할 수 있도록 한다.

• 또래와 함께 놀이한다.

2세 영아가 또래와 함께 놀이하는 경험을 통해 또래에게 자연스럽게 관심을 가지고 또래의 모습과 행동을 모방하면서 또래 관계를 익히도록 한다.

• 다른 사람의 감정과 행동에 반응한다.

2세 영아가 다른 사람의 기쁨이나 즐거움과 같은 긍정적인 감정뿐만 아니라 슬픔, 화남, 두려움, 아픔 등의 부정적인 감정을 알아차린다. 상대방의 감정에 같이 기뻐하고, 공감하며, 돕거나 위로를 하는 등의 반응을 할 수 있도록 돕는다.

• 반에서의 규칙과 약속을 알고 지킨다.

2세 영아가 자신이 자주 경험하는 상황에서 지켜야 할 간단한 규칙이나 약속이 있다는 것을 인식하고 이를 스스로 지키고자 노력하도록 돕는다. 다음은 '내가 같이 해줄까?' 2세 영아의 경험(사례)에 따른 교사의 지원은 표 9-8과 같다.

표 9-8 '내가 같이해 줄까?' 영아의 경험(사례)에 따른 교사의 지원

'내가 같이해 줄까?' 교사 지원			
내용범주	공간	자료	일과
더불어 생활하기	• 모래 정리를 돕기 위해 한 영역으로 여러 영아들이 몰리는 경우를 대비하여 교사는 영아들의 안전을 지키고 편안한 움직임이 가능하도록 교구장과 책상 등의 위치를 옮겨 공간을 더 넓게 확보해주고 위험한 것들을 치워주었다.	• 교사는 영아가 바닥에 쏟아진 모래를 숟가락으로 정리하는 것이 어렵다는 것을 알게 되면 다른 청소도구를 이용할 수 있다는 것을 알려주고 제공하였다.	• 교사는 일과를 조정하여 영아들이 스스로 모래를 정리하고 서로 도울 수 있도록 정리 및 놀이시간을 충분히 제공하였다.

3) 3~5세 목표와 내용

(1) 목표

3~5세 표준보육과정(누리과정)에서 수립한 사회관계 영역의 목표와 내용범주에 따른 하위 목표를 살펴보면 다음과 같다.

목표	자신을 존중하고 더불어 생활하는 태도를 가진다.
내용범주에 따른 목표	1. 자신을 이해하고 존중한다. 2. 다른 사람과 사이좋게 지낸다. 3. 우리가 사는 사회와 다양한 문화에 관심을 가진다.

3~5세 누리과정의 사회관계 영역은 유아가 자신을 존중하고, 자신과 타인의 감정을 알고 적절하게 표현하며, 다른 사람과 더불어 지내기 위해 필요한 능력과 기본적인 태도를 기르기 위한 영역이다. 이를 위해 유아가 자신을 소중하게 여기고 다른 사람과 사이좋게 지내며 더불어 살아가는 능력을 기르도록 하는데 중점을 두고 있다. 이를 바탕으로 유아는 가족, 또래, 이웃과 협력하여 타인과 더불어 살아갈 수 있는 능력을 갖추게 하고,

나아가 지역사회와 우리나라 및 세계 여러 나라에 관한 관심을 가지고 공동체 의식을 갖춘 유능한 민주시민의 의식을 기르는 데 중점을 둔다.

(2) 내용[3)]

3~5세 사회관계 영역은 유아가 자신을 소중히 여기고 주변 사람과 관계를 맺어 나가며 다른 사람을 배려하고 존중하며, 유아 자신이 살고 있는 사회와 세상에 대해 알고, 자기 자신과 다양한 삶의 모습을 이해하고, 다른 사람과 더불어 살아가기 위해 필요한 의미 있는 경험과 관련된 내용을 다룬다.

2019 개정 누리과정 이전에는 다섯 가지의 내용범주와 12개의 내용으로 구성되었으나 개정 누리과정에서는 세 가지 내용범주와 12개의 내용으로 구성되었다. 구체적 내용을 살펴보면 표 9-9와 같다.

| 표 9-9 | 3~5세 사회관계 영역의 내용범주와 내용

내용범주	내용
나를 알고 존중하기	• 나를 알고 소중히 여긴다. • 나의 감정을 알고 상황에 맞게 표현한다. • 내가 할 수 있는 것을 스스로 한다.
더불어 생활하기	• 가족의 의미를 알고 화목하게 지낸다. • 친구와 서로 도우며 사이좋게 지낸다. • 친구와의 갈등을 긍정적인 방법으로 해결한다. • 서로 다른 감정, 생각, 행동을 존중한다. • 친구와 어른께 예의 바르게 행동한다. • 약속과 규칙의 필요성을 알고 지킨다.
사회에 관심 가지기	• 내가 살고 있는 곳에 대해 궁금한 것을 알아본다. • 우리나라에 대해 자부심을 가진다. • 다양한 문화에 관심을 가진다.

출처: 교육부 · 보건복지부(2019a). 2019 개정 누리과정 해설서. p. 83.

3) 교육부 · 보건복지부(2019a). 2019 개정 누리과정 해설서. pp. 82-88. 발췌.

사회관계 영역의 목표와 내용범주는 유아가 자신을 이해하고 존중하며, 친구와 가족 또는 다른 사람들과 사이좋게 지내며, 유아가 속한 지역사회와 우리나라, 다양한 문화에 관심을 갖는 내용으로 구성하였다.

2019 개정 누리과정은 기존의 누리과정에서 '나와 다른 사람의 감정을 알고 조절하기'와 '가족을 소중히 여기기'의 내용범주를 '더불어 생활하기'로 통합하였으며, '다른 사람과 더불어 생활하기'와 '사회에 관심 갖기'를 '사회에 관심 가지기'로 통합하여 구성하였다. 따라서 개정 누리과정에서의 사회관계 영역의 내용범주는 '나를 알고 존중하기', '더불어 생활하기', '사회에 관심 가지기'로 세 가지의 내용범주가 통합하여 구성되었다.

- '나를 알고 존중하기'는 기존 누리과정의 '나'와 관련된 세부 내용을 통합하여 구성하였다.
- '더불어 생활하기'는 유아가 자신과 가장 가까운 가족 및 친구를 중심으로 다른 사람과의 관계에서 경험하는 사회적 가치나 태도를 통합하여, 예(禮), 존중, 배려, 협력 등의 인성 덕목으로 구성하였다.
- '사회에 관심 가지기'는 문화의 다양성을 이해하고 존중하는 내용이 포함되어 있다.

다음은 3~5세 사회관계 영역의 내용범주에 따른 내용과 유아 경험의 실제를 살펴보면 다음과 같다.

① 나를 알고 존중하기

유아가 자신을 나타낼 수 있는 것과 자신의 감정을 알고 상황에 맞게 적절하게 표현하며, 자신이 할 수 있는 것을 스스로 해 봄으로써, 긍정적인 자아존중감과 자율성을 경험하는 내용이다. 다음 표 9-10은 '나를 알고 존중하기'의 내용범주에 따른 목표 및 내용을 이해하고 유아 경험의 실제를 살펴본다.

|표 9-10| '나를 알고 존중하기'의 내용 이해 및 유아 경험의 실제

<table>
<tr><th>내용범주</th><th>나를 알고 존중하기</th></tr>
<tr><td>목표</td><td>자신을 이해하고 존중한다.</td></tr>
<tr><td>내용</td><td>• 나를 알고 소중히 여긴다.
• 나의 감정을 알고 상황에 맞게 표현한다.
• 내가 할 수 있는 것을 스스로 한다.</td></tr>
<tr><th>내용 이해</th><th>유아 경험의 실제</th></tr>
<tr><td>① 나를 알고 소중히 여긴다.
유아가 자신을 나타내는 나이, 성별, 모습 등에 대해 알고, 자신을 소중히 여기며 가치 있는 존재로 느끼는 내용이다.
② 나의 감정을 알고 상황에 맞게 표현한다.
유아가 자신의 감정에 대해 알고 다양한 상황에서 자신의 감정을 적절하게 표현하는 내용이다.</td><td>• 5세 반 유아들이 숨바꼭질을 하려고 모여든다. 유아가 "나는 진짜 잘 숨을 수 있어." 라고 말하자, 다른 유아들이 "나도 잘하거든. 나는 몸이 작아서 아무 데나 숨을 수 있어.", "나도 잘 숨거든!"이라고 말한다. 이때 다른 유아가 "나도 할래." 하며 다가온다. 먼저 숨바꼭질을 하던 유아가 "너는 늦게 왔으니까 먼저 술래 해!"라고 말한다. 늦게 온 다른 유아는 "그런 게 어딨어! 네가 하기 싫어서 그런 거잖아. 가위바위보로 정해. 나도 술래하기 싫다고!"라고 말한다.</td></tr>
<tr><td>③ 내가 할 수 있는 것을 스스로 한다.
유아가 자신이 할 수 있는 일을 알고 자신감을 가지며 자율적으로 실천해 가는 내용이다.</td><td>• 유아가 등원하자마자 선생님에게 오늘 자신이 도우미인 것을 확인하며 말한다. "저는 도우미 하는 날이 좋아요. 저는 화분에 물 주는 것도 잘하고, 친구들에게 간식을 나눠 주는 것도 잘할 수 있어요."라고 말한다. 선생님이 "그럼 오늘의 도우미는 제일 먼저 무엇을 할 생각이야?"라고 웃으며 묻자, "화분에 물 주러 가야지"라고 말하며 물을 뜨러 화장실 쪽으로 간다.</td></tr>
</table>

출처: 교육부 · 보건복지부(2019a). 2019 개정 누리과정 해설서. p. 84. 발췌.

② 더불어 생활하기

유아가 가족의 의미와 소중함을 알며, 친구와 서로 돕고 양보, 배려, 협력하며 사이좋게 지내고, 사람들마다 감정, 생각, 행동이 각기 다름을 알고 존중하여, 친구와의 갈등을 여러 가지 긍정적인 방법으로 해결하는 내용이다. 또한 친구와 어른께 예의 바른 태도로 말하고 행동하며, 사회 공동체의 일원으로서 약속과 규칙의 필요성을 알고 지키는 내용이다. 다음 표 9-11은 '더불어 생활하기'의 내용범주에 따른 목표 및 내용을 이해하고 유아 경험의 실제를 살펴본다.

표 9-11 '더불어 생활하기'의 내용 이해 및 유아 경험의 실제

내용범주	더불어 생활하기
목표	다른 사람과 사이좋게 지낸다.
내용	• 가족의 의미를 알고 화목하게 지낸다. • 친구와 서로 도우며 사이좋게 지낸다. • 친구와의 갈등을 긍정적인 방법으로 해결한다. • 서로 다른 감정, 생각, 행동을 존중한다. • 친구와 어른께 예의 바르게 행동한다. • 약속과 규칙의 필요성을 알고 지킨다.
내용 이해	**유아 경험의 실제**
① 가족의 의미를 알고 화목하게 지낸다. 유아가 자신의 가족 구성원을 알고, 가족과 함께 생활하며, 가족은 서로 돕고 살아간다는 것을 경험하는 내용이다. 가족 구성원의 다양함을 이해하고 존중하는 내용이다.	• 4세 유아는 가족과 지냈던 일에 대해 그림을 그리며 웃으면서 말한다. "엄마, 아빠랑 캠핑 갔는데 정말 재미있었어요. 아빠가 밥하고 고기를 구웠고, 엄마는 식탁을 차렸어요. 저는 물컵을 꺼냈어요. 밥을 다 먹고 나서, 같이 공놀이도 하면서 놀았어요."
② 친구와 서로 도우며 사이좋게 지낸다. 유아가 친구들과 함께 놀이하는 즐거움을 느끼고 친구와 서로 도우며 배려하고 협력하며 더불어 살아가는 내용이다.	• 유아들이 도화지에 물감을 흘리면서 무늬를 만들고 있다. 4세 수연이가 높은 위치에서 물감을 흘러내리게 하다가 물감이 현우의 팔에 튄다. 현우가 얼굴을 붉히며 "야! 내 팔에 물감이 튀었잖아!"라고 말하자 수연이는 "미안해, 이제 작게 뿌릴게."라고 말하며 아까보다 낮은 위치에서 물감을 흘러내리게 한다.
③ 친구와의 갈등을 긍정적인 방법으로 해결한다. 유아가 친구와 갈등이 생겼을 때 자신의 감정과 생각을 제대로 표현하고, 배려, 양보, 타협 등을 통해 해결하는 내용이다.	• 유아들이 고무줄 뛰기를 하고 있다. 고무줄 뛰기를 하고 싶은 유아들이 많아지자 서로 먼저 뛰겠다고 큰소리로 이야기한다. 5세 유아들이 누가 먼저 할지 순서를 정해야 한다고 말한다. 이때, 우재가 "우리 먼저 온 순서대로 여기 이름을 적으면 되잖아."라고 말하더니 3세 도하 손을 잡

	아 이끈다. "도하야, 아까 네가 제일 먼저 왔지? 여기에 네 이름 적어 봐. 못 적으면 형아가 적어 줄까?"라고 말한다.
④ 서로 다른 감정, 생각, 행동을 존중한다. 유아가 다른 사람들의 감정, 생각, 행동에 관심을 갖고 감정, 생각, 행동이 서로 다를 수 있음을 이해하고 존중하는 내용이다.	• 5세 유아가 '가위바위보'하여 이긴 사람이 한 계단씩 올라가는 놀이를 한다. 먼저 계단을 올라간 두 유아가 계단을 다 오르지 못한 유아를 남겨 두고 미끄럼틀로 뛰어간다. 혼자 남은 유아가 "나 혼자만 여기 있잖아." 하며 울먹이자, 미끄럼틀로 뛰어가던 유아가 되돌아와 친구의 어깨를 두어 번 토닥이며 "같이 가자."라고 말한다. 그리고 손을 잡고 함께 계단을 올라 미끄럼틀 쪽으로 달려간다.
⑤ 친구와 어른께 예의 바르게 행동한다. 유아가 친구와 어른께 배려, 존중, 공경하는 마음을 담아 예절을 실천하는 내용이다.	• 보육실에서 5세 유민이가 코피를 흘린다. 그 모습을 보던 미진이가 휴지를 가져다 주면서 "괜찮아."라고 말했다. 그리고 선생님께 유민이가 코피를 흘린다는 말을 했다.
⑥ 약속과 규칙의 필요성을 알고 지킨다. 유아가 다른 사람과 더불어 살아가기 위해 필요한 약속과 규칙이 있음을 이해하는 내용이다. 상황에 따라 필요한 약속과 규칙을 의논하여 정하고 지키는 내용이다.	• 실내놀이를 마친 뒤 5세 반의 몇몇 유아들이 놀이할 때 불편한 점이 있었다고 말한다. 하선이가 "우리끼리 약속 좀 만들어야겠다."라고 말하자 유아들이 매트 위에 모여 앉았고, 진지하게 이야기를 나누며 놀이 약속을 정한다. 다음날, 유아들끼리 정한 약속을 교사는 색종이에 적어 칠판에 붙여준다. 한 유아는 놀이 약속 옆에 손가락 도장을 찍으며 "내가 지킬 수 있는 약속이 이거야."라고 말한다.

출처: 교육부 · 보건복지부(2019a). 2019 개정 누리과정 해설서. pp. 86-87. 발췌.

③ 사회에 관심 가지기

유아가 사회 구성원으로서 자신이 사는 지역에 관심을 가지고 탐구하며, 우리나라의 상징, 언어, 문화를 알아가면서 대한민국 국민으로서 긍지와 자부심을 가지는 내용이다. 그리고 다른 나라의 다양한 문화에 관심을 가지고 존중하는 경험을 담고 있다. 다음 표 9-12는 '사회에 관심 가지기'의 내용 범주에 따른 목표 및 내용을 이해하고 유아 경험의 실제를 살펴본다.

표 9-12 '사회에 관심 가지기'의 내용 이해 및 유아 경험의 실제

내용범주	사회에 관심 가지기
목표	우리가 사는 사회와 다양한 문화에 관심을 가진다.
내용	• 내가 살고 있는 곳에 대해 궁금한 것을 알아본다. • 우리나라에 대해 자부심을 가진다. • 다양한 문화에 관심을 가진다.

<table>
<tr><th>내용 이해</th><th>유아 경험의 실제</th></tr>
<tr><td>① 내가 살고 있는 곳에 대해 궁금한 것을 알아본다.
유아가 자주 접하는 가까운 주변 지역과 이웃에 대해 관심을 가지고, 궁금한 것을 알아보며, 지역 구성원으로서 유대감과 소속감을 느끼는 내용이다.</td><td>• 유아들이 함께 블록으로 동네를 만든다. 유아들은 도서관을 만들면서 이야기를 나눈다.
"여기는 도서관! 우리 도서관 가봤지? 우리 동네에 도서관이 있으니까 좋다. 그치?", "응, 선생님한테 내일 또 도서관 가자고 말씀드리자."</td></tr>
<tr><td>② 우리나라에 대해 자부심을 가진다.
유아가 우리나라의 전통에 친숙해지고, 우리나라의 상징, 언어, 문화 등을 경험하면서, 우리나라에 대해 자랑스러운 마음을 가지는 내용이다.</td><td rowspan="2">• 바깥 놀이터에서 유아들과 선생님이 이야기를 나눈다.
– 우재: 너희들은 우리나라에서 누가 제일 좋아?
– 유아들: 이순신 장군! 세종대왕!
– 교사: 왜 좋아하는데?
– 시연: 한글을 만들었잖아요. 나는 한글을 진짜 잘 쓰는데, 한번 보세요. (모래 바닥에 나뭇가지로 자신의 이름을 쓴다.)
– 유아들: 나도 내 이름 써야지, 아! 맞다. 내일 한글날이라 했지.</td></tr>
<tr><td>③ 다양한 문화에 관심을 가진다.
유아가 다른 나라의 다양한 문화와 생활양식에 대해 관심을 가지고, 문화의 다양성을 이해하며 존중하는 내용이다.</td></tr>
</table>

출처: 교육부 · 보건복지부(2019a). 2019 개정 누리과정 해설서. p. 88. 발췌.

CHAPTER

10 예술경험 영역

Educare Curriculum

예술경험 영역은 출생 이후부터 영유아가 주변 환경 및 생활 속에서 자신의 신체와 주변의 감각 자극에 호기심을 가지고 반응하고 다양한 방법으로 표현하기를 즐기며 자연물, 사물, 환경의 아름다움에 관심을 가지고 즐김으로써 풍부한 정서를 경험한다. 자신과 환경과의 상호작용에서 아름다운 요소를 발견하고 좋아하는 태도를 형성하며, 일상에 대한 긍정적인 태도를 기르고 자신을 둘러싼 대상과 상생하는 즐거움을 경험하도록 돕기 위한 영역이다.

제4차 표준보육과정에서 0~1세, 2세 영아는 '아름다움 찾아보기', '창의적으로 표현하기' 등 두 가지 내용범주로 구성되었고, 개정 누리과정은 3~5세 유아의 경우, '아름다움 찾아보기', '창의적으로 표현하기', '예술감상하기' 등 세 가지 내용범주로 구성되었다. 제10장에서는 예술경험 영역의 필요성, 영역의 이론적 기초, 연령별 의사소통의 이해, 연령별 목표와 내용, 영유아의 실제 경험 및 교사 지원 등의 사례를 제시하여 예비보육교사의 이해를 돕고자 한다.

1 영역의 필요성

영유아는 출생부터 자신이 느끼는 생각들을 표현하고자 하는 기본적인 욕구를 지니고 있다. 그러나 아직 미성숙한 발달 상태로 능숙하지 못한 언어로 표현하기보다는 소리나 노래, 음악, 몸의 움직임, 극놀이, 상상놀이, 만들기, 그리기 등을 통해서 표현하고자 한다. 이처럼 예술경험 영역은 자기표현의 중요한 수단이 될 수 있지만 영유아의 즉흥적인 예술을 표현하기 이전에 끊임없는 탐색과 시행착오를 겪으면서 자기표현을 시도하고 표현을 할 수 있게 된다.

끊임없는 탐색활동은 영유아를 둘러싸고 있는 자연과 사물, 사람들의 소리나 형태, 모양, 움직임 등을 보고 들으면서 스스로 아름다움을 표현하고 싶은 느낌을 드러내면서 발달해 나간다. 또한 영유아들은 자신의 생각이나 상상한 것을 표현하고자 하는 욕구를 지니고 있다. 이러한 욕구는 자발적으로 표현하는 과정을 통해서 영유아는 신체적으로나 정서적으로 조화와 일치를 도모할 수 있고, 이를 바탕으로 다양한 표현력과 창의력 및 풍부한 감성과 심미적 태도를 증진시킬 수 있다(김지은 외, 2012).

2 영역의 이론적 기초

인간은 누구나 자신의 내부에 있는 다양한 사고와 감정을 외부로 표현하고자 하는 욕구를 지니고 있다. 영유아들의 주변 세계를 탐색하고 표현하고 감상하는 욕구, 즉 자신의 내면적 세계를 표현하려는 예술적 욕구는 신체, 언어, 인지, 사회·정서발달에 직접적인 도움이 된다(김은심, 1997; 김지은 외 2015). 영유아기는 자연과 사물, 환경 등에서 발견하는 아름다움에 관심을 가지고 예술적 경험을 즐기며, 음악, 움직임과 춤, 미술, 극놀이 등을 통해 창의적으로 표현하는 것을 목표로 한다(김상림 외, 2015). 예술경험 영역의 이론적 기초와 관련하여 정신분석이론, 인지이론, 지각이론 중심으로 살펴보고자 한다.

1) 정신분석이론

정신분석이론은 인간이 의식하지 못한 지적 활동인 무의식의 개념을 기본 태도로, 영유아의 표현이 내면 깊숙한 곳으로부터 표출된 것이라고 보았다. 즉, 영유아의 다양한 표현 양식과 주제는 영유아의 일반적인 발달이나 개념, 지식의 발달을 반영하기보다는 영유아의 무의식 속의 감정, 정서적 상태, 인성을 나타내는 것이라고 할 수 있다(김상림 외, 2015).

예술경험 영역에서 정신분석이론에 적용해 본다면, 영유아가 자신의 내면 감정과 정서를 자유롭게 표현하고 무의식 속에 있는 정서를 해소할 수 있도록 노래로 표현하기, 악기활동하기, 음악 및 예술품 감상하기, 몸 움직이기 등 다양한 예술 분야와 밀접하게 연관되어 자기표현 속에서 과장하거나 변형 또는 왜곡시켜서 표현하기도 한다.

선행연구들에서는 감상활동이 표현 능력에 긍정적인 영향을 미친다는 결과를 제시하고 있다. 하지만 자연환경과 영유아의 일상생활 속에서의 아름다움을 인식할 수 있는 폭넓은 미적 경험의 기회도 의식과 무의식 속에서 노출되어 있어야 한다.

2) 인지이론

인지이론은 영유아의 표현을 단순히 시각적 영상과 눈과 손의 협응 이상인 인지적 과정의 결과이며, 영유아의 인지발달 수준을 반영함과 동시에 이에 의존한다고 보았다(김상림 외, 2015). 유아는 알지 못하거나 개념화할 수 없는 것은 표현할 수 없다. 영유아를 둘러싼 주변 환경이나 일상생활 속에서의 느낌, 경험, 생각을 중심으로 표현활동이 실시되어야 함을 통해 미술활동의 중요성을 강조한다. 예를 들어, 비행기를 한 번도 보지 못하거나 비행기에 대한 개념이 없는 영유아는 비행기를 그릴 수 없듯이, 생활 속에서 많은 경험을 통해 사물을 인지하고 그것을 표현할 수 있도록 지원이 필요하다.

3) 지각이론

지각이론은 지각이 신경생리학적 구조, 인성, 그리고 사전 학습에 의해 영향을 받으며, 학습될 수 있고 시각적 변별력 훈련을 통해 증진될 수 있다고 보았다. 즉, 영유아는 대상을 자신이 느끼거나 아는 대로가 아니라 지각한 대로 표현한다고 보는 입장이다(김상림 외, 2015).

아른하임(Arnheim)에 따르면, 영유아는 처음에는 세분화되지 않은 전체로서 대상을 지각한 다음 점차적으로 세부적인 부분들을 지각하게 된다고 하였다(김상림 외, 2015 재인용). 따라서 영유아의 미술표현에서 최소한의 선과 형태로 이루어지는 끼적이기가 처음에는 어깨로 왔다갔다 그리다가 그다음으로 팔꿈치로 원을 그리고, 그리고 비로소 손목을 사용하여 얼굴을 그리는 형태로 점차적으로 복잡성과 선명성이 증가한다.

아른하임과 페스테스트(Pestest)는 유아의 움직이는 경험을 통하여 스스로 생각하고 문제를 해결하는 자발적인 태도를 기르며, 한 가지 움직임의 습득은 다른 움직임의 응용 및 습득과 관련성을 가지고 있기 때문에 유아의 지적 발달 및 문제 해결 능력을 발달시킨다고 하였다(김지은 외 2015 재인용).

3 연령별 예술경험 영역의 이해

예술경험 영역은 기본적으로 영유아가 자신의 신체와 주변의 감각 자극에 호기심을 가지고 반응하고 다양한 방법으로 표현하기를 즐기며 자연물, 사물, 환경의 아름다움에 관심을 가짐으로써 아름다움을 즐기고 풍부한 정서를 경험하기 위한 영역이다.

예술경험 영역에서는 영유아가 일상생활과 주변 환경 속에서 호기심을 가지고 다양한 자극에 반응하고 표현하며 모방하는 것을 즐기도록 하는 데 중점을 둔다. 또한 영유아가 일상에서 반복되는 소리와 노래에 관심을 가지고 움직임으로 반응하고, 사물이나 자연물을 통해 아름다움을 경험할 수 있도록 한다.

예술경험 영역에서 0~1세, 2세는 표준보육과정(보건복지부, 2020), 3~5세는 누리과정(교육부 · 보건복지부, 2019a)으로 구분하여 연령별로 살펴보면 다음과 같다.

1) 0~1세 영아

0~1세 영아가 자신의 주변에 대하여 호기심과 관심을 가지는 것은 성장하면서 심미감을 키우고 감성 발달을 도모하며 인식 능력을 증진시킴으로써 탐구하는 태도 형성에 도움이 된다. 또한 자연과 생활 속에서 감각을 통한 자극에 호기심을 가지고 반응하며 다양한 방법으로 표현하기를 즐긴다. 또한 다양한 감각 자극에 반응함으로써 주변과 독립된 자아에 대하여 인식하고 동시에 자신이 주변과 관계를 가지고 있다는 것도 자연스럽게 알게 된다. 영아가 주변 자극에 대하여 적극적으로 반응하고 표현하는 것은 창의적인 표현능력 발달에 기초가 되며, 긍정적인 자아를 인식하게 하여 자신감을 형성하는 데 중요하다. 또한 소리로 반응하며 점차 리듬감각을 가지고 움직임을 통해 기본 동작 능력을 기르며 모방행동을 통해 사회성을 발달시킬 수 있다.

한편, 영아기는 자신과 환경과의 상호작용을 통해 아름다움의 요소를 발견하고 좋아할 줄 아는 태도를 형성하는 중요한 시기이다. 이러한 태도는 선입견이 작용하지 않는 어린 시기부터 형성되는 것으로서 장차 감상능력 계발에도 관련이 된다.

영아가 아름다움을 즐기는 태도를 갖는 것은 일상에 대한 긍정적인 태도를 기르고 고운 심성을 갖추는 데 중요하며, 자신을 둘러싼 대상에 대하여 상생하고 즐거움을 주는 대상이라는 인식을 갖도록 한다. 이는 장차 타인에 대한 다양성을 인정하고 존중하는 태도와도 관련이 있다.

0~1세 예술경험 영역은 '아름다움 찾아보기', '창의적 표현하기'의 두 가지 내용범주로 구성된다. '아름다움 찾아보기'는 자연과 생활에 예술적 요소에 호기심을 가지는 내용이며, '창의적 표현하기'는 익숙한 노래와 리듬을 자신만의 움직임과 춤으로 자유롭게 표현하고, 미술 재료와 도구를 사용하여 일상에서 경험한 놀이를 표현할 수 있도록 구성되어 있다. 이러한 경험을 통하여 감성을 계발하고 심미감을 형성하며 행복한 일상을 영위하게 된다. 이를 위하여 교사는 영아가 익숙한 일상환경에서 호기심을 가지고 주의 깊게 바라보며 경험할 수 있도록 지원한다. 또한 영아가 자신의 경험을 자유롭게 표현할 수 있도록 허용적인 환경을 조성한다.

2) 2세 영아

예술경험 영역은 주변 생활에서 예술적 요소를 탐색하고 즐기며 리듬이나 노래, 움직임, 자발적인 미술활동, 모방행동을 자유롭게 시도해 봄으로써 아름다움에 관심을 가지고 예술경험을 즐기기 위한 영역이다.

영아기는 주변 생활 속에서 예술적 요소들을 탐색해가면서 예술적 요소에 대한 인식과 지각능력을 발달하고 심미적 태도를 증진시켜 나가는 시기이다. 그러므로 영아가 간단한 소리를 만들다가 점차 리듬 있는 소리를 만들며 음악에 맞추어서 리듬을 탐색해 보는 경험이 중요하다. 또한 몸 움직임이나 미술, 모방이나 상상놀이를 통해서도 단순한 심미적 요소에서부터 관심을 가지고 탐색해 보는 경험이 필요하다. 2세 영아는 다양한 의사표현 방법으로 자신의 느낌과 생각을 자발적으로 표현하는 능력을 길러 나간다. 이를 통해 영아는 표상 능력을 발달시키고 언어 능력을 향상시키며, 사회적 관계에 대한 이해를 넓히고, 사회적 지식과 기술을 익히는 데 도움이 된다.

2세 예술경험 영역에서는 0~1세와 마찬가지로 '아름다움 찾아보기', '창의적 표현하기'의 두 가지 내용범주로 구성된다. 다음 표 10-1에서는 제3차 표준보육과정과 제4차 표준보육과정 예술경험 영역의 내용범주를 비교한 것이다.

표 10-1 0~2세 예술경험 영역의 내용범주 비교

제3차 표준보육과정	제4차 표준보육과정
아름다움 찾아보기	아름다움 찾아보기
예술적 표현하기	창의적으로 표현하기
예술 감상하기	

'아름다움 찾아보기'는 음악적 요소를 탐색, 음악과 춤 요소, 미술적 요소로 하는 내용이며, '창의적 표현하기'는 리듬 있는 소리와 노래를 부르고, 움직이는 춤, 미술 활동, 극놀이 등을 통합적으로 표현하여 감수성을 계발하고 심미적 태도를 증진시킨다. 이를 위하여 교사는 영아가 익숙한 일상에서 접하는 대상과 공간에 주의를 기울여 아름다움을 느낄 수 있도록 충분한 시간과 여유로운 공간을 제공하도록 한다. 또한 영아가 주변 환경에 나는 소리, 모양이나 색 등에 주의를 주고 눈여겨보도록 하며 호기심을 가지고 탐색하는 데 중점을 두고, 영아가 친근한 노래를 따라 부르고 간단한 도구를 이용하여 몸으로 표현하며 일상생활 경험을 상상놀이로 즐기도록 한다. 나아가 생활 속의 소리나 움직임, 친근한 음악과 춤을 관심 있게 보고 즐기며 자신과 또래가 표현한 노래, 춤, 미술작품 등에

관심을 가지고 즐기도록 구성하였다.

3) 3~5세 유아

예술경험 영역은 유아가 친근한 주변 환경에서 발생하는 소리, 음악, 움직임과 춤, 모양과 색 등의 미술 요소에서 아름다움을 느끼고, 또래와 교사, 부모, 지역사회의 주민이나 작가가 표현한 예술작품을 가까이 접하면서, 이를 탐색하고 창의적으로 표현하는 것을 즐기며 감상하기 위한 영역이다.

인간은 아름다운 것을 보고 듣고 느끼는 경험을 통해 아름다움을 추구하고 이에 대한 기쁨을 알아가고, 이러한 아름다움을 표현하고자 하는 기본적 욕구가 있을 뿐 아니라 아름다움을 다른 사람과 공유하고 소통하고자 하는 예술적 존재이다. 예술경험은 주변의 아름다움을 매개로 다른 사람과 소통도 가능하게 하므로 개인적이면서도 사회적인 활동이다. 따라서 예술경험 영역에서는 유아들에게 아름다움을 찾아보고, 그 아름다움을 표현하며, 자신의 창의적 표현을 즐기고 감상하도록 한다. 또한 다른 사람의 예술적 표현을 존중하고, 우리 문화에 내재된 아름다움을 찾아보며 느낌을 나눌 수 있도록 하는 경험에 중점을 둔다.

예술경험 영역은 '아름다움 찾아보기', '창의적으로 표현하기', '예술 감상하기' 등 세 가지 내용범주로 구성된다. 다음 표 10-2에서는 누리과정과 개정 누리과정 예술경험 영역의 내용범주를 비교한 것이다.

표 10-2 3~5세 예술경험 영역의 내용범주 비교

누리과정	개정 누리과정
아름다움 찾아보기	아름다움 찾아보기
예술적 표현하기	창의적으로 표현하기
예술 감상하기	예술 감상하기

개정 누리과정은 유아기의 예술경험을은 세 가지 내용이 구분되기보다는 서로 밀접하게 연관되어 있다. '아름다움 찾아보기', '창의적으로 표현하기', '예술 감상하기'는 서로 연계되고 순환되면서 유아의 예술경험을 새롭게 재구성한다는 특징이 있다. 따라서 인위적인 구분에 따라 별개의 독립된 활동으로 다루기보다 수시로 일상생활 속에서 다양한 예술 매체와의 친숙한 경험을 통해 아름다움을 찾고 표현하며 감상하는 활동이 순환되고 통합되도록 하는 것이 중요하다. 또한 다른 영역에 비해 개인의 자유로운 감성과 표현이 존중되는 영역인 만큼 집단 활동으로 이루어지는 경우에도 각 유아가 가진 느낌을 편안한 마음으로 자유롭게 표현하고 즐길 수 있도록 하는 허용적인 분위기 조성이 필요하다.

4 연령별 목표와 내용

예술경험 영역의 목표와 내용은 0~1세, 2세 영아와 3~5세 유아로 구분하여 제시되어 있으며, 이를 달성하기 위해서는 내용범주와 내용으로 영유아의 실제 경험을 중점으로 하여 예술경험 영역의 목표를 달성할 수 있도록 교사가 지원한다.

1) 0~1세 목표와 내용

(1) 목표

0~1세 표준보육과정에서 수립한 예술경험 영역의 목표와 내용범주에 따른 하위 목표를 살펴보면 다음과 같다.

목표	아름다움을 느끼고 경험한다.
내용범주에 따른 목표	1. 자연과 생활에서 아름다움에 관심을 가진다. 2. 예술적 경험을 표현한다.

예술경험 영역의 목표는 0~1세 영아가 자연과 생활에서 아름다움을 느끼고 경험하며 표현하는 과정을 즐기는 것이다. 또한 영아가 아름다움에 관심을 가지고 느끼는 것을 즐기며 자신의 경험과 느낌을 자연스럽게 표현하도록 한다.

(2) 내용[1)]

예술경험 영역은 0~1세 영아가 신체와 주변의 감각 자극에 호기심을 갖고 소리와 움직임으로 반응하며, 단순한 미술활동을 경험하고 모방활동을 즐기며, 친근한 주변 환경에 관심을 가지는 태도를 기르기 위한 영역이다. 예술경험 영역은 '아름다움 찾아보기', '창의적으로 표현하기'의 두 가지 내용범주로 구성되어 있다.

- '아름다움 찾아보기'는 영아가 자연과 생활 예술에서 아름다움을 느끼고 관심을 가지며 감상하는 경험을 반영한 내용이다.
- '창의적으로 표현하기'는 영아가 자신의 느낌과 경험을 소리, 음악과 리듬, 미술경험, 모방행동 등을 통해 표현하는 과정을 즐기는 내용이다.

다음은 0~1세 예술경험 영역의 내용범주와 내용은 표 10-3과 같다.

1) 보건복지부(2020). 제4차 어린이집 표준보육과정 해설서. pp. 109-123. 발췌.

표 10-3 0~1세 예술경험 영역의 내용범주와 내용

내용범주	내용
아름다움 찾아보기	• 자연과 생활에서 아름다움을 느낀다. • 아름다움에 관심을 가진다.
창의적으로 표현하기	• 소리와 리듬, 노래로 표현한다. • 감각을 통해 미술을 경험한다. • 모방 행동을 즐긴다.

출처: 보건복지부(2020). 제4차 어린이집 표준보육과정 해설서. p. 109.

① 아름다움 찾아보기

• 자연과 생활에서 아름다움을 느낀다.

0~1세 영아가 자신을 둘러싼 일상적인 환경에서 소리나 움직임, 색과 모양 등에 호기심을 기울이며 미적이고 감성적인 경험을 통해 아름다움을 인식하는 과정으로 발전시켜 나가는 내용이다.

• 아름다움에 관심을 가진다.

0~1세 영아가 일상생활에서 자연이나 사물의 아름다움을 감상하고 즐길 수 있는 내용을 다룬다. 또한 반복적으로 경험하는 친근한 사람의 목소리, 주변의 소리와 리듬 있는 소리 그리고 익숙한 노래 등에 관심을 가지며 아름다움의 요소를 경험하는 가운데 이를 즐기는 내용을 다룬다. 다음은 '철벅철벅 철벅벅' 영아의 경험(사례)에 따른 교사의 지원은 표 10-4와 같다.

| 표 10-4 | '철벅철벅 첨벙벙' 영아의 경험(사례)에 따른 교사의 지원

'철벅철벅 첨벙벙' 교사 지원					
내용범주	공간	자료	일과	상호작용	안전
아름다움 찾아보기	• 실외놀이터의 물웅덩이가 만들어질 수 있는 공간을 확보해 주었다.	• 영아들이 입을 수 있는 비옷과 우산, 장화 등을 준비해 주었다.	• 하루 일과 중에 실외놀이 시간을 활용하고, 비가 갠 후 영아가 비 온 뒤의 실외놀이터 환경을 경험할 수 있도록 시간을 확보하였다.	• 영아들이 만들어낸 물결무늬 모양을 언어로 표현하며 지원하였다. (교사: 동그라미 주름이 움직이네. 선영이가 발로 첨벙거리니 물결주름이 움직이는구나. 또 움직여 볼까? 어떤 모양이 나왔나?) • 영아가 만들어낸 소리를 함께 즐기며 경험을 공유하였다. 영아들이 첨벙거리는 소리를 듣고 다시 움직이다가 멈춰서 소리를 듣는 것에 관심을 기울일 때 언어로 표현하였다. (교사: 어! 어떤 소리야? 이번에 다른 소리네? 또 소리를 만들어볼까?)	• 영아가 신나서 첨벙거릴 때 다른 영아와 부딪치거나 미끄러지지 않도록 안전사고에 유의하였다.

② 창의적으로 표현하기

• 소리와 리듬, 노래로 표현한다.

영아가 자신을 둘러싼 환경에서 들려오는 다양한 소리, 리듬과 노래 그리고 움직임에 주의를 기울여 관심을 두다가 익숙한 노래나 리듬을 선호하며 이를 표현하는 내용을 다룬다.

• 감각을 통해 미술을 경험한다.

영아가 감각을 통해 미술표현을 시도하고 단순한 미술을 경험하며 즐기는 내용이다. 우연히 미술 경험을 하다 결과물을 만들어 내고, 미술을 경험하는 과정에서 재료와 익숙해지며 재료를 이용하여 스스로 만들어 내는 창의적 표현을 즐기는 내용을 다룬다.

• 모방 행동을 즐긴다.

영아가 익숙하고 의미 있는 사람과 상호작용하며 타인의 표정이나 모습, 움직임을 모방하는 것에서부터 단순한 상징을 놀이로 즐기는 내용을 다룬다. 영아는 모방 행동을 통해 새로운 행동을 만들어 내고, 상대의 모방을 유도하며, 영아가 이를 다시 모방하는 순환관계를 보여주는 내용을 다룬다. 다음은 '친구는 따라쟁이' 영아의 경험(사례)에 따른 교사의 지원은 표 10-5와 같다.

| 표 10-5 | '친구는 따라쟁이' 영아의 경험(사례)에 따른 교사의 지원

'친구는 따라쟁이' 교사 지원					
내용범주	공간	자료	일과	상호작용	안전
창의적으로 표현하기	• 다른 영아의 동선에 방해가 되지 않고 유모차를 끌 수 있도록 보육실 공간을 확보해 주었다. 모방행동이나 상징놀이를 할 수 있도록 조용한 공간을 확보하였다.	• 동물 모자, 블록류, 유모차, 아기띠, 다양한 인형 등을 구비하였다.	• 하루 중에서 실내놀이 시간을 활용하여 놀이하였다.	• 영아가 모방하는 행동을 보일 때 관심을 가지고 자료를 제공하였다. 다양한 동물 모자를 제공하고, 영아가 관심 있게 선택하는 동물을 눈여겨보았다가 이를 언어로 지원하였다. (교사: 양이 메~~, 소가 음머~~, 강아지가 멍멍~~ 왈왈~~) • 인형을 돌보는 모방행동을 할 수 있도록 블록류도 함께 제공하였다. • 유모차에 인형을 태우고 밀고 갈 때 어디로 가는지, 아이가 무엇을 좋아하는지, 배가 고픈지 등에 대한 언어 상호작용을 하였다.	• 유모차를 끌고 갈 때 다른 영아를 밟거나 충돌하지 않도록 유의하였다. 영아가 다른 영아의 행동을 모방할 때 공격적인 행동은 모방하지 않도록 유의하였다.

2) 2세 목표와 내용

(1) 목표

2세 표준보육과정에서 수립한 예술경험 영역의 목표와 내용범주에 따른 하위 목표를 살펴보면 다음과 같다.

목표	아름다움을 느끼고 즐긴다.
내용범주에 따른 목표	1. 자연과 생활에서 아름다움을 느끼고 관심을 가진다. 2. 예술을 통해 자유롭게 표현한다.

2세 예술경험 영역은 영아가 일상에서 아름다움을 느끼고 즐기는 것이다. 영아가 마주하는 자연과 생활 속 경험에서 아름다움을 느끼고 관심을 가지며, 예술을 통해 자신의 느낌과 생각을 자유롭게 표현하는 것을 목표로 한다.

(2) 내용[2)]

2세 영아는 자연과 생활 속에서 경험하는 다양한 감각 자극을 통해 아름다움을 느끼고, 아름다움을 인식하게 된다. 영아의 경험들은 점차 아름다움에 관심을 가지고 찾아보며 표현하기를 즐긴다. 노래나 리듬을 흥얼거리고 움직임과 춤으로 나타내고, 스스로 다룰 수 있는 재료와 도구로 미술을 즐기며 일상에서 체험한 것을 상상놀이로 표현하며 즐거움을 경험한다. 2세 예술경험 영역은 0~1세와 마찬가지로 두 가지 내용범주로 구성되어 있다.

- '아름다움 찾아보기'는 2세 영아가 일상에서 접하는 사물과 공간, 동식물과 사람, 자신과 또래의 표현 등에서 아름다움을 느끼고 즐기며, 아름다움에 관심을 가지고 찾아보는 내용이다.

2) 출처: 보건복지부(2020). 제4차 어린이집 표준보육과정 해설서. pp. 213-228. 발췌.

- '창의적으로 표현하기'는 2세 영아가 노래와 리듬, 움직임과 춤, 미술 표현, 상상놀이의 다양한 방법으로 생각과 느낌을 자유롭게 표현하는 내용이다.

다음은 2세 예술경험 영역의 내용범주와 내용은 표 10-6과 같다.

| 표 10-6 | 2세 예술경험 영역의 내용범주와 내용

내용범주	내용
아름다움 찾아보기	• 자연과 생활에서 아름다움을 느끼고 즐긴다. • 아름다움에 관심을 갖고 찾아본다.
창의적으로 표현하기	• 익숙한 노래와 리듬을 표현한다. • 움직임과 춤으로 자유롭게 표현한다. • 미술 재료와 도구로 표현해 본다. • 일상생활 경험을 상상놀이로 표현한다.

출처: 보건복지부(2020). 제4차 어린이집 표준보육과정 해설서. p. 213.

① 아름다움 찾아보기

- 자연과 생활에서 아름다움을 느끼고 즐긴다.

2세 영아가 무심히 지나칠 수 있는 일상의 자연이나 생활 속 공간, 사물 등의 아름다움에 주의를 기울여 아름다움을 풍부하게 느끼며, 자신과 또래의 다양한 예술적 표현을 감상하고 즐기는 내용이다. 다음은 '노란색이야, 예뻐!' 영아의 경험(사례)에 따른 교사의 지원은 표 10-7과 같다.

| 표 10-7 | '노란색이야, 예뻐!' 영아의 경험(사례)에 따른 교사의 지원

'노란색이야, 예뻐!' 교사 지원				
내용범주	공간과 일과	자료	상호작용	안전
아름다움 찾아보기	• 영아가 바깥 놀이 공간에서 여유롭게 보낼 수 있도록 일과 운영을 하여 풀과 꽃, 개미를 마음껏 살피고 아름다움을 느낄 수 있도록 지원하였다.	• 이상적인 바깥놀이터의 풀과 꽃, 개미는 영아가 아름다움을 즐기고 찾을 수 있는 대상이 되었다.	• 영아가 풀과 꽃, 개미에 보인 관심을 수용하고 교사도 흥미롭게 반응하여, 영아의 관심이 지속되고 이를 통해 아름다움을 느낄 수 있었다. 영아가 풀과 꽃, 개미의 움직임에서 느끼며 표현한 것을 말뿐 아니라 미소, 끄덕임, 따뜻한 눈빛과 같은 비언어적 표현으로 반응해 주었다. 교사는 영아가 풀을 우산으로 상상하며 쓰는 놀이를 함께 즐겼다.	• 바깥놀이터에서 영아들과 개별적인 상호작용을 하는 한편 수시로 다른 영아들을 확인하고 지켜보며 안전하게 놀이할 수 있도록 하였다.

• 아름다움에 관심을 갖고 찾아본다.

2세 영아가 다양한 소리나 리듬 등의 음악적 요소, 색이나 형태 등과 같은 미술적 요소, 사람과 사물, 동식물의 움직임에서 아름다움을 발견하고 경험하는 내용이다.

② 창의적으로 표현하기

• 익숙한 노래와 리듬을 표현한다.

2세 영아가 일상에서 익숙해진 노래를 부르고 간단한 리듬을 표현하는 것을 즐기는 내용이다.

• 움직임과 춤으로 자유롭게 표현한다.

2세 영아가 운율 있는 소리나 노래, 또는 보고 만지고 맛보는 등 감각적 경험에서의 느낌을 움직임이나 춤으로 표현하는 내용이다.

• 미술 재료와 도구로 표현해 본다.

2세 영아가 스스로 다루기 적절한 재료와 도구를 이용하여 자유롭게 미술표현을 시도하고 이 과정을 즐기는 내용이다.

• 일상생활 경험을 상상놀이로 표현한다.

2세 영아가 일상생활에서 경험한 사건에 포함된 대상이나 상황을 상상놀이로 표현하며 즐기는 내용이다. 다음은 '토기반을 좋아하는 상상놀이' 영아의 경험(사례)에 따른 교사의 지원은 표 10-8과 같다.

표 10-8 '토기반을 좋아하는 상상놀이' 영아의 경험(사례)에 따른 교사의 지원

'토기반을 좋아하는 상상놀이' 교사 지원			
내용범주	공간 및 자료	상호작용	안전
창의적으로 표현하기	• 교사는 성인 구두, 핸드백, 핸드폰, 스카프 등을 영유아용으로 제작된 것이 아니라 일상생활에서 성인이 사용하는 실물로 제공하였다. • 영아가 놀이 중 요구하는 것을 교사가 모두 준비하지 않고, 영아와 함께 마련하여 사용할 수 있도록 하였다(띠블록으로 아기 띠 만들기). • 영아가 들어가서 상상놀이하기에 적절한 크기의 자동차를 구성하기 충분한 종이벽돌 블록의 양과 넉넉한 놀이공간을 준비하였다.	• 개별 영아마다 일상에서 자신에게 의미 있었던 경험의 내용과 정도 안에서 놀이 행동을 충분히 반복할 수 있도록 하였다. • 영아 스스로 상상에 빠져들어 즐길 수 있도록 하며, 놀이 내용과 놀이에서 영아의 요구를 유심히 관찰한 후 상황에 적절하게 놀이에 개입하였다. • 스카프를 두르고 싶은 요구, 아기 띠를 만들고 싶은 요구 등 놀이 중 영아의 요구를 파악하여 놀이가 지속될 수 있도록 적절하게 지원하였다. • 상상놀이 중 전화 통화를 하고자 하는 영아의 요구를 알아차리고, 놀이 맥락 속에서 말을 건네어 놀이 상대가 되었다.	• 실제 소품들을 세척, 소독하여 제공하였다. 구두는 굽이 낮은 것을 마련하고, 장신구는 장식물이 견고하게 부착되고 작은 조각이나 예리한 곳이 없는 안전한 것으로 제공하였다. • 스카프나 모자 등 소품이 영아의 시야를 가리지 않는지, 긴 옷이나 스카프가 밟혀서 넘어지지 않을지 점검하여 제공하고, 영아가 놀이할 때에도 이 부분을 지켜보았다.

3) 3~5세 목표와 내용

(1) 목표

3~5세 표준보육과정(누리과정)에서 수립한 예술경험 영역의 목표와 내용범주에 따른 하위 목표를 살펴보면 다음과 같다.

목표	아름다움과 예술에 관심을 가지고 창의적 표현을 즐긴다.
내용범주에 따른 목표	1. 자연과 생활 및 예술에서 아름다움을 느낀다. 2. 예술을 통해 창의적으로 표현하는 과정을 즐긴다. 3. 다양한 예술 표현을 존중한다.

예술경험 영역의 목표는 아름다움에 관심을 가지고 예술 경험을 즐기며, 창의적으로 표현하는 능력을 기르는 데 있다. 3~5세 누리과정의 예술경험 영역은 인간은 아름다운 것을 보고, 느끼는 경험을 통해 아름다움을 추구하고 이에 대한 기쁨을 알아간다. 인간은 이러한 아름다움을 표현하고자 하는 기본적 욕구를 가질 뿐 아니라 아름다움을 매개로 다른 사람과 소통도 가능하게 하므로 개인적이면서도 사회적인 활동이다(김상림 외, 2015). 유아가 자연과 사물을 접하면서 느낄 수 있는 다양한 예술적 요소를 찾아보고 이를 창의적으로 표현하며, 즐기고 감상하도록 하는 것을 목표로 한다.

(2) 내용[3)]

예술경험 영역은 유아가 일상에서 아름다움과 경이감을 느끼고 즐기며 표현하는 풍부한 감성을 가진 존재로 보고, 유아가 자연, 생활, 예술에서 아름다움을 찾아보고 느끼며, 다채롭고 창의적인 방법으로 자신의 경험, 생각, 느낌을 표현해 보고, 다양한 예술 표현을 존중하는 경험과 관련된 내용이다.

2019 개정 누리과정 이전에는 세 가지의 내용범주와 12개의 내용으로

3) 교육부 · 보건복지부(2019a). 2019 개정 누리과정 해설서. pp. 92-97. 발췌.

구성되었으나 개정 누리과정에서는 세 가지 내용범주와 10개의 내용으로 축소되었다. 구체적 내용을 살펴보면 표 10-9와 같다.

표 10-9 3~5세 예술경험 영역의 내용범주와 내용

내용범주	내용
아름다움 찾아보기	• 자연과 생활에서 아름다움을 느끼고 즐긴다. • 예술적 요소에 관심을 갖고 찾아본다.
창의적으로 표현하기	• 노래를 즐겨 부른다. • 신체, 사물, 악기로 간단한 소리와 리듬을 만들어 본다. • 신체나 도구를 활용하여 움직임과 춤으로 자유롭게 표현한다. • 다양한 미술 재료와 도구로 자신의 생각과 느낌을 표현한다. • 극놀이로 경험이나 이야기를 표현한다.
예술 감상하기	• 다양한 예술을 감상하며 상상하기를 즐긴다. • 서로 다른 예술 표현을 존중한다. • 우리나라 전통 예술에 관심을 갖고 친숙해진다.

출처: 교육부 · 보건복지부(2019a). 2019 개정 누리과정 해설서. p. 92.

예술경험 영역은 유아가 자연, 생활, 예술에서 아름다움을 느끼고, 음악, 움직임과 춤, 미술, 극놀이 등의 예술에서 자신의 느낌과 생각을 창의적으로 표현하는 과정을 즐기며, 다양한 예술작품을 감상하며 다른 사람의 예술 표현을 존중하는 내용으로 구성하였다.

유아가 자연과 생활에서 호기심을 가지고 아름다움을 느끼고 즐기며, 이를 창의적으로 표현하는 것을 강조하고자 기존 누리과정의 '예술적 표현하기'가 '창의적 표현하기'로 통합하여 구성하였다.

- '아름다움 찾아보기'는 유아가 자연과 생활, 예술에서 아름다움을 느끼고 즐기는 경험을 하도록 하였다.
- '창의적으로 표현하기'는 유아가 자신의 느낌과 생각을 음악, 움직임과 춤, 미술, 극놀이 등을 통해 자유롭게 표현하는 과정을 즐기도록 구성하였다.
- '예술 감상하기'는 유아가 다양한 예술을 통해 상상하기를 즐기고, 우리나라 고유의 전통 예술에 친숙해지는 경험을 강조하였다.

다음은 3~5세 예술경험 영역의 내용범주에 따른 내용과 유아 경험의 실제를 살펴보면 다음과 같다.

① 아름다움 찾아보기

유아가 자연과 생활에서 아름다움을 느끼며 예술적 요소에 관심을 가지고 찾아보는 내용이다. 다음 표 10-10은 '아름다움 찾아보기'의 내용범주에 따른 목표 및 내용을 이해하고 유아 경험의 실제를 살펴본다.

표 10-10 '아름다움 찾아보기'의 내용 이해 및 유아 경험의 실제

내용범주	아름다움 찾아보기
목표	자연과 생활 및 예술에서 아름다움을 느낀다.
내용	• 자연과 생활에서 아름다움을 느끼고 즐긴다. • 예술적 요소에 관심을 갖고 찾아본다.

내용 이해	유아 경험의 실제
① 자연과 생활에서 아름다움을 느끼고 즐긴다. 유아가 자신의 주변에서 만나는 자연, 공간, 사물 등의 아름다움을 풍부하게 느끼며 즐기는 내용이다.	• 벚꽃이 바람을 타고 눈처럼 휘날린다. 유아들이 "저것 봐! 눈이 오는 것 같아. 분홍색 눈이야. 정말 예쁘다!" 하며 감탄한다. 유아들은 하늘을 향해 고개를 들고 두 팔을 벌리며 흩날리는 벚꽃잎을 맞기도 하고, 바람결에 날아가는 벚꽃잎을 쫓아다니기도 한다. 그리고 땅에 떨어진 벚꽃잎을 조심스럽게 다루며 한 잎 한 잎 줍기도 한다.
② 예술적 요소에 관심을 갖고 찾아본다. 유아가 주변의 자연과 생활에서 다양한 소리나 리듬 등의 음악적 요소, 색이나 형태 등과 같은 미술적 요소를 발견하고, 사물이나 동식물의 움직임에서 아름다움을 경험하는 내용이다.	• 유아는 바깥 놀이터에서 스카프를 재빠르게 높이 올렸다 내리기를 반복하며 바람에 스카프를 날려보기도 한다. 스카프가 펄럭이고 날아가는 모습을 보며 "바람 따라 춤추는 것 같아.", "파도같이 움직여." 하며 즐거워한다.

출처: 교육부 · 보건복지부(2019a). 2019 개정 누리과정 해설서. p. 94. 발췌.

② 창의적으로 표현하기

유아가 노래를 즐겨 부르고, 간단한 소리와 리듬을 만들어 보며, 자유롭게 움직이며 춤추고, 다양한 미술 재료와 도구를 활용하여 표현하며, 경험과 이야기를 극놀이로 표현하는 내용이다. 다음 표 10-11은 '창의적으로 표현하기'의 내용범주에 따른 목표 및 내용을 이해하고 유아 경험의 실제를 살펴본다.

표 10-11 '창의적으로 표현하기'의 내용 이해 및 유아 경험의 실제

내용범주	창의적으로 표현하기
목표	예술을 통해 창의적으로 표현하는 과정을 즐긴다.
내용	• 노래를 즐겨 부른다. • 신체, 사물, 악기로 간단한 소리와 리듬을 만들어 본다. • 신체나 도구를 활용하여 움직임과 춤으로 자유롭게 표현한다. • 다양한 미술 재료와 도구로 자신의 생각과 느낌을 표현한다. • 극놀이로 경험이나 이야기를 표현한다.

내용 이해	유아 경험의 실제
① 노래를 즐겨 부른다. 유아가 흥얼거리거나 친구들과 함께 소리와 박자 등을 느끼고 노랫말을 바꾸어 불러 보며 노래 부르기를 즐기는 내용이다.	• 유아가 바깥 놀이터의 소꿉놀이 그릇을 모두 뒤집어 펼쳐 놓고 숟가락으로 여기저기 두드린다. 이때 교사가 지나가자, "선생님, 들어보세요. 소리가 모두 달라요. 저는 지금 피아노 치고 있어요." 하며 최근에 배운 새 노래 '유리창에 예쁜 은구슬'을 흥얼거린다. 선생님은 "오! 정말 소리가 다르네. 정말 피아노 치는 것 같네." 하며 유아의 곁에서 함께 노래한다.
② 신체, 사물, 악기로 간단한 소리와 리듬을 만들어 본다. 유아가 자신의 신체, 주변의 사물, 리듬 악기 등을 사용하여 소리와 리듬을 창의적으로 만들어 보는 내용이다.	
③ 신체나 도구를 활용하여 움직임과 춤으로 자유롭게 표현한다. 유아가 자연과 생활에서 발견한 다양한 움직임을 자유롭게 표현하고 나아가 자신의 생각과 느낌을 자신의 신체나 다양한 도구를 활용하여 움직임과 춤으로 표현하는 내용이다.	• 유아가 창문 밖으로 나뭇잎이 바람에 날리는 모습을 보며 큰 소리로 "와! 저것 봐. 나뭇잎이 데굴데굴 잘도 굴러가고 있어!" 라고 말한다. 잠시 후 유아는 교실에 있는 리본 막대를 들고 동그랗게 흔들면서 "나뭇잎이 동글동글 굴러가고 굴러가고."라고 흥얼거린다.

④ 다양한 미술 재료와 도구로 자신의 생각과 느낌을 표현한다. 유아가 자연과 생활에서 발견한 다양한 재료와 도구를 활용하여 여러 가지 방법으로 표현하는 내용이다. 자신의 경험, 느낌, 생각 등을 창의적으로 표현하는 과정을 즐기는 내용이다.	• 유아가 친구들에게 꿀벌놀이를 하자고 제안한다. - 수진: 나는 여왕벌 할래. 너희들은 모두 일벌해. 아이 배고파. 일벌들아 꽃에게 가서 꿀을 가져와. - 유찬: (날갯짓하며 교실을 한 바퀴 돌아와 수진이에게 손을 내밀며) 이건 꿀이야. 자, 먹으세요! - 승민: 나는 말벌이야. 너희들은 꿀벌이니까 도망가야 돼. 웽웽. • 꿀벌 역할을 맡은 두 유아가 "으악!" 하며 달아난다. 이 모습을 보고 있던 희원이와 민이가 "애들아, 잠깐 기다려봐. 우리가 꿀벌집 만들어 줄게."라고 말하며 상자, 사인펜, 물감 등을 가지고 모인다.
⑤ 극놀이로 경험이나 이야기를 표현한다. 유아가 자신의 경험, 다양한 상황, 이야기를 자유롭게 상상하며 극놀이로 표현하는 과정을 즐기는 내용이다.	

출처: 교육부 · 보건복지부(2019a). 2019 개정 누리과정 해설서. pp. 95-96. 발췌.

③ 예술 감상하기

유아가 자신과 또래의 작품뿐만 아니라 다양한 예술을 감상하며 상상하기를 즐기고, 서로 다른 예술 표현을 존중하며, 우리 고유의 전통 예술에 친숙해지는 내용이다. 다음 표 10-12는 '예술 감상하기'의 내용범주에 따른 목표 및 내용을 이해하고 유아 경험의 실제를 살펴본다.

표 10-12 '예술 감상하기'의 내용 이해 및 유아 경험의 실제

내용범주	예술 감상하기
목표	다양한 예술 표현을 존중한다.
내용	• 다양한 예술을 감상하며 상상하기를 즐긴다. • 서로 다른 예술 표현을 존중한다. • 우리나라 전통 예술에 관심을 갖고 친숙해진다.

내용 이해	유아 경험의 실제
① 다양한 예술을 감상하며 상상하기를 즐긴다. 유아가 자신과 또래의 작품이나 음악, 춤, 미술작품, 역할극 등 다양한 예술을 감상하고 자유롭게 상상하기를 즐기는 내용이다. ② 서로 다른 예술 표현을 존중한다. 유아가 자신과 또래의 작품, 음악, 춤, 미술작품, 역할극 등에 포함된 다양한 표현을 존중하는 내용이다.	• 유아들이 분홍색 한지를 구기고 찢어서 꾸민 봄꽃 작품을 감상하며 "와! 예쁘다. 어! 이건 어떻게 했지? 이렇게 하니까 진짜 꽃 같다. 꽃냄새 맡아 보자. 흠, 꼭 봄꽃 요정이 나타날 것 같아, 그치?" 하며 친구와 마주 보고 웃는다.
③ 우리나라 전통 예술에 관심을 갖고 친숙해진다. 유아가 우리나라 고유의 전통 음악, 춤, 미술, 건축물, 역할극 등에 관심을 가지고 전통 예술을 감상하며 우리나라 문화에 친숙해지는 내용이다.	• 유아들이 '밀양 아리랑'을 들으며 장구를 자유롭게 두드린다. 한 유아가 "얘들아! 날 좀 보소."하고 노래를 흥얼거리며 두 손으로 장구를 두드린다. 옆에 있던 유아가 장구를 세운 후 두드리며 "나는 세워서 두드려야지. 2개로도 할 수 있어."라고 말한다. 그러니까 옆에서 바라보던 유아가 "어? 세워서도 할 수 있네. 그렇게 쳐도 좋은 것 같다."

출처: 교육부 · 보건복지부(2019a). 2019 개정 누리과정 해설서. p. 97. 발췌.

CHAPTER

11 자연탐구 영역

Educare Curriculum

자연탐구 영역은 다양한 자연물을 이용하여 주변 사물과 환경을 지각하고 탐색하며, 이러한 과정에서 발생하는 의문점을 해결하는 데 필요한 수학적·과학적 기초능력을 기르고 다양한 자연법칙과 현상을 경험하고 즐기도록 돕기 위한 영역이다.

제4차 표준보육과정(0~2세) 및 개정 누리과정(3~5세)에서의 자연탐구 영역의 내용범주는 0~1세, 2세, 3~5세 모두 같은 내용범주로 '탐구하는 과정 즐기기', '생활 속에서 탐구하기', '자연과 더불어 살기'의 세 가지 내용범주로 구성되어 있다. 제11장에서는 자연탐구 영역의 필요성, 영역의 이론적 기초, 연령별 의사소통의 이해, 연령별 목표와 내용, 영유아의 실제 경험 및 교사 지원 등의 사례를 제시하여 예비보육교사의 이해를 돕고자 한다.

1 영역의 필요성

자연탐구 영역은 영유아가 살고 있는 시대적 요구와 무관하지 않으며, 넘쳐나는 정보의 홍수 속에서 무엇이 유용한 정보인지, 아닌지를 가리기 위해서는 뚜렷한 주관과 비판적인 사고력이 절실하며 또한 이러한 지식, 기술, 태도를 분별할 수 있는 능력과 함께 독창적인 생각으로 발전시킬 수 있는 능력이 필요하다.

영유아의 개인적인 측면에서 볼 때 비판적 사고와 창의성을 지닌 인성이 필요하다. 즉, 영유아 자신의 주변 세계에 대하여 호기심 있는 태도로 주변 사물이나 상황을 주도면밀히 관찰할 수 있는 개인으로, 타인의 의지나 기준이 아닌 자신이 주관을 갖고 능동적으로 움직이며, 유용한 정보를 선별하여 수집할 수 있다(김지은 외, 2012).

첨단 과학기술과 4차 혁명 산업, 특성화 산업 등으로 발전시키기 위해서는 비판적 사고와 창의성이 필요하며, 이것은 곧 국가 경쟁력을 뜻한다. 따라서 앞으로 과학적인 비판적 사고와 창의성을 지닌 인재 양성을 국가의 교육적 과업으로 지향하고 있다.

흔히 영유아 시기를 들어 타고나 과학자라고 말한다(Duckworth, 1987). 특히 사물의 현상이나 변화, 동식물 등과의 인과관계에 대해 끊임없이 질문을 한다. 예를 들어, '왜', '이게 뭐야', 등 주변 환경에 대한 자발적인 흥미로 인해 질문들이 어어 진다. 자연탐구는 스스로 이해와 납득이 가지 않는 경우 반복해서 질문하고 또 질문한다. 그때마다 교사나 부모들은 반복적으로 적절한 대답과 반응을 해 줌으로써 비판적 사고와 창의력이 발달하게 된다. 따라서 교사나 부모, 또는 성인들은 영유아기부터 탐구적 환경 속에서 수학과 과학을 생각할 수 있는 기회를 제공해야 하며, 영유아가 자기 생각이 격려되는 경험을 반복하면서 사고하는 기술과 사물 간의 상호관계를 스스로 이해하는 사고력을 발달시켜야 할 것이다(Bredderman, 1982: Shymansky, Kyle, & Alprot, 1982: 김지은 외, 2012 재인용).

2 영역의 이론적 기초

영유아기는 주변에 대한 끊임없는 호기심과 탐색, 질문을 하는 시기로, 영유아가 자연탐구와 관련하여 어떻게 지식을 구성해 가는지, 지적 호기심과 탐구심은 발견학습으로 이어지고 사고력 발달에 토대가 된다. 자연탐구 영역의 이론적 기초와 관련하여 인지발달 이론에서 피아제의 인지발달이론, 비고츠키의 사회·문화적 인지이론, 브루너의 발견학습이론과 가드너의 다중인지이론을 중심으로 살펴보고자 한다.

1) 인지이론

피아제는 개인이 발달은 자기 자신과 그 주위에 있는 환경으로서의 세계를 구성하는 것이며, 능동적으로 감각의 인상을 변형하고, 인지구조를 조직하는 것이라고 하였다. 조직이란 별개의 감각들을 구조 속으로 변형시키고 결합하는 능력과 관계가 있다. 그에 의하면, 인지발달은 몇 가지의 단계를 통해서 일어나는데, 그 발달단계는 출현하는 과정이 변하지 않으며, 감각운동기, 전조적기, 구체적 조작기, 형식적 조작기 단계로 질적인 성장과 발달을 해 나간다고 보았다. 영유아는 성인과 달리 독특한 사고과정을 가지고 있다. 하지만 성인과 같은 논리적 사고가 불가능하다는 이유는 질적으로 다른 인지적 능력이 형성되지 않았기 때문이라고 보았다.

또한 카밀(Kamil, 1982)에 따르면, 피아제는 수학적 사고의 발달을 위해서는 물리적 지식, 사회적 지식, 논리-수학적 지식이 서로 연관이 있다고 착안하였다. 이것을 자연탐구 영역에서 기본적인 틀을 제공한다(김지은 외, 2012; 박홍자, 2002; 임수양, 2002 재인용).

영유아가 호기심을 느끼는 과정에서 물리적 지식을 습득하는데, 지식의 근원이 영유아의 외부에 존재한다고 보았다. 즉, 패드 병에 물을 넣었다가 쏟아내는 과정을 반복하면서 그 속에 물이 들어가는 과정과 빠져나가는 무게감에 어떻게 반응하는지, 자신의 감각을 통해 지각하고 습득하여 지식을 쌓게 되는 것이다. 이렇게 스스로 직접 경험을 통해 물체를 탐색하고 관찰하는 지식을 형성해 나갈 수 있도록 환경 조성이 필요하다. 따라서 영유아의 탐구적 태도를 격려하고 물체의 특성을 수학적·과학적 지식으로 확장하기 위해서는 영유아 스스로 발견하고 탐구하고 실험해보는 과정에서 성취감을 맛볼 수 있는 기회를 제공하는 것이 필요하다(김상림 외, 2015).

2) 사회문화 인지이론

비고츠키는 영유아가 사회·문화적 환경 속에서 다른 사람들과 사회적 상호작용을 통해 발달해 나간다고 보는 사회·문화적 구성주의 이론을 구성하였다. 그는 학습과 발달의 관계를 설명하기 위하여 '근접발달영역(The Zone of Proximal Development: ZPD)'의 개념을 제시하였는데, 이는 영유아가 혼자서 수행하는 능력과 다른 사람의 도움을 받으면서 수행할 수 있는 능력 간의 격차를 말한다(김상림 외, 2015). 이는 사회적 협력자의 '비계(scaffolding)'설정을 통해 다음 단계로 도약을 위한 '발판'이 된다. 학습자 스스로 자율성과 독립성을 기르도록 하는 탐구과정은 이 이론에 근거하여 영유아의 탐구하는 태도로 발달시킨다.

3) 발견학습이론

브루너(Bruner)는 영유아가 어떻게 배우고 또 어떻게 잘 배울 수 있게 도와줄 것인가에 염두를 두면서 교수-학습방법에 주목하였다(김지은 외, 2012). 그는 어떠한 주제도 다룰 수 있다고 보고, 특정 주제를 나선형 교육과정의 형태로 개발하여 학습하도록 하였다. 나선형 교육과정은 한 주제에 대해 심도 깊은 내용으로 탐구해 나가는 것이다. 영유아는 능동적인 탐구활동뿐 아니라 예측하고, 문제해결 과정을 통해 학습이 가능하다고 하여 '발견학습'이라고 하였다. 발견학습이란 교사가 정보 또는 답을 제시하기보다 영유아 스스로 혹은 또래 집단이 문제를 해결할 수 있는 방안을 제시하는 교과의 기본 구조라고 할 수 있다(박홍자, 2002).

브루너의 발견학습이론이 '자연탐구' 영역에서 주는 시사점은 영유아가 스스로 원리를 발견하고 문제를 해결해 나갈 수 있도록 영유아의 이해력에 맞게 새로운 학습경험을 제공해야 한다. 또한 교사는 영유아 스스로 구체적 물체를 조작할 수 있는 활동적 표상, 시각 및 다른 감각 등을 이용하여 정보를 조직할 수 있는 영상적 표상, 경험과 생각을 언어, 기호,

부호를 활용하여 표현할 수 있는 상징적 표상을 고려하여 영유아가 효과적으로 배울 수 있도록 교수-학습방법을 선택해야 한다(김지은 외, 2012).

4) 다중인지이론

가드너(Gardner)는 기존의 지능 평가와 관련하여 지능 지수(IQ)에 대해 획일적인 표준화 검사 방식에 반대하며, 인간은 IQ와 같은 한 가지 지능만 갖고 있는 것이 아니라 여러 종류의 지능이 있다는 이론을 제시하였다. 그는 인간의 지능과 관련하여 새로운 접근을 시도하였는데, 인간의 지능은 단일한 능력이 아니라 상대적으로 8가지 지능을 소유한다고 그의 저서 『정신구조 : 다중지능이론』이라는 책에서 밝혔다. 가드너는 제각기 다른 유형의 지능으로 언어적 지능, 논리-수학적 지능, 공간적 지능, 신체-운동적 지능, 음악적 지능, 대인관계 지능, 자기이해 지능, 자연탐구 지능 등이 있다고 하였다(김지은 외, 2012; 김상림 외, 2015).

인지는 '앎'을 의미하며 일정한 문제해결 기술을 수반한다. 따라서 지능의 역할은 개인이 직면한 실제적 문제나 어려움을 해결할 수 있도록 하고, 적절할 때 효과적인 결과물을 만들어 내는 것이다(김상림 외, 2015). 또한 모든 인간은 8가지 이상의 독특한 특성을 지닌 지능을 가지고 있으며, 이것은 새로운 지식을 획득하기에 용이한 잠재력을 수반한다(권영례, 2010).

가드너의 다중인지이론을 '자연탐구' 영역에서 연관 지어 볼 때, 개인이 가진 독특한 지능은 호기심에 찬 영유아들이 다양한 자연현상을 탐색하고, 분류하며 환경에 잘 적응을 할 수 있도록 해야 한다. 교사는 영유아의 개인차를 인정하며, 존중하고 그들이 가지고 있는 다양한 잠재능력을 계발해 주는 개별화된 교육을 제공해야 한다.

3 연령별 자연탐구 영역의 이해

자연탐구 영역은 영유아들이 다양한 감각과 호기심으로 주변 사물과 자연환경의 특징을 지각하고 탐색하며, 이러한 과정에서 발생하는 의문점을 탐구하고 해결하는 데 필요한 기초능력과 태도를 기르기 위한 영역이다.

내용은 0~1세, 2세 영아, 3~5세 유아 모두 '탐구과정 즐기기', '생활 속에서 탐구하기', '자연과 더불어 살기'로 구성되어 있다. 영유아기는 주변 사물과 자연 세계에 호기심을 가지고 주도적으로 반복하면서 탐색하기를 즐긴다. 반복적인 규칙성, 차이와 다름을 이해하고 과학적으로 물체와 물질을 능동적으로 탐색하며, 동식물에 대한 모양, 소리, 움직임에 관심을 가지고 탐색하며, 생활도구에 대해서 관심을 가지고 일생생활에서 사용할 수 있는 능력을 기를 수 있도록 구성되었다.

1) 0~1세 영아

0~1세 영아는 보고, 듣고, 만지면서 주변 환경에 관심을 가지고, 주변 세계에 대한 탐색을 시도하며, 주변에서 일어나는 수학적 상황을 지각하고, 감각과 조작을 통하여 주변 사물과 자연환경에 대해 알아가며 일상생활 속에서 기초 수학이나 과학적 탐구 능력, 탐구하는 태도를 기르기 위한 영역이다.

1세 영아는 호기심을 가지고 끊임없이 궁금해하고 알아보고자 하므로 발달 수준이나 흥미에 맞는 탐색활동을 성공적으로 경험하는 것이 필요하다. 특히 이 시기 영아는 자신이 궁금해하는 것을 직접 해 보고 감각을 통해 확인하여 봄으로써 주변 사물에 대한 지속적인 탐색 행동을 하게 되며 긍정적인 태도를 갖게 된다. 이는 영아가 미래 지식산업 기반 사회에서 필수요소인 논리·수학적 사고와 과학적으로 탐구하는 능력과 태도를 기르기 위한 기초가 되므로 중요하다.

자연탐구 영역은 '탐구과정 즐기기', '생활 속에서 탐구하기', '자연과 더불어 살기'의 세 가지 내용범주로 구성되어 있다.

첫 번째는 주변 사물에 관심과 호기심을 가지고 탐색행동을 하는 것에 관련된 것으로 영아가 적극적으로 탐색하는 태도를 즐길 수 있도록 지원하는 내용이다. 두 번째, 세 번째는 친숙한 물체를 감각으로 탐색하고 물체의 수량에 관심을 가지고 날씨와 주변 동식물에 관심을 가지도록 구성되어 있다. 또한 자연탐구 영역에서는 영아가 흥미를 가지고 호기심을 유지하며 탐구하는 태도를 가질 수 있도록 궁금한 것을 알아보고자 할 때 발달 수준에 맞게 적절하게 지원해야 한다. 생활 속에서 탐구하는 것은 여러 가지 상황 속에서 수학적·과학적인 내용을 이해하여 기초 지식을 구성해 갈 수 있도록 다양하게 상호작용을 한다. 이 과정에서 수학적·과학적 상황에 대한 경험이 단편적으로 이루어지기보다는 생활 속에서 자연스럽게 통합적으로 이루어지도록 하는 것이 중요하다.

2) 2세 영아

2세 영아가 호기심을 가지고 다양하게 탐색하기를 즐기며 탐구하는 태도를 가지게 하고, 주변에서 경험하는 수학적 상황과 다양한 탐색을 통하여 주변 사물과 자연환경을 인식하는 능력을 기르기 위한 영역이다.

2세 영아는 호기심을 가지고 주변 세계에 대해 다양하고 반복적인 탐색하기를 즐기며 주변의 사물과 자연 세계에 대해 알고자 한다. 또한 다양한 탐색을 통하여 주변 사물과 자연환경을 인식하게 된다. 2세 영아들이 발달 수준에 맞는 탐색활동을 성공적으로 경험하도록 지원하는 것이 중요하다.

자연탐구 영역의 내용범주는 0~1세 영아와 동일하다. 즉, '탐구과정 즐기기', '생활 속에서 탐구하기', '자연과 더불어 살기'의 세 가지 내용범주로 구성되어 있다. 자연탐구 영역에서는 영아가 궁금한 것을 알아보고자 할 때 호기심을 유지하며 탐구과정을 즐길 수 있도록 발달 수준에 맞게 적절하게 지원한다. 또한 주변의 여러 가지 상황에서 자연스럽게 일어나는 기초 수학적 · 과학적 내용에 대해 적절하게 상호작용하여 생활 속에서 자연스럽게 경험하고, 다양한 탐색을 통하여 주변 사물과 자연환경을 인식하는 능력을 기르기 위한 것이다.

3) 3~5세 유아

3~5세 유아가 자신을 둘러싸고 있는 주변 세계에 대해 호기심을 가지고 궁금한 것을 해소하기 위해 탐구하며, 일상생활에서 부딪치는 현상이나 문제해결을 통해 탐구하는 태도를 기르기 위한 영역이다.

유아기는 무엇이든 알고 싶어 하는 지적 호기심과 탐구심이 왕성한 시기이다. 의문을 가지고 관찰하고 실험하면서, 새로운 것을 알아가는 탐구활동은 유아가 세상을 이해하는 방법이 된다. 궁금한 것을 적극적으로 탐구하는 태도는 유아기부터 시작하여 평생 동안 지속되어야 할 중요한 삶의 태도이다.

유아는 생활 속에서 의문과 경험에서 많은 궁금증이 생긴다. 즉, 물체의 특성과 변화, 크기와 모양, 수와 길이, 반복되는 규칙 등을 통해 수학적 · 과학적 탐구의 기회를 가지게 되며, 이를 통해 수학적 · 과학적 기초지식과 탐구과정을 즐기게 된다. 또한 자연과 더불어 살아가기 위해 주변의 자연현상과 동식물, 생명과 자연환경을 소중히 여기는 태도는 유아의 논리적 · 합리적 사고력을 기르는 데 중요하며, 이는 궁극적으로 일상의 문제를 논리적이며 합리적으로 해결하는 능력의 토대가 된다.

자연탐구 영역의 내용범주는 0~1세, 2세 영아와 동일하다. '탐구과정 즐기기'는 주변 세계와 자연에 대해 지속적으로 호기심을 가지며, '생활 속에서 탐구하기'는 일상생활 속에서 물체의 특성과 변화를 여러 가지 방법으로 탐색하거나 수량을 측정하며, '자연과 더불어 살기'는 생명과 자연환경을 소중히 여기며, 동식물에 관심을 가지고 날씨와 계절의 변화를 익힌다는 점에 유념하여 지도해야 한다.

또한 다양한 실물 자료와 자연 체험의 기회를 유아에게 풍부하게 제공하여 교사의 개입 없이 이루어지는 자발적 학습, 우연히 발생하는 학습 기회를 포착하여 가르치는 '비형식적 학습', 그리고 교사가 계획하고 의도한 '형식적 학습'이 모두 가능하게 한다. 유아가 생활 속에서 자발적으로 문제를 발견하고, 해결하기 위해 탐구하는 과정에 적극적으로 참여함으로써 탐구를 즐기도록 한다. 유아가 일상생활의 경험에서 구성한 지식을 바탕으로 다양한 시도를 해 보고 추론하는 활동을 통해 자연을 탐구하는 기초 능력을 의미 있게 확장해 나갈 수 있게 한다. 탐구하고 발견해가는 과정에서 유아가 자신의 생각을 말, 글, 그림, 그래프, 표, 구체물 등을 이용하여 나타내고 다른 사람과 공유하게 된다. 다음 표 11-1은 자연탐구 영역에 관한 제3차 표준보육과정과 제4차 표준보육과정에서의 내용범주가 변경된 것을 제시한다.

표 11-1 0~5세 자연탐구 영역의 내용범주 비교

제3차 표준보육과정(누리과정)	제4차 표준보육과정(개정 누리과정)
탐구하는 태도 기르기	탐구과정 즐기기
수학적 탐구하기	생활 속에서 탐구하기
과학적 탐구하기	자연과 더불어 살기

4 연령별 목표와 내용

자연탐구 영역의 목표와 내용은 0~1세, 2세 제4차 표준보육과정, 3~5세 개정 누리과정을 중심으로 제시되어 있으며, 이를 달성하기 위해서는 내용범주와 내용으로 영유아의 실제 경험을 중점으로 하여 자연탐구 영역의 목표를 달성할 수 있도록 교사가 지원한다.

1) 0~1세 목표와 내용

(1) 목표

0~1세 표준보육과정에서 수립한 자연탐구 영역의 목표와 내용범주에 따른 하위 목표를 살펴보면 다음과 같다.

목표	주변 환경과 자연을 탐색하는 과정을 즐긴다.
내용범주에 따른 목표	1. 일상에서 탐색하는 과정을 즐긴다. 2. 주변 환경에 관심을 가지고 탐색한다. 3. 생명과 자연에 관심을 가진다.

자연탐구 영역의 목표는 0~1세 영아가 주변 환경과 자연에 관심을 가지는 경험을 하는 것이다. 0~1세 영아가 자신을 둘러싸고 있는 주변 세계와 자연에 호기심을 가지고 일상에서 탐색하기를 즐기며 주변의 동식물과 날씨의 변화에 관심을 가지는 것을 목표로 한다.

(2) 내용[1)]

자연탐구 영역은 0~1세 영아가 주변 환경과 자연에 관심을 갖고 탐색을 즐기고, 일상생활과 놀이 속에서 자연스럽게 수학적, 과학적 상황을 경험하며 주변 환경과 자연에 관심을 가지는 것을 목표로 한다. 0~1세 영아는 일상생활 속에서 보고, 듣고, 만지면서 주변 환경에 관심을 가지고 탐구하는 태도를 기르고, 수학적, 과학적 탐구의 기초를 형성한다. 또한 주변 사물에 대해 탐색을 시도하고, 도전하며, 주변에서 일어나는 수학적 상황을 지각할 수 있고, 오감각과 조작을 통해 주변 사물과 자연환경에 대해 지각하여 자연환경에 관심을 가지도록 하는 것을 목표로 한다. 자연탐구 영역은 세 가지 내용범주로 구성되어 있다.

- '탐구과정 즐기기'는 0~1세 영아가 보고 듣고 만지면서 주변 세계와 자연에 호기심을 가지고 탐색을 즐기는 내용이다.
- '생활 속에서 탐구하기'는 0~1세 영아가 일상생활과 놀이를 하면서 물체의 특성, 수량, 공간과 모양, 규칙성을 자연스럽게 경험하는 내용이다.
- '자연과 더불어 살기'는 0~1세 영아가 주변의 동식물에 관심을 가지고, 날씨의 변화를 감각으로 느끼는 내용이다.

다음은 0~1세 자연탐구 영역의 내용범주와 내용은 표 11-2와 같다.

1) 보건복지부(2020). 제4차 어린이집 표준보육과정 해설서. pp. 124-139. 발췌.

| 표 11-2 | 0~1세 자연탐구 영역의 내용범주와 내용

내용범주	내용
탐구과정 즐기기	• 주변 세계와 자연에 대해 호기심을 가진다. • 사물과 자연 탐색하기를 즐긴다.
생활 속에서 탐구하기	• 친숙한 물체를 감각으로 탐색한다. • 물체의 수량에 관심을 가진다. • 주변 공간과 모양을 탐색한다. • 규칙성을 경험한다.
자연과 더불어 살기	• 주변의 동식물에 관심을 가진다. • 날씨의 변화를 감각으로 느낀다.

출처: 보건복지부(2020). 제4차 어린이집 표준보육과정 해설서. p. 125.

① 탐구과정 즐기기

• 주변 세계와 자연에 대해 호기심을 가진다.

0~1세 영아가 주변의 물체와 물질, 동식물, 자연물, 자연현상 등에 대해 궁금해하고 알고자 하며 작은 변화를 발견하고 즐거워한다.

• 사물과 자연 탐색하기를 즐긴다.

0~1세 영아가 주변의 물체, 자연물 등을 다양한 방법, 또는 영아 나름의 방법으로 탐색하기를 즐긴다. 다음은 '흔들고 찢고 구기고…' 영아의 경험(사례)에 따른 교사의 지원은 표 11-3과 같다.

표 11-3 '흔들고 찢고 구기고…' 영아의 경험(사례)에 따른 교사의 지원

'흔들고 찢고 구기고…' 교사 지원				
내용범주	공간	자료	일과	상호작용
탐구과정 즐기기	• 영아들이 습자지를 가지고 마음껏 탐색할 수 있도록 교구장을 한 편으로 치워서 넓은 공간을 만들었다.	• 영아들이 습자지로 놀이하는 것을 좋아하여 일정한 간격을 두고 습자지를 반복하여 제공하였다. 모든 영아들이 자신만의 방법으로 자유롭게 탐색할 수 있도록 많은 양의 습자지를 제공하였다. 보육실 공간을 가로질러서 투명 테이프를 붙임으로써 영아가 습자지로 다채로운 놀이를 할 수 있도록 지원하였다.	• 영아들이 충분히 놀이하고 싶을 때까지 즐겁고 자유롭게 놀이할 수 있도록 영아들의 놀이를 존중하였다.	• 영아가 나름의 방법으로 탐색할 수 있도록 옆에서 지켜보다가, 영아가 교사를 쳐다볼 때는 영아의 놀이 모습을 따라 하며 격려하였다. 교사는 영아의 행동을 언어로 표현하거나 영아의 놀이에 참여하며 같이 즐거워하였다.

② 생활 속에서 탐구하기

• 친숙한 물체를 감각으로 탐색한다.

0~1세 영아가 주변에서 쉽게 발견할 수 있는 친숙한 물체와 물질, 사물, 자연물을 시각, 청각, 촉각 등의 감각을 이용하여 탐색한다.

• 물체의 수량에 관심을 가진다.

0~1세 영아가 놀이와 일상생활에서 물체가 있다가 없어지는 경험을 하면서 물체의 있고 없음과 물체의 많고 적음에 관심을 가진다.

• 주변 공간과 모양을 탐색한다.

0~1세 영아가 뒤집고, 눕고, 앉고, 기고, 서고, 걷고, 오르내리며 몸으로

공간을 탐색하며, 주변에서 접하는 물체를 늘어놓고, 쌓고, 끼우고, 굴리면서 모양을 탐색한다.

- 규칙성을 경험한다.

0~1세 영아가 일상에서 반복적인 하루 일과 흐름을 경험하고, 일상생활과 놀이에서 자연스럽게 소리, 리듬, 동작, 모양 등에 나타나는 규칙성을 경험한다. 다음은 '상자로 뭐하지?' 영아의 경험(사례)에 따른 교사의 지원은 표 11-4와 같다.

표 11-4 '상자로 뭐하지?' 영아의 경험(사례)에 따른 교사의 지원

'상자로 뭐하지?' 교사 지원				
내용범주	공간	자료	일과	상호작용
생활 속에서 탐구하기	• 상자나 블록이 쓰러져도 큰 소리가 나지 않도록 바닥에 매트를 깔아 두었다. • 영아가 원하면 언제든지 누워서 쉴 수 있는 공간을 마련하였다.	• 영아가 평소 상자에 관심을 가지고 있음을 파악하고, 다양한 크기와 모양, 재질의 상자를 제공하였다. • 모든 영아들이 원하는 방식으로 탐색할 수 있도록 충분한 양의 상자를 제공하였다. • 상자를 탐색할 때, 블록이나 나무막대, 마라카스 등 다른 자료와 함께 탐색하는 것을 허용하였다.	• 영아가 자신만의 방법으로 자유롭게 탐색할 수 있도록 일과 중에 놀이 시간을 충분히 가졌다. • 영아가 자신의 몸 상태와 기분 등에 따라 놀이를 하거나 스스로 휴식을 취할 수 있도록 편안하게 하루를 운영하였다.	• 상자 쌓기, 나무 막대로 상자 두드리기, 까꿍 놀이하기, 머리에 상자를 쓰거나 상자 안에 들어가기 등 자신이 원하는 방식으로 놀이를 즐기는 영유아의 모든 놀이를 존중하며 지켜보았다. • 영아가 나무 막대로 상자를 두드려 소리를 만들 때, 교사는 영아가 만든 리듬과 박자를 따라 하며 영아가 놀이를 주도할 수 있도록 상호작용하였다. • 영아가 쌓은 블록이 자꾸 무너질 때, 바로 도와주기보다는 영아에게 도움이 필요한지 의견을 물어보았다.

③ 자연과 더불어 살기

• 주변의 동식물에 관심을 가진다.

0~1세 영아가 풀, 꽃, 나무, 곤충, 동물 등 주변의 익숙한 동식물의 모양이나 색, 소리, 움직임, 냄새, 촉감 등에 관심을 가진다.

• 날씨의 변화를 감각으로 느낀다.

0~1세 영아가 일광욕을 하거나 산책, 바깥놀이를 하면서 바람, 햇빛, 비 등을 직접 감각으로 느낀다. 다음은 '흠~흠~냄새나!' 영아의 경험(사례)에 따른 교사의 지원은 표 11-5와 같다.

표 11-5 '흠~흠~냄새나!' 영아의 경험(사례)에 따른 교사의 지원

'흠~흠~냄새나!' 교사 지원			
내용범주	공간	일과	상호작용
자연과 더불어 살기	• 영아가 자연에 관심을 가지고 자유롭고 편안하게 탐색할 수 있도록 어린이집 내부에 텃밭 상자를 비치해주었다.	• 일과 중에 영아가 자연을 접하고 탐색하며 돌볼 수 있는 시간을 마련하였다.	• 영아가 식물을 탐색하는 모습을 주의 깊게 살피고 영아가 하는 행동을 따라 하면서 영아의 행동과 느낌을 언어로 표현해주었다.

2) 2세 목표와 내용

(1) 목표

2세 표준보육과정에서 수립한 자연탐구 영역의 목표와 내용범주에 따른 하위 목표를 살펴보면 다음과 같다.

| 표 11-7 | '아까는 딱딱했는데, 지금은 미끌미끌해' 영아의 경험(사례)에 따른 교사의 지원

'아까는 딱딱했는데, 지금은 미끌미끌해' 교사 지원			
내용범주	자료	일과	상호작용
탐구과정 즐기기	• 미역을 젖은 상태로 보여주는 것이 아니라, 마른 상태로 제시하여, 영아들이 미역의 특성과 변화를 즐겁고 재미있게 관찰할 수 있도록 하였다.	• 점심식사와 연계하여 미역국을 꺼리는 일부 영아를 위해 미역과 친해질 수 있는 경험을 제공하였다.	• 영아들에게 일방적으로 미역의 변화과정을 설명하지 않고, 영아가 스스로 다양한 방식(부수기, 쪼개기, 냄새 맡기, 혀로 맛보기, 씹어 먹기, 물에 담그기, 물에 불어난 미역을 만지고 조물거리기, 개별 쟁반 위에 미역을 덜어보기 등)으로 자유롭게 탐색할 수 있도록 하였다.

• 사물과 자연을 반복하여 탐색하기를 즐긴다.

2세 영아가 자신이 관심 있는 물체와 물질, 자연물을 주도적으로 반복하여 탐색하기를 즐긴다.

② 생활 속에서 탐구하기

• 친숙한 물체의 특성과 변화를 감각으로 탐색한다.

2세 영아가 주변에서 쉽게 발견할 수 있는 친숙한 물체와 물질의 모양, 색, 냄새, 소리, 질감과 같은 특성을 감각을 이용하여 탐색하고, 물체와 물질을 만지고 누르고 구부리고 섞어보면서 물체의 변화를 탐색한다.

• 물체의 수량에 관심을 가진다.

2세 영아가 일상생활에서 익숙한 물체의 많고 적은 양을 구별하고 수에 관심을 가진다.

• 주변 공간과 모양을 탐색한다.

2세 영아가 자신의 몸과 물체를 움직여 자신과 사물, 사물과 사물 간의 위치, 방향, 거리 등의 관계를 탐색하고 주변에서 자주 접하는 물체의 모양을 탐색한다.

• 규칙성에 관심을 가진다.

2세 영아가 일상생활과 놀이를 통해 사물이나 사건, 자연의 변화가 일정한 순서로 반복되는 것에 관심을 가진다.

• 주변 사물을 같고 다름에 따라 구분한다.

2세 영아가 관심 있는 사물이나 놀이자료를 영아 나름대로 같고 다름의 기준에 따라 구분한다.

• 생활 도구에 관심을 가진다.

2세 영아가 일상생활에서 사용하는 다양한 도구에 관심을 가지고 일상에서 직접 도구를 사용해 본다. 다음은 '어휴~내가 물을 너무 많이 담았나 봐' 영아의 경험(사례)에 따른 교사의 지원은 표 11-8과 같다.

| 표 11-8 | '어휴~내가 물을 너무 많이 담았나 봐' 영아의 경험(사례)에 따른 교사의 지원

'어휴~내가 물을 너무 많이 담았나 봐' 교사 지원			
내용범주	공간	자료	상호작용
생활 속에서 탐구하기	• 비가 약간 내리는 날, 바깥놀이터에 나가서 놀자는 영아들의 요청을 기꺼이 수용하고, 영아가 물뿌리개에 물을 가득 담고 조합놀이대 계단과 구름다리, 흔들다리로 이동하며 물뿌리며 탐색할 수 있도록 지원하였다.	• 영아가 성인이 사용하는 물뿌리개를 자유롭게 사용할 수 있도록 하고, 영아가 자유롭게 물을 놀이자료로 사용할 수 있도록 하였다.	• 무거워 보이는 물뿌리개를 들고 이동하는 영아가 힘들어 보이지만, 성급하게 일방적으로 도움을 주기보다는 영아를 따라다니며, 영아가 시도하는 다양한 행동을 지켜보았다.

③ 자연과 더불어 살기

• 주변의 동식물에 관심을 가진다.

2세 영아가 주변의 반려동물이나 작은 곤충, 친숙한 동물, 꽃과 나무 등의 모양, 소리, 움직임에 관심을 가진다. 다음은 '여기 매미 허물 있어!!' 영아의 경험(사례)에 따른 교사의 지원은 표 11-9와 같다.

| 표 11-9 | '여기 매미 허물 있어!!' 영아의 경험(사례)에 따른 교사의 지원

'여기 매미 허물 있어!!' 교사 지원				
내용범주	공간	자료	일과	상호작용
자연과 더불어 살기	• 어린이집 주변 공원의 산책을 통해 영아들이 가을을 직접 몸으로 느낄 기회를 제공하였다.	• 공원에서 가져온 매미 허물과 낙엽을 가을 풍경 꾸미기 미술활동의 자료로 활용할 기회를 제공하였다.	• 교사는 영아들이 매미 허물을 자유롭고 충분히 탐색할 수 있도록 서두르지 않았다.	• 교사는 영아들에게 매미 허물에 대한 개념적 지식을 가르치려고 하기보다, 영아들이 여름에 경험했던 사전 경험을 바탕으로 매미 허물을 자유롭게 탐색할 수 있도록 지원하였다. 교사는 한 영아가 매미 허물을 조심스럽게 산책 가방에 넣을 때, 영아의 마음을 읽고 존중하였다.

• 날씨와 계절의 변화를 감각으로 느낀다.

2세 영아가 바깥놀이나 산책을 나가서 바람, 눈, 비, 추위, 더위 등 자연현상에 따라 변화하는 날씨와 계절을 감각으로 느낀다.

3) 3~5세 목표와 내용

(1) 목표

3~5세 표준보육과정(누리과정)에서 수립한 자연탐구 영역의 목표와 내용범주에 따른 하위 목표를 살펴보면 다음과 같다.

목표	탐구하는 과정을 즐기고, 자연과 더불어 살아가는 태도를 가진다.
내용범주에 따른 목표	1. 일상에서 호기심을 가지고 탐구하는 과정을 즐긴다. 2. 생활 속의 문제를 수학적, 과학적으로 탐구한다. 3. 생명과 자연을 존중한다.

3~5세 자연탐구 영역은 유아가 지적 호기심을 충족하기 위한 탐구과정을 즐겁게 경험하면서 탐구기술을 활용하고 생활 속에서 탐구과정을 즐

기며, 자연과 더불어 살아가는 것에 관심과 흥미를 갖도록 하기 위한 영역이다. 유아들이 일상에서 호기심을 가지고 자기 주도적으로 생활 속의 문제를 수학적, 과학적으로 탐구하며, 자연과 생명을 소중히 여기는 태도를 기르는 것을 목표로 한다.

(2) 내용[3)]

3~5세 자연탐구 영역은 유아가 궁금한 것에 대해 답을 찾기 위해서 적극적으로 탐색하고 탐구하며 이를 즐긴다. 자연탐구 영역은 유아가 물질, 사물, 자연현상, 동식물 등의 특성과 변화를 수학적, 과학적으로 탐구하는 다양한 경험과 태도를 기르기 위한 영역이다.

2019 개정 누리과정 이전에는 세 가지의 내용범주와 12개의 내용으로 구성되었으나 개정 누리과정에서는 세 가지 내용범주와 14개의 내용으로 구성되었다. 구체적 내용을 살펴보면 표 11-10과 같다.

| 표 11-10 | 3~5세 자연탐구 영역의 내용범주와 내용

내용범주	내용
탐구과정 즐기기	• 주변 세계와 자연에 대해 지속적으로 호기심을 가진다. • 궁금한 것을 탐구하는 과정에 적극적으로 참여한다. • 탐구과정에서 서로 다른 생각에 관심을 가진다.
생활 속에서 탐구하기	• 물체의 특성과 변화를 여러 가지 방법으로 탐색한다. • 물체를 세어 수량을 안다. • 물체의 위치와 방향, 모양을 알고 구별한다. • 일상에서 길이, 무게 등의 속성을 비교한다. • 주변에서 반복되는 규칙을 찾는다. • 일상에서 모은 자료를 기준에 따라 분류한다. • 도구와 기계에 대해 관심을 가진다.
자연과 더불어 살기	• 주변의 동식물에 관심을 가진다. • 생명과 자연환경을 소중히 여긴다. • 날씨와 계절의 변화를 생활과 관련짓는다.

출처: 교육부 · 보건복지부(2019a). 2019 개정 누리과정 해설서. p. 102.

3) 교육부 · 보건복지부(2019a). 2019 개정 누리과정 해설서. pp. 102-108. 발췌.

자연탐구 영역의 목표와 내용범주는 유아가 호기심을 가지고 궁금한 것을 적극적으로 탐구하는 과정을 즐기며, 생활 속의 문제를 수학적, 과학적으로 탐구해 보면서, 생명과 자연환경을 존중하는 내용으로 구성하였다. 기존 누리과정의 내용범주를 3~5세 유아가 생활 속에서 지속 가능한 사회를 위한 삶의 태도를 형성하는 내용으로 구성하였다.

- '탐구과정 즐기기'는 유아가 주변 세계와 자연에 대해 호기심을 가지고 즐겁게 탐색하는 모습을 반영하여 구성하였다.
- '생활 속에서 탐구하기'는 일상의 문제를 수학적, 과학적 방식으로 탐구하는 유아의 경험을 강조하였다.
- '자연과 더불어 살기'는 유아가 생명과 자연환경의 소중함을 경험하는 내용으로 새롭게 구성하였다. 기존 누리과정에서 사회관계 영역의 세부 내용인 '자연과 자원을 아끼는 습관을 기른다'와 자연탐구 영역의 내용인 '생명체와 자연환경 알아보기'와 '자연현상 알아보기'의 세부 내용들을 종합하여, 지속 가능한 사회를 위한 삶의 태도를 형성하는 내용으로 구성하였다.

다음은 3~5세 자연탐구 영역의 내용범주에 따른 내용과 유아 경험의 실제를 살펴보면 다음과 같다.

① 탐구과정 즐기기

유아가 주변 세계와 자연에 대해 지속적으로 호기심을 가지고, 궁금한 것을 탐구하는 과정에 적극적으로 참여하면서 서로 다른 생각에 관심을 갖는 내용이다. 다음 표 11-11은 '탐구과정 즐기기'의 내용범주에 따른 목표 및 내용을 이해하고 유아 경험의 실제를 살펴본다.

표 11-11 '탐구과정 즐기기'의 내용 이해 및 유아 경험의 실제

내용범주	탐구과정 즐기기
목표	일상에서 호기심을 가지고 탐구하는 과정을 즐긴다.
내용	• 주변 세계와 자연에 대해 지속적으로 호기심을 가진다. • 궁금한 것을 탐구하는 과정에 즐겁게 참여한다. • 탐구과정에서 서로 다른 생각에 관심을 가진다.

내용 이해	유아 경험의 실제
① 주변 세계와 자연에 대해 지속적으로 호기심을 가진다. 유아가 물질, 물체, 동식물, 자연현상 등에 호기심을 가지고, 놀이에서 지속적으로 궁금한 것을 찾아가거나 표현하는 내용이다. ② 궁금한 것을 탐구하는 과정에 즐겁게 참여한다. 유아가 궁금한 것을 알아보기 위해 관찰, 비교, 분류, 예측, 실험 등의 다양한 탐구과정을 자발적으로 즐기는 내용이다.	• 유아들의 모래 구덩이 만들기가 계속되고 있다. 오늘은 유아들이 모래 속으로 물을 붓는다. 한 유아가 "물이 자꾸 없어져."라고 말한다. 옆에 있던 유아들도 함께 "왜 자꾸 없어지지?", "땅을 더 파야 해.", "아니야, 빨리 물을 부어야 해."라고 이야기 나누며 물이 스며드는 것에 호기심을 가진다.
③ 탐구과정에서 서로 다른 생각에 관심을 가진다. 유아가 탐구하는 과정에서 자신의 생각을 또래나 교사와 함께 공유하고, 서로 다른 생각에 관심을 가지는 내용이다.	• 어제는 메뚜기를 발견하여 관찰하던 유아들이 오늘은 방아깨비를 이리저리 살펴보며 이야기를 나눈다. - 수연: 방아깨비 발밑이 찐득찐득해. 너도 해볼래? - 가현: 약간 간지러운데, 찐득해. 풀에 붙으려고 그런가 봐. - 규리: 음… 먹이를 잡아먹으려고 그런 거야. - 수연: 이거 봐. 찐득한 발로 내 손을 잡으려고 하는 것 같아.

출처: 교육부·보건복지부(2019a). 2019 개정 누리과정 해설서. p. 104. 발췌.

② 생활 속에서 탐구하기

유아가 물체의 특성과 변화를 여러 가지 방법으로 탐색하고, 물체를 세어 수량을 알아보고, 물체의 위치와 방향, 모양을 알고 구별하며, 길이와 무게 등의 속성을 비교하고, 반복되는 규칙을 찾아보고, 모은 자료들을

기준에 따라 분류하며, 도구와 기계에 관심을 가지고 생활 속의 문제를 다양하게 탐구하는 내용이다. 다음 표 11-12는 '생활 속에서 탐구하기'의 내용범주에 따른 목표 및 내용을 이해하고 유아 경험의 실제를 살펴본다.

표 11-12 '생활 속에서 탐구하기'의 내용 이해 및 유아 경험의 실제

내용범주	생활 속에서 탐구하기
목표	생활 속의 문제를 수학적, 과학적으로 탐구한다.
내용	• 물체의 특성과 변화를 여러 가지 방법으로 탐색한다. • 물체를 세어 수량을 알아본다. • 물체의 위치와 방향, 모양을 알고 구별한다. • 일상에서 길이, 무게 등의 속성을 비교한다. • 주변에서 반복되는 규칙을 찾는다. • 일상에서 모은 자료를 기준에 따라 분류한다. • 도구와 기계에 대해 관심을 가진다.

내용 이해	유아 경험의 실제
① 물체의 위치와 방향, 모양을 알고 구별한다. 유아가 자신과 물체를 기준으로 앞, 뒤, 옆, 위, 아래 등 공간 안에서 위치와 방향을 알아가는 내용이다. 유아가 주변 환경에서 네모나 세모, 둥근 기둥, 상자 모양 등을 찾고 다양한 모양에서 공통점과 차이점을 알아가는 내용이다.	• 유아들이 숨바꼭질을 한다. 한 유아가 "선생님, 쉿! 나 여기 밑에 숨어 있다고 말하면 안 돼요."라고 말하곤 미끄럼틀을 올라가는 계단 아래쪽으로 들어가 숨는다. "내 앞에 계단이 있으니까 친구들에게 난 잘 안 들키겠지? 하하"라고 혼잣말을 하며 웃는다.
② 일상에서 길이, 무게 등의 속성을 비교한다. 유아가 일상에서 길이나 무게 등 측정 가능한 속성을 알고, 이 속성을 기준으로 물체를 비교하여 순서 지어 보는 내용이다. 이 과정에서 유아는 자신의 신체를 비롯하여 다양한 물체를 활용하고, 다양한 비교 어휘를 사용하면서 순서를 지어 보는 내용이다.	• 복도에서 5세 수진이가 3세 승우와 4세 민석이를 만난다. 수진이가 "내가 키 재 줄게. 너희 둘이 여기에 서 봐."라고 말한다. 승우와 민석이가 등을 마주 대고 서자 수진이는 "니가 좀 더 큰데. 내가 누가 무거운지도 봐 줄게." 하며 두 유아를 차례로 뒤에서 두 팔로 안고 들어 올린다. 수진이는 "너보다 얘가 좀 더 무거워."하며 웃는다.
③ 주변에서 반복되는 규칙을 찾는다. 유아가 생활 주변에서 사물이나 사건의 양상이 일정한 순서로 반복 배열되는 것에 관심을 갖고 즐기며, 반복되는 배열에 숨어 있	• 바깥 놀이터에서 유아가 친구들에게 "우리 이 열매 모으자. 개미는 이걸 좋아하거든." 하며 제안하자, 유아들이 "여기 많다."라고 말하며 바닥에 떨어진 작은 열매

는 질서와 규칙을 발견하여 다음에 올 것이 무엇인지를 예측하는 내용이다.	를 줍기 시작한다. 한 유아가 솔방울을 내밀자, "아니야. 솔방울은 너무 커, 좀 작은 게 필요해. 동그랗게 이거랑 똑같이 생긴 것만."하고 말한다. 잠시 후 유아들이 주운 열매를 모으고, "이것 봐, 진짜 다 똑같은 열매다.", "그런데 여기 빨간 건 잘 익은 건가?", "내일 오면 개미가 빨갛게 익은 건 다 먹었겠지?"라고 말하며 빨간 열매와 초록 열매를 골라낸다.
④ 일상에서 모은 자료를 기준에 따라 분류한다. 유아가 일상생활에서 흥미와 관심에 따라 필요한 자료를 다양한 방법으로 모으고, 수집한 자료의 공통점과 차이점을 탐색하며, 이를 하나 또는 그 이상의 다양한 기준(예: 모양, 크기, 색깔 등)에 따라 정리하고 조직해보는 내용이다.	
⑤ 도구와 기계에 대해 관심을 가진다. 유아가 일상생활에서 사용하는 다양한 도구와 기계에 관심을 가지고 직접 사용해보면서, 도구와 기계가 우리의 생활에 어떠한 도움을 주는지에 대해 관심을 가지는 내용이다.	• 유아들이 선생님과 함께 콩나물무침 요리를 하고 있다. 작은 절구를 보던 한 유아가 "와! 맷돌이다."라고 말하자, 다른 유아들이 "저건 콩콩 찧는 거야.", "맷돌이 아니고…?" 하며 선생님을 쳐다본다. 선생님은 "이건 절구인데."라고 말하자, 유아들이 "오늘 콩나물무침에 쓰려고요?"하고 묻는다. 선생님은 "그래. 이걸로 깨소금을 만들어 볼까?"라고 말하며 절구 안에 깨를 넣는다.

출처: 교육부·보건복지부(2019a). 2019 개정 누리과정 해설서. pp. 106-107. 발췌.

③ 자연과 더불어 살기

유아가 주변의 동식물에 대해 관심을 가지고, 생명과 자연환경을 소중히 여기며, 날씨와 계절의 변화를 생활과 관련짓는 내용이다. 다음 표 11-13은 '자연과 더불어 살기'의 내용범주에 따른 목표 및 내용을 이해하고 유아 경험의 실제를 살펴본다.

표 11-13 '자연과 더불어 살기'의 내용 이해 및 유아 경험의 실제

내용범주	자연과 더불어 살기
목표	생명과 자연을 존중한다.
내용	• 주변의 동식물에 관심을 가진다. • 생명과 자연환경을 소중히 여긴다. • 날씨와 계절의 변화를 생활과 관련짓는다.

내용 이해	유아 경험의 실제
① 주변의 동식물에 관심을 가진다. 유아가 등·하원, 산책, 바깥 놀이터, 교실에서 접할 수 있는 동식물을 관찰하거나 직접 길러 보면서, 동식물의 특성에 관심을 가지고 탐구하는 내용이다. ② 생명과 자연환경을 소중히 여긴다. 유아가 동식물뿐만 아니라 동식물이 살아가기에 좋은 환경에 대해 관심을 가지고, 이들을 생명체로서 소중히 여기는 내용이다.	• 성민: 저, 도토리 엄청 주웠어요. - 교사: 벌써 도토리가 떨어져 있었어? - 성민: 네. 다람쥐들이 도토리를 많이 먹으라고 조금만 주웠어요. - 교사: 어머! 네가 주워온 도토리를 보니까 정말 가을이 온 걸 알겠구나. 네 말대로 다람쥐들은 맛있는 도토리를 먹는 가을이라서 신나겠다. - 성민: 저는요. 가을이 제일 좋아요. - 교사: 아~ 그렇구나. 왜? - 성민: 가을은 진짜 시원하잖아요. 난 더운 날씨가 싫어요.
③ 날씨와 계절의 변화를 생활과 관련짓는다. 유아가 낮과 밤, 날씨, 계절의 변화를 느끼고, 자연의 변화가 자신의 옷차림, 놀이 등 일상생활에 영향을 준다는 것을 이해하고 적절하게 대처하는 내용이다.	• 유아가 개미를 발견하고 모두 놀란다. "야 개미다.", "여기 봐.", "으~악", "무서운 거 아니야." 한 유아가 "열매 같은 걸 가져가나 봐. 무겁겠다.", "배가 고픈가 봐.", "어디로 가지?", "밟지 마."라고 이야기하며 개미가 지나갈 수 있도록 몸을 옆으로 비키며 개미를 쳐다본다.

출처: 교육부·보건복지부(2019a). 2019 개정 누리과정 해설서. p. 108. 발췌.

보육과정의 운영은 영유아기 발달의 급속한 성장과 성숙, 학습이 일어나는 영유아들에게 제4차 표준보육과정(0~2세)과 개정 누리과정(3~5세)에 근거하여 적합한 보육과정을 계획하고, 계획에 따른 운영과 적절한 보육환경을 제공하여 영유아의 전인적인 발달을 촉진시키기 위해 보육계획이 수립되어야 한다. 최근 제4차 표준보육과정과 개정 누리과정은 놀이하며 배우는 아이로 성장 · 발달시키기 위해 영유아의 놀이에 초점을 맞추고 있다. 이번 개정을 통해 일부 보육현장에서 발생했던 지나친 교사 주도 활동을 지양하고, 연간, 월간, 주간, 일일 교육계획 수립 의무를 경감하여, 교육계획은 수립하되, 영유아의 관심, 특성, 여건을 감안해 '영유아와 교사가 함께 만들어가는 교육과정'임을 강조하였다(육아정책연구소, 2019). 따라서 제4부에서는 영아와 유아를 구별하여 영유아 중심, '잘 놀아야 잘 자란다'는 놀이 중심의 보육과정에 대해 살펴보고자 한다.

PART IV

보육과정 운영

CHAPTER

12 영아를 위한 보육계획 및 운영

영아의 발달 수준과 흥미, 경험에 적합한 형태의 보육활동이 실천되도록 하기 위하여 영아에게 적합한 보육계획이 필수적이다. 즉, 영아의 발달 특성과 발달단계에서 신체적, 인지적, 언어적, 사회·정서적으로 어떠한 발달 특성이 있는지, 무엇에 관심을 보이는지에 대한 지식에 기초하여 수립하여야 한다. 이러한 기초에 의해 수립한 보육과정을 운영할 때 영아는 생활 영역 주제를 중심으로 통합하여 보육과정을 구성하고, 주제를 통해 지식을 갖게 되고 통합적인 사고를 할 수 있는 능력을 갖게 된다(Katz & Chard, 1989). 제12장에서는 영아반 보육과정의 특성을 살펴보고, 보육과정의 운영 계획으로 연간 계획안, 월간 계획안, 주간 계획안, 일일 계획안 등의 주제별, 소주제별 계획 수립을 알아보고 영아반 하루 일과 운영 및 환경구성에 대해 살펴보고자 한다.

1 영아반 보육과정의 특성

영아반 보육과정은 다른 연령의 보육과정 보다 개인적인 특성에 따른 융통성을 많이 배려하기 때문에 언뜻 보기에는 상황에 따라 즉흥적으로 이루어지는 것으로 볼일 수 있다. 그러나 다양한 영아들의 특성을 배려하면서도 동시에 모든 영아들에게 공통적으로 적용해야 하는 교육적 경험들을 조직해야 하기 때문에 다른 연령의 보육과정보다 좀 더 치밀하고 세부적으로 계획하고 준비하여야 한다(김지은 외, 2012). 이 시기의 영아들은 월령에 따라 발달 수준에 차이가 크므로 운영 계획안 작성할 때 개별성과 융통성을 고려하여야 한다. 또한 영아들이 등원하여 부모와 분리를 잘 극복하고 하루 일과를 영아들의 흥미를 고려하여 활기차게 움직일 수 있도록 영아들의 욕구가 반영되어야 한다(권수정 외, 2014).

0~1세 영아의 발달 특성을 보육과정에 적용할 때 스스로 할 수 있는 능력과 자세를 갖추고, 양육활동이 교육적으로 올바른 태도를 형성할 수 있도록 도와주는 활동으로 전개되어야 한다(서영숙 외, 2017). 즉, 낮잠 자기, 손 씻기, 간식 · 이유식 및 점심 먹기, 배변 훈련하기, 옷 입고 벗기 등 일상생활과 관련된 내용을 교육적으로 접근하여 올바른 생활습관을 기르도록 구성한다.

2세가 되면 자조기술이 더 발달하게 되는데 모든 것이 서툴지만, 스스로 하겠다는 의지가 강하게 나타난다. 즉, 화장실 사용하기, 옷 입고 벗기, 먹고 씻기 등 성인이나 또래와의 상호작용과 같은 일련의 교류활동이 포함된다. 교사는 우연한 기회에서 시작된 활동이든 계획하에서 시작된 활동이든 일상생활을 교육의 기회로 활용하고 영아의 능력, 흥미, 관심이 무엇인지 관찰 하고 적절히 반응하며 자발적인 놀이를 교육적 기회가 되도록 해야 한다(서영숙 외, 2017).

영아에게 적합한 보육과정을 계획할 때 고려할 사항은 다음과 같다(보건복지부, 2013d).

첫째, 발달적, 심리적, 생리적인 면에서 개별 영아의 욕구에 우선하여 보육계획을 수립하고 운영한다.

둘째, 일상적 양육을 기반을 둔 보육과정을 운영한다.

셋째, 개별적 관계 중심의 보육프로그램이 계획되고 융통성 있는 실행을 하여야 한다.

넷째, 민감하고 애정적인 교사의 역할과 상호작용의 질이 무엇보다도 중요하다.

김지은 외(2012)는 영아 보육과정 계획 시에 다음과 같은 사항을 고려해야 한다고 제시하였다.

- 영아들의 보육과정은 일상생활 속의 경험들이 모두 교육적인 경험으로 제공되도록 계획되어야 한다.
- 가정에서처럼 편안하고 안정된 분위기에서 기본생활 습관 등을 경험하고 반복할 수 있도록 보육과정을 계획해야 한다.
- 신체발달이 왕성한 영아의 특성을 고려하여 대·소근육 발달을 위한 놀이와 프로그램을 운영하도록 한다.
- 감각발달이 활발한 영아의 특성을 고려하여 듣고, 냄새 맡고, 만지고, 맛볼 수 있는 기회와 경험을 많이 제공해야 한다.
- 영아와 교사 간의 비언어적 의사소통 방법에 중점을 두고 보육과정을 계획해야 한다.
- 2세 영아는 1세 영아와 달리 신체적 보호에서 벗어나 일상생활에서 경험이 신체적, 인지적, 언어적, 사회·정서적 발달의 통합된 교육적인 개념으로 다루어지도록 계획되어야 한다.

따라서 영아들은 일상생활 경험과 발달적으로 영아가 경험해야 할 주제를 중심으로 계획하여야 한다. 영아의 경우 일상생활이 곧 교육적 경험으로 연결되며 이러한 경험들은 영아의 전인적 발달을 도모하게 된다.

다음 내용은 이대균 외(2009)가 제시한 영아 보육 시에 고려해야 할 필요 사항이다.

- 다른 시기에 비해 급속한 발달적 변화를 겪는 시기이다.
- 자신을 돌봐주는 성인과의 애착 형성이 중요하다.
- 영아의 욕구충족과 만족이 우선적으로 고려되어야 한다.

- 각 영아의 대한 개인적인 관심과 반응이 고려되어야 한다.
- 통합적인 운영이 이루어져야 한다.
- 일상적인 보살핌이 보육 내용의 중요한 요소가 되어야 한다.
- 기본생활 습관 형성이 강조되어야 한다.

2 영아반 보육과정 운영 계획

보육계획을 수립하는 것은 보육 목표의 실행, 내용 선정의 적절성, 보육 방법의 적합성, 평가의 유용성 등 보육의 질을 높이고 질적 수준을 지속적으로 유지하기 위해 중요하다. 즉, 보육계획은 영아에게 의미 있는 보육 목표를 설정하고, 목표를 달성하도록 돕는 적절한 활동과 경험 등의 내용을 선정하고, 일련의 구체적 보육활동이 방향성을 갖도록 교육방법을 조직하고 의도한 목표가 보육활동의 결과로서 제대로 달성되었는지를 판단하는 평가의 과정이 포함된다(김상림 외, 2015). 또한 이러한 보육계획을 수립할 때 0~2세 영아인 경우 표준보육과정에서 제시하고 있는 목표와 내용범주 및 내용을 근거로 발달에 적합한 주제와 활동을 선정하여야 한다.

보육계획은 1년 단위로 계획되며, 일반적으로 연간보육계획, 월간보육계획, 주간보육계획, 일일보육계획을 세우게 된다. 그러나 제4차 표준보육과정(0~2세)에 따르면, 교사의 보육계획 수립의 의무를 경감하여, 보육계획을 수립하되, 영아의 관심, 특성, 상황, 여건 등을 감안해서 작성하도록 하였다. 따라서 교사는 제4차 표준보육과정에 근거하여 영아가 달성해야 하는 보육 목표와 내용을 주제로 묶어 연간 계획안과 월간 계획안을 수립할 수 있다. 또한 주간 계획안과 일일 계획안 역시 표준보육과정의 보육 영역의 균형을 맞추어 체계적이고 구체적인 주제를 정해서 목표를 달성하도록 계획해야 한다.

1) 연간 계획안

연간 계획안은 영아의 연령, 발달 수준, 계절, 지역사회 특성, 어린이집의 특수성 등을 고려하여 1년 동안 보육 철학, 보육목표, 보육 내용, 보육 방향을 시기적으로 적절하게 전체적인 균형을 한눈에 볼 수 있도록 계획을 수립한다.

(1) 0세반 연간 계획안

0세 영아는 월령에 따라 발달 수준이 차이가 크고, 상당히 다르기 때문에 연간계획보다는 월령에 맞는 활동을 미리 몇 주 분량을 준비해 두고 영아의 관심에 따라 적절히 운영하는 것이 바람직하다(서영숙 외, 2017). 연간 보육계획안은 어린이집의 전체적인 보육 일정에 따라 진행되고 실제적인 보육활동은 각 영아의 수준과 개별적인 생활리듬으로 계획을 수립하고 운영하는 것이 적절하다. 0세 영아를 위한 주제 선정은 그림 12-1과 같다.

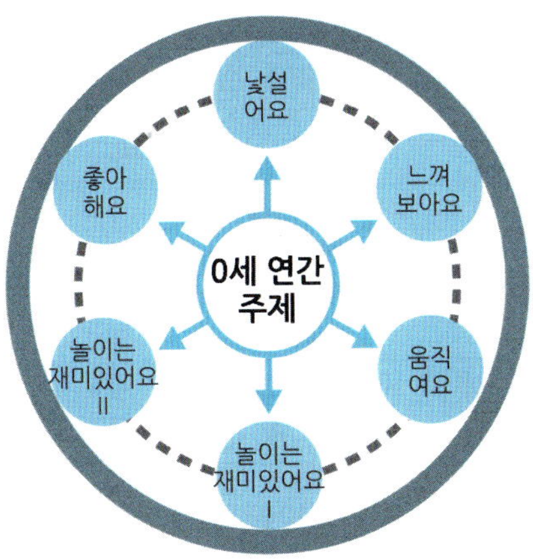

그림 12-1 0세 영아를 위한 주제 선정

출처: 보건복지부(2013d). 어린이집 표준보육과정에 기초한 영아보육프로그램 0세 1권. p. 11.

월	주제	소주제		관련 행사
12	좋아해요	1주	추운 겨울이 왔어요	• 마음을 나누는 크리스마스 • 신체 측정
		2주	안아줘요	
		3주	같이 해 봐요	
		4주	사랑해요	
1	요리조리 흉내놀이	1주	거울 보고 흉내 내기	• 설날 한마당 • 신체 측정
		2주	선생님처럼 해봐요	
		3주	엄마처럼 아빠처럼	
		4주	그림책 속엔 누가 있을까?	
2	내가 해 볼래요	1주	숟가락으로 먹어요	• 신체 측정
		2주	내 물건을 찾아요	
		3주	혼자 할 수 있어요	
		4주	형님반이 되었어요	

출처 : 현대자동차 남양연구소 어린이집 : 김상림 외(2015) 재인용. p. 274.

(2) 1세반 연간 계획안

1세 영아는 일상생활과 주변 환경의 변화, 영아의 흥미를 중심으로 주제를 선정하는데 무엇보다 어린이집 환경에 잘 적응할 수 있는 주제를 다루거나 교사와 신뢰로운 관계를 형성할 수 있고 안정된 애착을 도울 수 있는 주제를 선정한다. 일상생활에서 느낄 수 있거나 놀이할 수 있는 것, 움직이는 것, 좋아하는 것이 무엇인지 관찰하여 주제로 활용한다. 대체로 자조능력을 도와주는 주제로는 손 씻기, 배변훈련, 혼자 음식 먹기, 깨끗이 하는 것 등을 스스로 할 수 있도록 습관을 기르는 데 초점을 둔다. 또한 처음으로 집을 떠나 어린이집이라 새로운 환경에 적응할 수 있도록 영아 중심, 놀이 중심의 보육계획을 선정하고, 자신의 몸을 중심으로 자아개념을 형성할 수 있도록 하는 내용을 주제로 선택해야 한다.

1세 영아가 어린이집에 처음 왔을 때 경험하게 되는 적응 과정을 '새로운 것이 낯설어요'에서 다루며, 1년 동안 지내면서 맺게 된 친근한 관계와 신학기가 되어 새로운 반으로 가는 적응의 과정은 '새로운 것도 좋아요'의 주제를 통해 다루도록 한다.

'느낄 수 있어요'와 '움직이는 것이 재미있어요'의 주제는 1세 영아의 감각과 신체운동의 발달 특성을 기초로 선정한다. 또한 자아개념의 발달, 배변훈련이라는 발달과업은 '느낄 수 있어요', '움직이는 것이 재미있어요', '나는 할 수 있어요' 주제를 선정하여 반영한다. 또한 1세 영아의 기능놀이, 단순한 가작화 놀이의 발달 특성을 반영하기 위하여 '놀이할 수 있어요' '좋아하는 놀이가 있어요' 주제를 선정한다. 1세반 연간 보육계획 시 선정 주제는 다음의 표 12-3과 같다.

표 12-3 1세반 보육계획 시 선정 주제(예시)

특성	주제명	비고
적응	새로운 것이 낯설어요	어린이집 적응과정 친밀한 관계 형성 새로운 관계, 환경에 대한 관심증진
	새로운 것도 좋아요	
발달특성, 발달과업	느낄 수 있어요	감각운동적인 놀이와 활동 포함 배변훈련 과정 포함 1세아의 놀이 특성 반영
	움직이는 것이 재미있어요	
	놀이할 수 있어요	
	좋아하는 놀이가 있어요	

출처: 보건복지부(2013e). 어린이집 표준보육과정에 기초한 영아보육프로그램 1세 1권. p. 9.

표 12-3에 제시되어 있는 1세반 연간 주제 7개는 0~2세의 연간 보육계획 주제와 서로 긴밀하게 연계되어 있다. 예를 들어, 1세 영아의 연간 보육계획 주제 '느낄 수 있어요'는 0세의 '느껴 보아요' 주제, 2세의 '나는요' 주제 중 '나는 느껴요'라는 소주제와 연계됨을 알 수 있다([그림 12-2] 참조). 또한 표 12-4는 1세 보육프로그램의 연간 주제별 예시를 보면 다음과 같다.

그림 12-2 연령 간 연계성 고려 예시

출처: 보건복지부(2013e). 어린이집 표준보육과정에 기초한 영아보육프로그램 1세 1권. p. 9.

표 12-4 1세반 연간 주제별 소주제(예시)

월	주제	소주제		관련 행사
3	새로운 것이 낯설어요	1주	어린이집에 왔어요	• 신입원아 적응 프로그램
		2주	만나고 친해져요	
		3주	우리 반에 무엇이 있을까요?	
		4주	밖으로 나가 보아요	
4	놀이할 수 있어요	1주	놀잇감은 재미있어요 1	• 신체 측정
		2주	놀잇감은 재미있어요 2	
		3주	까꿍놀이 재미있어요	
		4주	조심해서 놀아요	
		5주	놀잇감을 정리해요	
5	예쁜 내 얼굴	1주	나는 이름이 있어요	• 어린이날 행사 • 신체 측정
		2주	내 얼굴은 예뻐요	
		3주	내 몸은 튼튼해요	
		4주	말할 수 있어요	
6	움직이는 것이 재미있어요	1주	움직이게 할 수 있어요	• 신체 측정
		2주	몸을 움직여요	
		3주	즐겁게 춤을 춰요	
		4주	응가, 쉬 놀이가 좋아요.	
7	첨벙첨벙 물놀이	1주	더워요	• 신체 측정
		2주	물이 궁금해요	
		3주	물놀이가 재미있어요 1	
		4주	물놀이가 재미있어요 2	
		5주	하계 휴무	
8	나는 할 수 있어요	1주	살펴보아요	• 신체 측정
		2주	온몸으로 느껴보아요	
		3주	찾을 수 있어요	
		4주	즐겁게 할 수 있어요	

월	주제	소주제		관련 행사
9	좋아하는 놀이가 있어요	1주	엄마, 아빠 인형놀이	• 한가위 행사 • 신체 측정
		2주	그림책으로 놀아요	
		3주	춤추고 놀이해요	
		4주	흉내 내요	
10	바깥세상	1주	바깥놀이터에서 놀아요	• 신체 측정
		2주	산책을 해요	
		3주	구경을 가요	
		4주	소풍을 가요	
		5주	즐거운 바깥놀이	
11	그림책	1주	마음대로 그려봐요	• 신체 측정
		2주	사진찍기 놀이해요	
		3주	그램책으로 놀아요	
		4주	그림책을 만들어 봐요	
12	추워요	1주	추워요	• 크리스마스 행사 • 신체 측정
		2주	따뜻하게 입어요	
		3주	눈이 내려요	
		4주	크리스마스 선물	
		5주	겨울은 즐거워요	
1	궁금한 것이 많아요	1주	짝을 찾아보아요	• 신체 측정
		2주	열어보아요	
		3주	누구세요?	
		4주	어떻게 할까요?	
2	새로운 것도 좋아요	1주	선생님이 좋아요	• 신체 측정
		2주	우리는 같아요	
		3주	우리는 달라요	
		4주	함께 놀아요	

출처: 현대자동차 남양연구소 어린이집; 김상림 외(2015) 재인용. p. 276.

(3) 2세반 연간 계획안

2세 영아는 0~1세 영아에 비해 일상적 양육활동과 함께 놀이 활동의 비중이 커진다. 그러므로 2세를 위한 연간 주제는 2세의 발달 특성과 발달과업을 반영하여 어린이집, 나, 가족, 친구로 관계를 확장해 나가고, 계절의 변화, 영아의 흥미를 반영하여 주제를 선정한다.

연간 보육계획에는 어린이집의 영유아에 대한 보육 철학과 영유아의 전인발달을 위한 책임과 자세가 포함되어 있다고 볼 수 있다.

2세반 연간 보육계획의 주제를 연령, 흥미, 발달 적합성, 계절, 어린이집이나 지역사회의 특성 등에 비추어 다음 표 12-5와 같이 9개 주제로 선정할 수 있다. 또한 2세반 연간 주제별 소주제 예시는 다음 표 12-6과 같다.

표 12-5 2세반 연간 보육계획 시 선정 주제(예시)

특성	주제명	비고
연령, 흥미, 발달	어린이집이 좋아요	• 관계에 대한 체계성 추구 • 친근한 환경에 대한 관심
	나는요	
	나는 가족이 있어요	
	나는 친구가 있어요	
	동물놀이 해요	
계절	봄나들이 가요	• 계절 및 색깔, 모양 주제를 자연스럽게 포함
	재미있는 여름이에요	
	알록달록 가을이에요	
	겨울과 모양을 즐겨요	

출처: 보건복지부(2013f). 어린이집 표준보육과정에 기초한 영아보육프로그램 2세 1권. p. 8.

표 12-6 2세반 연간 주제별 소주제(예시)

월	주제	소주제		관련 행사
3	어린이집에 왔어요	1주	어린이집에 왔어요	• 신입원아 적응 프로그램
		2주	우리 선생님 우리 반이에요	
		3주	내 물건과 내 옷장이에요	
		4주	어린이집에는 재미있는 곳이 많아요	
4	놀잇감 탐색, 신나는 바깥놀이	1주	놀잇감은 재미있어요	• 신체 측정
		2주	재미있는 모래놀이해요	
		3주	미끄럼틀은 신나요	
		4주	안전하게 놀이해요	
5	봄 나들이 가요	1주	솔솔, 바람이 불어요	• 어린이날 행사 • 신체 측정
		2주	예쁜 꽃이 피었어요	
		3주	나비가 날아다녀요	
		4주	산책을 가요 1	
		5주	산책을 가요 2	

<table>
<tr><th>월</th><th>주제</th><th colspan="2">소주제</th><th>관련 행사</th></tr>
<tr><td rowspan="4">6</td><td rowspan="4">나는요</td><td>1주</td><td>나는 ○○이예요</td><td rowspan="4">• 신체 측정</td></tr>
<tr><td>2주</td><td>내 몸을 살펴봐요</td></tr>
<tr><td>3주</td><td>나는 느껴요</td></tr>
<tr><td>4주</td><td>내가 좋아하는 것이 있어요</td></tr>
<tr><td rowspan="5">7</td><td rowspan="5">더워요</td><td>1주</td><td>날씨가 더워졌어요</td><td rowspan="5">• 물놀이 축제
• 신체 측정</td></tr>
<tr><td>2주</td><td>물놀이가 재미있어요 1</td></tr>
<tr><td>3주</td><td>물놀이가 재미있어요 2</td></tr>
<tr><td>4주</td><td>여행을 가요 1</td></tr>
<tr><td>5주</td><td>여행을 가요 2</td></tr>
<tr><td rowspan="4">8</td><td rowspan="4">동물</td><td>1주</td><td>여러 가지 동물이 있어요</td><td rowspan="4">• 신체 측정</td></tr>
<tr><td>2주</td><td>엄마 동물과 아기 동물이 있어요</td></tr>
<tr><td>3주</td><td>동물처럼 소리를 내요</td></tr>
<tr><td>4주</td><td>동물처럼 움직여요</td></tr>
<tr><td rowspan="4">9</td><td rowspan="4">가족</td><td>1주</td><td>엄마, 아빠가 좋아요</td><td rowspan="4">• 신체 측정</td></tr>
<tr><td>2주</td><td>엄마, 아빠를 흉내 내요 1</td></tr>
<tr><td>3주</td><td>엄마, 아빠를 흉내 내요 2</td></tr>
<tr><td>4주</td><td>할아버지, 할머니가 계세요</td></tr>
<tr><td rowspan="5">10</td><td rowspan="5">내가 만나는
사람들</td><td>1주</td><td>친구가 좋아요</td><td rowspan="5">• 신체 측정</td></tr>
<tr><td>2주</td><td>우리를 도와주는 사람이 있어요 1</td></tr>
<tr><td>3주</td><td>우리를 도와주는 사람이 있어요 2</td></tr>
<tr><td>4주</td><td>흉내 내기는 재미있어요 1</td></tr>
<tr><td>5주</td><td>흉내 내기는 재미있어요 2</td></tr>
<tr><td rowspan="4">11</td><td rowspan="4">탈 것</td><td>1주</td><td>자동차 놀이를 해요</td><td rowspan="4">• 신체 측정</td></tr>
<tr><td>2주</td><td>여러 가지 탈것 놀이를 해요 1</td></tr>
<tr><td>3주</td><td>여러 가지 탈것 놀이를 해요 2</td></tr>
<tr><td>4주</td><td>안전하게 타요</td></tr>
<tr><td rowspan="4">12</td><td rowspan="4">추워요</td><td>1주</td><td>날씨가 추워졌어요</td><td rowspan="4">• 신체 측정</td></tr>
<tr><td>2주</td><td>옷차림이 달라요</td></tr>
<tr><td>3주</td><td>추울 때 하는 놀이가 있어요</td></tr>
<tr><td>4주</td><td>눈이 내려요</td></tr>
<tr><td rowspan="5">1</td><td rowspan="5">재미있는 색깔,
모양놀이</td><td>1주</td><td>여러 가지 색깔이 있어요</td><td rowspan="5">• 신체 측정</td></tr>
<tr><td>2주</td><td>색깔로 놀이해요</td></tr>
<tr><td>3주</td><td>여러 가지 모양이 있어요</td></tr>
<tr><td>4주</td><td>모양 놀이를 해요 1</td></tr>
<tr><td>5주</td><td>모양 놀이를 해요 1</td></tr>
<tr><td rowspan="4">2</td><td rowspan="4">형, 언니가
되어요</td><td>1주</td><td>많이 자랐어요</td><td rowspan="4">• 신체 측정</td></tr>
<tr><td>2주</td><td>도와줄 수 있어요</td></tr>
<tr><td>3주</td><td>혼자서도 잘 해요</td></tr>
<tr><td>4주</td><td>형, 언니가 되었어요</td></tr>
</table>

출처: 현대자동차 남양연구소 어린이집; 김상림 외(2015) 재인용. p. 278.

2) 월간 계획안

일반적으로 월간 보육계획은 연간 보육계획을 토대로 작성한 한 달간의 보육계획으로 연간 보육계획의 목표를 달성하기 위한 구체적인 내용을 계획하는 데 각 주제와 소주제별로 활동을 구성하여 수립한다(보건복지부, 2013d).

영아의 경우에는 흥미 있어 하는 하나의 주제와 관련된 활동을 반복하기를 즐기는 경향이 있으므로 월별로 계획을 수립하기보다는 주제별로 계획을 수립하고, 주제별 보육계획은 영아의 특성을 고려해 선정된 주제의 실행기간을 충분하게 정하며, 융통성 있게 선정하여야 한다(김상림 외, 2015).

국가수준의 어린이집 표준보육과정 영아반 주제별 보육계획안의 활동은 다음과 같이 구성하고 있다(보건복지부, 2013g).

첫째, 영아를 위한 주제별 보육계획안의 활동 구성은 영아의 발달 특성과 흥미를 고려하여 연령이 증가함에 따라 세분화하여 구성한다.
둘째, 영아반 주제별 보육계획안의 활동은 등원 및 맞이하기, 기본생활 및 안전, 일상생활, 놀이 활동(실내 자유놀이, 실외 자유놀이), 귀가 및 가정과의 연계 등으로 구성하되, 월령을 고려하여 영역을 세분화하여 구성한다.
셋째, 구체적으로 일상생활 활동은 교사의 준비나 항상 유의하여야 할 점검 활동과 영아가 경험하여야 할 활동으로 구분하여 계획한다.
넷째, 놀이 활동은 실내놀이와 실외놀이로 구분하여 매일 실외활동을 계획한다.

(1) 0세반 월간 계획안

앞에서 설명하였듯이 0세 영아를 위한 연간 보육계획의 주제는 월별로 수립하지 않았으므로 '주제별 보육계획'이라는 용어를 사용한다. 0세 영아는 영아의 발달에 따라 적합한 주제를 선정하여 월별로 보육계획을 수립하여야 한다.

주제별 보육계획안 구성의 원리 및 운영 특성을 살펴보면 다음과 같다(보건복지부, 2013d).

① 주제 선정 기간 동안 이루어지는 활동을 모두 제시하되 주제와 활동의 순서를 구별하지 않고 소주제로 구분한다.

② 주제에 따른 소주제는 0세 영아 전체를 위해 선정하지만, 개별 영아에 적합하게 독립적으로 운영될 수 있어야 한다. 다시 말하면, 소주제를 두 개 선정하여 계획하거나 운영할 수도 있다는 것이다. 영아의 월령, 발달적 수준과 요구 등의 상황을 고려하여 소주제의 전개 순서는 교사가 재조직하여야 한다. 또한 영아의 발달적, 심리적 요구에 따라 진행되고 있는 주제와 다른 주제의 소주제를 계획하거나 선정하는 융통성을 적용할 수도 있어야 한다.

③ 주제에서의 활동은 영아의 특성을 고려하여 등원 및 맞이하기, 교사의 준비(안전과 청결), 일상생활, 놀이 활동, 귀가 및 가정과의 연계 등으로 구성한다.

④ 0세 영아교사는 일과에서 다루어지는 보육활동 전에 보육실 환경의 안전과 청결 내용을 체크하고 준비하는 일이 무엇보다 중요하다. 구체적인 내용을 체크리스트로 점검하여 0세 보육활동을 질 높게 실행하여야 한다.

⑤ 일상생활 활동은 수유 및 이유, 기저귀 갈이, 낮잠 및 휴식으로 구분한다. 교사의 준비나 늘 유의하여야 하는 점검 내용과 영아가 경험해야 할 활동으로 구분하여 계획한다.

⑥ 놀이 활동은 신체, 언어, 감각·탐색으로 나누어 구성하고 발달적으로 통합할 수 있도록 균형 있게 계획한다.

⑦ 놀이 활동은 실내놀이와 실외놀이로 구분하고 매일의 실외활동을 계획한다.

⑧ 가정에서의 영아의 상태와 특성에 대해 부모로부터 정보를 얻고 어린이집에서의 영아의 하루 일과의 특성을 부모에게 알려주는 소통이 중요하다. 부모와 교사는 영아에 대한 이해가 원활하여 영아의 특성과 상황에 맞는 개별적인 일과를 운영할 수 있도록 가정과의 연계를 적극적으로 계획하고 운영해야 한다.

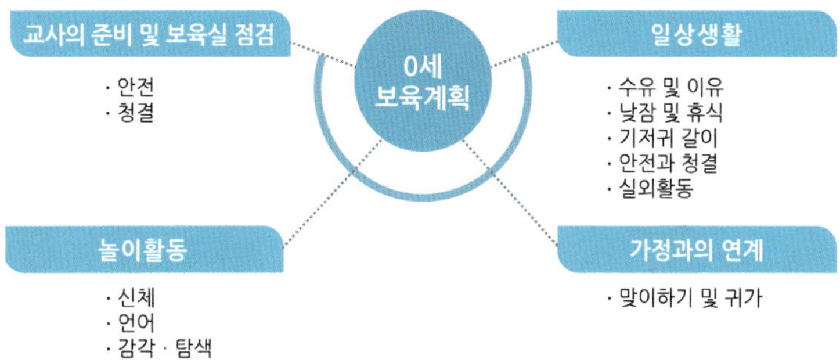

| 그림 12-3 | 0세반 보육계획

출처: 보건복지부(2013d). 표준보육과정에 기초한 영아보육프로그램 0세 1권. p. 19.

| 표 12-7 | 0세반 주제별 월간 계획안(예시)

주제 1		낯설어요		추정 기간	3월 1주~4월 5주(8주)	
소주제		엄마와 함께해요	선생님을 만나요	선생님을 만져봐요	선생님과 놀아요	익숙해졌어요
교사의 준비 및 보육실 점검		□ 보육실 환기하기 □ 보육실 청결 및 세팅하기 □ 수유용품 및 물 준비하기 □ 위생용품 준비하기 □ 영아의 개별소지품 확인하기 □ 일일보고서 작성 준비하기 □ 보육용품이나 비품의 모서리 보호대 점검하기				
맞이하기 및 가정과의 연계		□ 집에서의 영아의 상태나 특이사항에 대해 이야기 나누기 □ 체온 재기 □ 영아의 컨디션 시진하기 □ 투약의뢰 살피기				
		엄마와 함께 놀러가요. **엄마와 선생님 인사해요.**				
일상생활	수유 및 이유	□ 교사의 손 씻기 □ 우유나 이유식 준비하기 □ 이유 테이블 닦기 □ 수건, 휴지 등 위생용품 준비하기				
		선생님에게 안겨 우유를 먹어요. **이유식을 시작해요.**				
	낮잠	□ 보육실 환기하기 □ 잠자리 매트 깔기 □ 커튼 치거나 조도 낮추기 □ 기저귀 확인하기 □ 자는 영아 수시로 살펴보기				
		매트에 누워보자, 쿨쿨. **선생님의 토닥임을 느껴보아요.**				
	기저귀 갈이	□ 물휴지, 소독액 등 위생용품 준비하기 □ 기저귀 갈이 매트 소독하기 □ 기저귀 갈이 전 교사의 손 씻기 □ 기저귀 갈이 후 교사의 손 씻기				
		기저귀 가는 곳으로 가보아요 **쉬, 응가를 하고 기저귀 가는 곳으로 기어가 보아요**				
실내자유놀이	신체	영차, 영차, 엄마에게로	엄마와 같이 선생님과 놀아요	아이 간지러워	와르르 무너졌다	선생님이 밀어주는 자동차를 타요
		엄마와 함께 모빌을 만져봐요	손가락 인형 잡기	선생님은 흔들의자		
	언어	내 이름은?	누구일까요?	돼지코 놀이	선생님과 옹알이해요.	똑똑똑~
		누구 목소리일까?	엄마랑, 선생님이랑 책을 보아요.		딩동! 누구세요?	손 흔들어 안녕!
	감각·탐색	까꿍! 우리 가족들	선생님, 우리 선생님 여기!	'선생님, 안녕' 노래	없어졌다! 나타났다.	여기가 우리 반이에요
				우리 선생님 옷은요	선생님 노랫소리가 좋아요	
실외놀이		엄마와 어린이집 오는 길 둘러보기	어린이집 구경 가자	창문에서 바깥(실외 놀이터) 구경해요	선생님 품에 안겨 바깥 구경해요	유모차 타고 주변 산책하기
귀가 및 가정과의 연계		□ 수유 및 이유 상황 전달하기 □ 영아의 건강 및 안전의 특이 사항 전달하기 □ 영아의 개별용품 점검 후 요청하기 □ 어린이집에서 영아의 활동 간략히 전달하기				
		엄마를 반갑게 만나요. **엄마의 손을 잡고 집에 가요.**				

출처: 보건복지부(2013d). 어린이집 표준보육과정에 기초한 영아보육프로그램 0세 1권. p. 20.

(2) 1세반 월간 계획안

1세반 영아는 연간 보육계획에서 제시한 주제를 월별로 수립하지 않았으므로 엄밀하게 월간 보육계획이라고 정의하기보다 주제별 보육계획이라는 용어가 적절하다고 보고 주제별 보육계획이라고 할 수 있다. 다만 월별로 제시되지 않았다는 것만 차이가 있을 뿐, 기존의 월간 보육계획의 개념적 정의와는 차이가 없다. 그러므로 하나의 주제는 4주 이상, 경우에 따라서는 10주까지도 지속되고, 하나의 소주제 역시 2주 또는 3주까지 반복되도록 구성할 수 있다. 1세 영아를 위한 주제별 보육계획 수립에서 다음 사항을 유의하도록 한다(보건복지부, 2013e).

- 1개의 주제는 2~6개의 소주제로 구성한다. 주제별 보육계획은 기존의 월간 보육계획안처럼 월별로 진행하지 않고 주제와 진행 기간을 주차로 제시하고 있다. 따라서 연간 보육계획에서 언급한 바와 같이 주제에서 제시한 진행 기간을 반드시 동일하게 진행하지 않고 어린이집의 개별적 상황을 반영하여 주제의 진행 기간을 단축하여 진행할 수도 있다.
- 주제별 보육계획은 기존의 연간 보육계획안처럼 월별로 진행하지는 않지만 비고란에 실행하면 좋은 기간을 제시하고 있다. 이것을 반드시 준수할 필요는 없으나 1세 영아의 초기 적응기간인 3월이 하반기보다 전체적으로 활동에 대한 이해에 차이가 있을 수 있으므로 위에서 제시한 기간을 참조하여 2세 영아의 활동에 대한 흥미도를 반영하며 진행하는 데 도움이 될 수 있다.
- 소주제는 실시 기간을 구분하여 1~3주로 구성한다.
- 주제별 보육계획의 활동은 등원 및 맞이하기, 일상생활, 실내 자유놀이, 실외놀이, 귀가 및 가정과의 연계로 구분하여 구성한다.
- 비고에서는 주제별 보육계획 시 고려할 점을 다룬다.
- 일상생활은 기본생활 및 안전, 점심 및 간식, 낮잠, 기저귀 갈이와 배

변활동으로 구성한다. 1세 영아를 위한 일상생활은 교사와 부모를 위한 지도지침(tip)으로 제시하기도 하고, 일부 내용은 구체적인 활동계획을 제시한다.

- 실내 자유놀이는 신체, 언어, 감각 · 탐색, 역할 · 쌓기로 구성한다.

(3) 2세반 월간 계획안

일반적으로 월간 보육계획은 연간보육계획을 토대로 작성한 약 1개월 내외의 보육계획으로 연간 보육계획의 목표를 달성하기 위한 구체적인 내용을 계획하는 것으로서 소주제에 대한 내용이 활동별로 수립되어 있다. 다만, 연간 계획안에서 월별로 제시되지 않았다는 것만 차이가 있을 뿐 기존의 월간 보육계획의 개념적 정의와는 차이가 없다. 2세 영아를 위한 주제별 보육계획 수립에서 다음 사항을 유의하도록 한다(보건복지부, 2013f).

- 주제별 보육계획은 기존의 월간 보육계획안처럼 월별로 진행하지 않고 주제와 진행기간을 주차로 제시하고 있다.
- 연간 보육계획에서 언급한 바와 같이 주제에서 제시한 진행 기간을 반드시 동일하게 진행하지 않고 어린이집의 개별적 상황을 반영하여 주제의 진행 기간을 단축하여 진행할 수도 있다.
- 주제에서 제시한 소주제 역시 반드시 1주 소주제 다음에 2주 소주제가 확장되어 진행하고 있지 않으며 주제의 특성상 병렬식으로 진행되는 경우도 있으므로 어린이집의 개별적 상황을 반영하여 소주제의 순서를 바꾸어 진행할 수도 있다.
- 2세반의 초기 적응기간인 3월이 하반기보다 전체적으로 활동에 대한 이해의 차이가 있을 수 있으므로 위에서 제시시한 기간을 참조하면 2세반의 활동에 대한 흥미를 반영하며 진행하는 데 도움이 될 수 있다.
- 등원 및 맞이하기, 기본생활 및 안전, 점심 및 간식, 낮잠, 배변활동, 가정과의 연계, 지역사회 연계는 활동명만 제시하고 구체적인 활동계획은 제시하지 않고 있다.

- 수립된 활동이 2세 표준보육과정의 영역별 내용을 반영하고 있으며, 거의 동일 활동이 반복되지 않도록 고려하고 있으므로 어린이집에서는 이러한 활동이 2세반의 하루 일과 중 자연스럽게 경험될 수 있도록 항상 명심할 필요가 있다.
- 영유아는 모든 연령이 주제와의 통합적 활동을 지향하고 있는데 그 이유는 특정 활동만으로 주제와 연계가 이루어진다고 보기보다 여러 가지 놀이 활동과 일상적 양육활동, 가정 및 지역사회와의 연계적 협력으로 주제에 대한 이해가 해당 연령의 발달적 특성에 맞게 이루어지기 때문이다.
- 실내 자유놀이는 흥미영역의 다양성과 주제와의 통합성을 고려하여 영역별로 제시하고 있다. 따라서 어린이집의 개별적 상황에 따라 영역별로 1개 이상의 활동을 원할 수도 있고 오히려 다음 주로 활동을 지속하여 실행할 수도 있다. 이러한 부분은 어린이집이 해당 반 상황을 반영하여 스스로 조절할 수 있음을 명심하도록 한다.
- 주제 선정 이유는 주제에 대한 이론적 배경, 목표, 진행 방법 등이 기술되어 있다. 향후 어린이집에서 가정통신문에 주제별 보육계획안을 보낼 때 이 부분을 함께 안내하면 영유아 가정의 해당 주제에 대한 관심과 이해에 도움을 줄 수 있으므로 활용하도록 한다.

3) 주간 계획안

(1) 0세반 주간 계획안

소주제별 보육계획은 주제별 보육계획에서 선정한 활동과 영아들의 흥미와 활동에 대한 반응 등을 고려하여 영아들이 소주제의 선정 기간 동안을 어떻게 보낼 것인지 계획하는 것이다.

그러나 0세 발달 특성상 계획한 활동을 긴 기간 동안 반복하기 때문에 주간 단위의 보육계획안을 따로 계획하지 않아도 된다. 월간 보육계획안에 선정된 활동을 개별 영아의 발달 수준과 흥미, 경험의 정도에 따라 충분한 시간 동안 반복적으로 제시하고 활동하는 것이 바람직하다.

0세 영아를 위한 보육계획은 0세 영아의 발달 특성상 1주 단위의 활동계획이 의미가 없으므로 소주제를 중심으로 이루어지는 모든 활동을 한눈에 파악할 수 있도록 여러 가지 관련 활동을 통합적으로 배치하여 수립한다. 소주제별 활동은 대략 2주 단위로 계획하는데 이는 예시일 뿐, 구성된 영아들의 상황에 따라 융통성 있게 기간을 조절할 수 있어야 한다.

소주제별 보육계획은 실행하기 전에 0세 영아의 발달 특성과 수준을 고려하여 추정 기간을 조절한다. 개별적으로 발달이 느리거나 어떤 활동에 집중적으로 관심을 보이는 영아의 경우는 소주제의 추정 기간을 연장해주는 융통성이 필요하다. 즉, 0세반의 소주제 계획은 영아 개인에 적합한 활동을 선정하는 개별적 보육계획이 필요하며, 이렇게 개별 영아를 위해 선정된 활동들도 표준보육과정의 다양성·균형성·통합성을 이루어지도록 계획하여야 한다.

0세반 주간 계획안은 무엇보다도 교사의 역할이 중요하다. 환경의 점검, 안전, 청결 등의 내용을 교사가 철저히 준비하고 점검이 이루어져야만 질 높은 프로그램이 운영되므로 안전, 청결의 내용을 구체화한 체크리스트를 통해 매일매일 점검과 준비가 실행되도록 하여야 한다.

놀이 활동 영역은 영아의 바람직한 발달에 요구되는 경험을 통합적으로 제공하기 위해 놀이 활동의 목표를 중심으로 월령을 구분하여 제시한다.

0세 영아의 놀이 활동은 발달 측면에서 신체, 언어, 감각·탐색으로 구분하여 제시하며 이 활동들은 다양하고 균형 있게 계획되고 개별적으로 반복하여 실행하여야 한다.

| 표 12-8 | 0세반 소주제별 주간 계획안(예시)

<table>
<tr><th colspan="2">소주제 1</th><th>엄마와 함께해요</th><th>추정 기간</th><th>3월 1주~3월 2주(2주)</th></tr>
<tr><td colspan="2">교사의 준비 및 보육실 점검</td><td colspan="3">□ 보육실 환기하기 □ 보육실 청결 및 세팅하기 □ 수유용품 및 물 준비하기
□ 위생용품 준비하기 □ 영아의 개별소지품 확인하기
□ 일일보고서 작성 준비하기 □ 보육용품이나 비품의 모서리 보호대 점검하기</td></tr>
<tr><td colspan="2" rowspan="2">맞이하기 및 가정과의 연계</td><td colspan="3">□ 집에서의 영아의 상태나 특이사항에 대해 이야기 나누기 □ 체온 재기
□ 영아의 컨디션 시진하기 □ 투약의뢰 살피기</td></tr>
<tr><td colspan="3">엄마와 함께 놀러가요. 엄마와 선생님 인사해요.</td></tr>
<tr><td rowspan="6">일상생활</td><td rowspan="2">수유 및 이유</td><td colspan="3">□ 교사의 손 씻기 □ 우유나 이유식 준비하기
□ 이유 테이블 닦기 □ 수건, 휴지 등 위생용품 준비하기</td></tr>
<tr><td colspan="3">선생님에게 안겨 우유를 먹어요. 이유식을 시작해요.</td></tr>
<tr><td rowspan="2">낮잠</td><td colspan="3">□ 보육실 환기하기 □ 잠자리 매트 깔기
□ 커튼 치거나 조도 낮추기 □ 기저귀 확인하기 □ 자는 영아 수시로 살펴보기</td></tr>
<tr><td colspan="3">매트에 누워보자, 쿨쿨. 선생님의 토닥임을 느껴보아요.</td></tr>
<tr><td rowspan="2">기저귀 갈이</td><td colspan="3">□ 물휴지, 소독액 등 위생용품 준비하기 □ 기저귀 갈이 매트 소독하기
□ 기저귀 갈이 전 교사의 손 씻기 □ 기저귀 갈이 후 교사의 손 씻기</td></tr>
<tr><td colspan="3">기저귀 가는 곳으로 가보아요 쉬, 응가를 하고 기저귀 가는 곳으로 기어가 보아요</td></tr>
<tr><td rowspan="3">실내자유놀이</td><td>신체</td><td colspan="3">영차, 영차, 엄마에게로 엄마와 같이 선생님과 놀아요</td></tr>
<tr><td>언어</td><td colspan="3">내 이름은? 누구일까요?</td></tr>
<tr><td>감각·탐색</td><td colspan="3">까꿍! 우리 가족들</td></tr>
<tr><td colspan="2">실외놀이</td><td colspan="3">엄마와 어린이집 오는 길 둘러보기</td></tr>
<tr><td colspan="2" rowspan="2">귀가 및 가정과의 연계</td><td colspan="3">□ 수유 및 이유 상황 전달하기 □ 영아의 건강 및 안전의 특이 사항 전달하기
□ 영아의 개별용품 점검 후 요청하기 □ 어린이집에서 영아의 활동 간략히 전달하기</td></tr>
<tr><td colspan="3">엄마를 반갑게 만나요. 엄마의 손을 잡고 집에 가요.</td></tr>
</table>

출처: 보건복지부(2013d). 어린이집 표준보육과정에 기초한 영아보육프로그램 0세 1권. p. 22.

(2) 1세반 주간 계획안

1세반 주간 계획안은 1주 단위로 나누어 작성하게 된다. 1세 영아를 위한 주제별 보육계획에서 소주제의 실시 기간이 2주 또는 3주까지 반복하여 지속할 수 있다. 이것은 일상생활과 같은 단순한 활동이라도 꾸준히 반복하여 영아가 익숙해지는 것이 중요하기 때문이다. 2주나 3주 동안 지속되는 소주제별 보육계획을 제시함으로써 1세 영아를 위한 주간 보육계획의 특징이 드러나도록 한다. 1세반 소주제별 주간 계획안은 표 12-9와 같이 수립하고 있다.

표 12-9 1세반 소주제별 주간 계획안(예시)

느낄 수 있어요			
소주제		만져보아요(1~2주)	실시기간: 총 2주
구분 \ 소주제		1주	2주
		만져보아요	
등원 및 맞이하기		부모와 교사가 반갑게 인사하기	
일상생활	기본생활 및 안전	혼자서 양말을 벗어요	
일상생활	점심 및 간식	즐겁게 먹어요	
일상생활	낮잠	내 이불, 내 베개를 찾아요	
일상생활	기저귀 갈이/배변활동	친구들도 기저귀가 있어요	
실내자유놀이	신체	둥근 고리 끼우기 놀이해요	촉감신발 신고 걸어요
실내자유놀이	언어	내 이름을 부르면 대답해요	울퉁불퉁 종이에 끼적여요
실내자유놀이	감각 · 탐색	선생님과 로션을 발라요	친구 기저귀를 만져보아요
실내자유놀이	역할 · 쌓기	소꿉그릇에 밀가루 반죽을 담아요	촉감블록으로 놀이해요
실외놀이		모래로 놀아요	
귀가 및 가정과의 연계		놀이 사진을 함께 보아요	

출처: 보건복지부(2013e). 어린이집 표준보육과정에 기초한 영아보육프로그램 1세 1권. p. 19.

(3) 2세반 주간 계획안

2세반 주간 계획안은 1주 동안에 이루어지는 모든 활동을 한눈에 파악할 수 있는 보육계획으로 주제별 보육계획의 소주제에서 제시한 여러 가지 관련 활동을 요일별로 배치하여 수립한 것이다. 2세반 소주제별 주간 계획안은 표 12-10과 같이 수립하고 있다.

| 표 12-10 | 2세반 소주제별 주간 계획안(예시)

느낄 수 있어요 ()							
소주제		만져보아요(1~2주)					
구분		월	화	수	목	금	토
등원 및 맞이하기		아침에 먹고 온 음식을 이야기해 보기					
일상생활	기본생활 및 안전	스스로 겉옷을 벗어 보기 길을 잃었을 때는 제자리에서 기다리기					
	점심 및 간식	바르게 앉아서 먹어보기 (새로운) 음식 먹어보기					
	낮잠	자고 나서 내 베개를 정리해 보기					
	기저귀 갈이/배변활동	배변 후 선생님의 도움받아(스스로) 옷을 올려 보기 지퍼, 단추 잠가보기					
실내자유놀이	신체	낙엽비가 내려요					
	언어	과일 열매 까꿍카드					
	감각·탐색		내 짝을 찾아주세요 (과일 반쪽찾기)				
	역할·쌓기	낙엽을 청소해요					
				큰 나무, 작은 나무 쌓아보기			
	미술 음률		알록달록 가을 나무 꾸미기				
				열매 마라카스 흔들기			
실외놀이		동물 인형 목욕시키기			여러 가지 색, 모양의 나뭇잎이 있어요		
귀가 및 가정과의 연계		가족과 함께 공원 나들이해 보기					

출처: 보건복지부(2013f). 어린이집 표준보육과정에 기초한 영아보육프로그램 2세 1권. p. 18.

4) 일일 계획안

(1) 0세반 일일 계획안

일일 보육계획은 소주제별 보육계획에 기초하여 하루 일과를 시간대별로 관련 활동을 정하고 활동별 계획 및 준비물 등을 수립한 것이다. 일일 보육계획은 매일 일관성 있게 실행될 수 있도록 하여 영아가 자연스럽게 다음 활동에 대한 예측이 가능하고 활동에 대해 안정감을 가질 수 있도록 하여야 한다. 영아 개인의 특성을 고려하여 반영하고 최대한 자연스럽게 천천히 규칙을 만들어가는 것이 바람직하다. 교사는 작성한 소주제별 일일 계획안을 토대로 영아의 흥미와 하루 일과 중 일어나는 상황을 중심으로 융통성 있게 운영하여야 한다. 0세 영아를 위한 일일 보육계획 및 운영 시 고려해야 할 점은 다음과 같다(보건복지부, 2013e).

- 표준보육과정과 영아발달 특성에서 기대되는 발달과업에 기초하여 일과 계획의 큰 틀을 구성하고, 개별 영아의 월령이나 특성을 최대한 반영하여 보육 내용을 계획한다.
- 영아의 전인적 성장과 발달을 도모하는 내용을 균형 있게 계획하되, 대·소근육을 활용한 신체활동과 다양한 언어, 감각·탐색활동이 매일 일과 계획과 운영에 포함되도록 한다.
- 하루 일과와 양육을 위한 시간을 충분히 계획하고 개별적으로 운영한다.
- 일상생활과 놀이 활동을 중심으로 교육적 경험을 계획하고 제공한다.
- 개인 영아의 생체 리듬과 개인적 욕구를 토대로 일과를 진행하고, 일과 속에서 놀이 중심, 흥미 중심으로 자연스럽게 전개되도록 한다.
- 일과 계획은 연간, 주제별, 소주제별 보육계획에 기초하여 일관성 있게 사전에 계획하여 진행하되, 영아의 흥미, 요구, 여러 가지 상황에 따라 융통성 있게 조절한다.
- 0세 영아를 위한 일일 보육계획 시 정적인 활동과 동적인 활동, 실내

놀이와 실외 놀이, 그리고 사람, 자연, 사물과 상호작용 하는 놀이 등이 균형을 이루도록 다양한 활동들을 시도한다.

- 하루 일과에 어느 정도의 규칙성, 일관성이 있어야 하나 획일적으로 규칙성을 지나치게 강조하는 것은 개별적인 욕구를 무시하는 것이므로 천천히 그리고 융통성 있게 적용하여야 한다.
- 수유 및 이유식, 낮잠 및 휴식, 기저귀 갈기 등의 일상적인 양육 활동은 교사의 민감한 관찰을 통해 즉시 반응하고 교사와 개별적인 상호작용을 하여 애착 형성이 이루어져야 한다.
- 생리적인 요구를 충족시킬 수 있는 시간과 공간이 제공되어야 한다. 예를 들어, 낮잠 시간이 아닌 때 잠들더라도 수면에 방해받지 않아야 한다.
- 실외놀이는 건강을 위해 매우 중요한 활동이므로 매일 반드시 실시하도록 계획하고 이를 실행하지 못하는 경우 대안 활동을 수립한다.
- 안전한 놀이 환경을 위해 교사와의 정서적 안정과 애착 형성이 일과 전반을 통해 이루어져야 한다.
- 하루 일과의 실행 기록과 평가, 영아들의 일상과 놀이 활동에 대한 관찰기록이 구체적으로 기록되어야 한다.

표 12-11 0세반 일일 보육계획안(예시)

입을 닦아요	
활동목표	침이 묻은 입가를 닦아 깨끗함을 느낀다. 기본생활 > 건강하게 생활하기 > 몸을 깨끗하게 하기 > 몸이 깨끗해졌을 때 기분이 좋음을 안다.
활동자료	가제 수건
활동방법	**1. 영아의 입가에 침이 흘러내리면 교사가 가제 수건으로 닦아준다.** – ○○이 입에 침이 흘러내렸구나. – 선생님이 가제 수건으로 입을 닦아줄게. – 아이, 깨끗해졌네. **2. 영아의 얼굴에 묻은 것을 가제 수건에 물을 묻혀 닦아준다.** – ○○이 얼굴에 뭐가 묻었네. – 선생님이 물을 묻힌 수건으로 닦아줄게. – ○○이 얼굴이 깨끗해졌네.
참고사항	1. 침을 닦거나 사용한 가제 수건을 수시로 새것으로 교체하여 세균 번식에 노출되지 않도록 한다. 2. 가제 수건을 개별적으로 사용하여 감염의 우려가 생기지 않도록 한다.

출처: 보건복지부(2013d). 어린이집 표준보육과정에 기초한 영아보육프로그램 0세 1권. p. 50.

(2) 1세반 일일 계획안

교사는 주제별 보육계획에 따른 소주제별, 주간보육을 계획하면서 일일 보육계획을 하게 된다. 일일 계획안은 등원 및 맞이하기, 일상생활, 실내 자유놀이, 실외놀이, 귀가 및 가정과의 연계의 구분으로 이루어진 것에 하루 일과별 구체적인 시간의 흐름에 따른 구체적인 계획과 실행을 포함한다. 따라서 1세 영아에게 적합한 일일 보육계획은 1세반의 일과 운영이 적절하게 구성이 될 때 가능하다.

1세 일일 영아를 위한 보육계획 수립에서 다음 사항을 고려하도록 한다.

- 등원에서 귀가까지의 하루 일과를 수립한다.
- 영아의 일상적 양육활동 계획(간식, 기저귀 갈이 및 배변훈련, 점심, 청결, 낮잠 등)을 수립한다.

구분	계획	실행
		들의 이름을 부를 때마다 그 영아의 사진과 이름이 붙은 개별장을 가르치기도 함
10:35~11:30 실외놀이	• 채를 준비하여 교사가 모래를 체로 걸어줄 때 떨어지는 모래를 만져보기, 걸러진 부드러운 모래 만져보기	• 채에서 떨어지는 모래를 만져보며 탐색하는 것 외에 체 위로 걸러진 돌멩이나 조개껍데기 등을 만져보며 탐색하기도 함.
11:30~11:45 정리 및 손 씻기	• 정리, 손 씻기 및 이동	• 모래를 털고 닦는 데 시간이 오래 걸림
11:45~12:15 점심	• 점심을 먹으며 영아의 등원하면서 경험한 것, 연휴 동안 가정에서의 일상을 물어보며 관심 갖기	• 나물을 먹고 싶어 하지 않는 영아들이 많아서 처음에 있던 양보다 덜어주고 한 번씩 먹어 볼 것을 권유함.
12:15~13:00 이 닦기 및 오후 자유놀이	• 이 닦기 및 오후 자유놀이 시간 후, 기저귀 갈기	• 자신의 차례에 교사의 도움으로 양치질을 해 봄 • 물을 뱉지 못하는 영아는 치약 없이 먹을 수 있는 물로 헹구어 보도록 도움 • 세수하고 로션 바르기와 기저귀 갈기를 함 • 잠옷이나 편안한 옷으로 갈아입고 제한된 영역에서 블록과 책을 통하여 조용한 놀이를 즐기도록 도움
13:00~15:30 낮잠	• 내 이불, 내 베개를 찾아요	• 영아가 옷을 갈아입는 것까지 낮잠준비를 모두 마치면 이불을 깔아 주면서 영아 개별의 이름을 불러줌 • '○○ 베개는 어디에 있나요?' '이불은 어디에 있을까'하고 자신의 이불과 베개를 찾아볼 수 있도록 함
15:30~16:00 낮잠 깨기 및 정리정돈	• 낮잠 깨기 및 정리정돈 후, 기저귀 갈기	• 낮잠에서 깨면 교사가 개별로 다리를 주물러 주거나 기지개를 켜도록 도움 • 기저귀를 확인하고 갈아 줌

구분	계획	실행
16:00~16:30 손 씻기 및 간식	• 호박을 먹는 것을 낯설어하는 경우 탐색할 시간 주기	• '즐겁게 먹어요'의 일상 활동이 오후에도 지속되도록 함. • 교사의 예측과 달리 호박을 먹는 것에 대해 거부감이 있는 영아들은 없었음 • 숟가락으로 조금 덜어주고 만져 볼 수 있도록 하였으나 만지고자 하는 영아들도 없었음
16:30~18:00 오후 실내 자유놀이 또는 실외놀이	• 신체: 오전에 실행한 것처럼 고리 끼우기 놀이와 함께 고리를 머리에 올리고 떨어뜨리는 놀이를 계획함 • 언어: 오전에 끼적거리기 한 종이를 바닥에 붙인 경우 위에 투명 비닐을 덮어 주거나 벽면에 게시하여 함께 보도록 함 • 감각 · 탐색: 여러 가지 질감의 기저귀를 만져보도록 함 • 역할 · 쌓기: 오전에 했던 밀가루 반죽에 빨대를 꽂아 보고 생일 초 꽂기 놀이를 흉내 내어 보는 것을 계획함	• 오후에 실외 놀이터를 사용하는 유아반이 산책을 가게 되어 실외놀이터를 사용할 수 있게 됨. • 오전에 했던 '울퉁불퉁 종이에 끼적여요'를 실외에서 진행하기로 함 • 두꺼운 큰 전지와 크레용을 사용하여 실외바닥에 종이를 깔고 영아들이 그 위에 앉아 끼적이는 경험을 함
18:00~19:30 귀가 및 통합보육	• 개인 소지품을 챙긴 뒤 교사와 함께 통합보육실로 이동하기 • 부모님께서 오시면 교사와 인사와 포옹을 한 뒤 귀가하기	
비고	손 씻기 일과 동안 영아들이 물을 갖고 만지고 흐르는 물에 손을 이리저리 대 보면서 물에 대한 영아의 탐색이 손 씻기 시간에 많이 나타나는 것을 알 수 있었음. 교실에서의 놀이나 실외 시간에 물을 갖고 놀이하는 활동을 계획하고 실행함으로써 일상에서의 관심을 보다 적극적인 놀이로 지속시켜야 할 것임. 실내에서 물과 관련된 활동을 자주 할 수 있는 방법에 대해 동료교사와 의논할 필요가 있음	

출처 : 보건복지부(2013f). 표준보육과정에 기초한 영아보육프로그램 1세 1권. pp. 26-31. 재구성

(3) 2세반 일일 계획안

교사는 주간보육계획에 기초하여 하루 일과를 시간대에 따라 관련 활동을 정하고 활동별 계획 및 준비물 등을 수립하여야 한다.

2세반 일일 계획안을 수립할 때 다음 사항을 고려하도록 한다.

- 등원에서 하원까지 불안하지 않도록 정서적 안정을 지원하도록 한다.
- 실내·외 자유놀이 시 놀이 참여를 유도하고, 개별적 선택을 고려하여 수립한다.
- 활동 시 실내 공간적 제약을 받지 않도록 정적과 동적 활동, 개별과 집단 활동을 균형 있게 수립한다.
- 간식과 점심 시간은 편안한 분위기를 조성하고 교사가 식습관의 모델링이 되도록 한다.
- 낮잠과 휴식은 신체적 피로를 회복하고 정서적 안정을 얻을 수 있도록 개별 영아의 리듬을 존중해서 수립한다.

2세반 일일 계획안은 하루 일과 상황에 기초하여 수립한 것으로, 실행한 후 보육일지에 기록한다. 2세반 일일 계획 및 실행은 다음 표 12-13과 같다.

| 표 12-13 | 2세반 일일 계획 및 실행(예시)

<table>
<tr><th>반명</th><th colspan="3">일시</th><th>담임</th><th>원장</th></tr>
<tr><td>○○반</td><td colspan="3">20○○년 ○○월 ○○일 ○요일 날씨: 맑음</td><td></td><td></td></tr>
<tr><td>주제</td><td>알록달록 가을이에요</td><td colspan="2">소주제</td><td colspan="2">가을이에요</td></tr>
<tr><th>구분</th><th colspan="2">활동 계획 및 방법</th><th colspan="2">준비물 및 유의점</th><th>실행</th></tr>
<tr><td>7:30~9:00
등원 및
통합보육</td><td colspan="2">• 등원하는 영아 반갑게 맞이하기
• 영아의 기분과 건강상태 확인하기
• 스스로 소지품 정리할 수 있도록 도와주기
• 투약의뢰서 유무 확인하기
• 통합보육실에서 자유놀이 하기</td><td colspan="2">• 출석카드
• 투약의뢰서
• 일일연락장
• 영역별 놀잇감</td><td>부모님과 등원하는 영아에게 아침에 무엇을 먹었는지를 물어보거나, 자신이 무엇을 먹었는지에 대해 이야기를 나누었다.</td></tr>
</table>

구분	활동 계획 및 방법	준비물 및 유의점	실행
9:00~9:30 화장실 가기 및 오전 간식	• 화장실 다녀오기 및 손 씻기 • 준비된 간식 가지고 자리에 앉기 • 간식 먹은 후 함께 자리 정리하기	• 시리얼 • 우유	
9:30~10:50 오전 실내 자유놀이	• 새로운 영역 활동 개별적으로 소개하기 • 관심 있는 영역에서 자유롭게 활동하도록 돕고, 긍정적 상호작용 나누기 • 교사의 도움이 필요한 놀이에 적절히 참여하기 [신체] 낙엽비가 내려요 - 이전에 산책 활동 통해 낙엽을 뿌리며 관찰한 경험 회상하기 - 환경 인쇄물로 만든 낙엽을 위로 던지며 움직임 관찰하기 [언어] 과일 · 열매 까꿍 카드 - 벽에 붙인 과일 · 열매 사진을 보고 함께 탐색하기 - 까꿍판에 같은 사진 넣어 함께 열어보고 탐색하기 - 벽에 붙인 사진과 까꿍판 같은 사진 고르기 [역할 · 쌓기] 낙엽을 청소해요 - 종이 낙엽이 떨어진 바닥을 함께 빗자루로 쓸고 쓰레받기에 담아보기	• 과일 열매 사진 • 까꿍판 • 환경 인쇄물 • 종이 낙엽 • 영아용 빗자루와 쓰레받기 • 영역별 기본 놀잇감	[언어] 벽에 붙은 과일 사진을 보고 '사과'라고 말하기도 하고 까꿍 판을 열고 '사과'가 나오자 벽을 바라보며 사진을 찾는 모습이 관찰되었다. 벽에 있는 사진과 까꿍 판 사진을 탐색한 후 같은 사진을 찾아볼 수 있었다. [역할] 종이 낙엽을 빗자루로 쓸어서 쓰레받기로 담다가 몇 개가 담기 힘들자 손으로 집어 쓰레받기에 담기도 했다. 그리고 또 쏟아서 쓸고 담는 놀이를 반복했다. 어떤 친구는 쓰레받기에 낙엽을 담아서 휴지통에 넣으려고 하였다. "청소하자"라는 말에 대한 친구들의 반응이 전보다 빨라졌다.
10:50~11:10 정리정돈 및 화장실 가기	• 놀잇감 바르게 사용하도록 안내하고 함께 정리하기 • 화장실 다녀오기		
11:10~11:50	[실외활동] 동물 인형 목욕시키기	• 동물 인형	여러 가지 동물

구분	활동 계획 및 방법	준비물 및 유의점	실행
실외놀이 및 손 씻기	- 지난주에 했던 활동 회상 질문하기 - 좋아하는 동물 인형을 스스로 선택하여 함께 목욕놀이 하기 (대체활동) 실내에서 동물 인형 목욕시키기 • 화장실 다녀오기 및 손 씻기	• 수조 • 목욕의자 • 스펀지 • 비누 • 수건	인형 바구니를 함께 들고 나갔다. 비누칠을 해주면서 '세수해'라고 말하기도 하고 수건에 동물 인형을 눕혀서 '시원해'라고 말하기도 했다.
11:50~13:20 점심 식사 및 이 닦기	• 골고루 음식 먹고 함께 정리하도록 안내하기 • 이 닦기 • 먼저 먹은 친구는 자유롭게 놀이하기	• 현미밥 • 맑은 콩나물국 • 채소치즈 • 계란말이 • 연근 조림 • 배추김치	밥을 먹다가 숟가락을 떨어뜨리자 한 친구가 자기 숟가락을 들고 '줄까?'라고 했다. 다른 수저로 교체해주니까 '좋아?'라고 친구에게 말을 했다.
13:20~15:00 낮잠	• 편안한 분위기 느끼도록 낮잠준비 • 편하게 낮잠 자기 • 개인 이불 함께 정리하기		
15:00~15:30 화장실 가기 및 오후 간식	• 화장실 다녀오기 및 손 씻기 • 준비된 간식 가지고 자리에 앉기 • 간식 먹은 후 함께 자리 정리하기	• 간장 비빔 쌀국수 • 사과	
15:30~16:50 오후 실내 자유놀이	• 원하는 영역에서 자유롭게 놀기 • 놀잇감 바르게 사용하도록 안내하고 함께 정리하기		[신체] 낙엽을 보여주며 "우리 공원에서 보았지요?"라고 말하니까 어떤 친구는 고개를 끄덕이기도 했다. 미리 만든 종이 낙엽을 손으로 집어 서로에게 뿌려주며 친구와 어울려 놀이할 수 있었다. '또'라고 말하며 손을 잡아끌기도 하였고, 낙엽을 뿌리는 활동이 반복되었다.

구분	활동 계획 및 방법	준비물 및 유의점	실행
16:50~17:30 실외놀이 및 손 씻기	[실외활동] 실외놀이터에서 자유놀이 (대체활동) 실내 유희실에서 자유놀이 • 화장실 다녀오기 및 손 씻기		
17:30~19:30 귀가 및 통합보육	• 통합보육 하면서 개별적으로 귀가하기 • 자신의 소지품 함께 정리해 보기 • 선생님과 친구에게 '안녕' 인사하기		귀가하는 친구에게 "오늘 뭐 했는지 엄마에게 말해보자."라고 했더니 손을 위로 올리면서 웃었다. 궁금해하는 어머니께 낙엽을 뿌리는 활동을 흉내 내는 것 같다고 말씀드렸다.
일일 평가	산책하면서 낙엽을 줍고 손으로 뿌리기도 한 경험이 영아들에게 인상 깊었던 것 같다. 낙엽비 활동을 할 때 이전 경험이 자연스럽게 회상되어 매우 즐거워하였는데 좀 더 활발한 활동 지원을 위해 내일은 넓은 공간에서 활동을 해보아야겠다.		
비고	개별 침구 요청: 민수 어머님께 귀가 시간에 금요일에 보내드린 개별 침구를 보내주지 않아 여벌 침구로 낮잠 지도를 했다고 말씀드리고 내일 침구를 보내달라고 말씀드림		

출처: 보건복지부(2013h). 어린이집 표준보육과정에 기초한 영아보육프로그램 2세 1권. pp. 23-25.

3 영아반 하루 일과 운영

하루 일과는 영아가 하루 동안 놀이하고 양육받으며 시간을 어떻게 보낼 것인가에 대한 내용을 계획해 놓은 것이다. 이는 영아가 정해진 시간을 보다 몸에 익숙해질 수 있도록 반복적으로 적절하게 활용할 수 있는 기본 틀을 제시해 준다.

어린이집 하루 일과 운영은 「영유아보육법」에 의해 오전 7시 30분부터 오후 7시 30분까지로 되어 있다. 보호자의 근로시간 등을 고려하여 미리 보호자의 동의를 받은 경우에는 영유아 및 그 보호자에게 불편을 주지 않는 범위에서 어린이집 운영 일과 운영시간을 조정하여 운영이 가능하지만, 일반적으로 공휴일을 제외하고 연중 계속 운영(월~금요일: 07:30~19:30)하는 것을 원칙으로 하고 있다(보건복지부, 2018).

영아를 대상으로 하는 하루 일과는 기본적으로 각 영아의 발달적 특성과 신체 리듬에 따라 운영되어야 한다. 영아의 흥미, 요구, 반응 등에 따라 융통성 있게 조절하고, 연령이 어릴수록 집단 활동보다 개별 활동이 주로 이루어지도록 해야 한다. 하루 일과를 운영할 때 고려해야 할 사항으로는 부모나 교사가 볼 수 있는 곳에 하루 일과를 적어 교사에게는 활동 시간을 상기시켜 주고, 부모에게는 게시되어 있는 하루 일과표를 통해 영아의 하루 일과를 알리도록 한다(이은해 외, 1995).

영아는 하루 일과를 통해 교사와 활발하게 상호작용하고 관계를 형성하며 궁극적으로 어린이집에서 정서적 안정감을 갖게 된다. 또한 하루 일과 속에서 영아는 또래와 지속적으로 놀이하고 또래 간 갈등을 해결하며 삶에 필요한 기술과 방식을 습득하면서 함께 공존하는 세계를 배우게 된다(이경미, 2009b). 영아의 건강, 영양, 위생, 안전 등에 직접적인 영향을 미치게 되는데 적절한 하루의 계획을 통해 영아를 위한 영양공급과 그에 따른 청결한 환경 제공, 그리고 안전한 환경을 조성할 수 있도록 체계적인 관리를 할 수 있다(신귀순, 2006).

영아반의 일과 운영이 효율적으로 운영되기 위한 전략으로, 영아는 대집단 활동을 하기에는 어리기 때문에 개별적 상호작용과 배려가 더 필요로 하고, 활동 시간은 개개인의 욕구를 충족시킬 수 있도록 융통성이 있어야 한다. 따라서 영아반 교사는 영아반의 일과를 운영함에 있어 영아의 개별적인 욕구가 배려되는 따뜻한 보호와 교육적 경험이 동시에 이루어질 수 있도록 일과를 계획할 필요가 있다(조미숙, 2016).

일반적으로 영아반(0~2세) 하루 일과 운영은 다음 표 12-14와 같이 구성한다.

| 표 12-14 | 영아반 하루 일과(예시)

시간	0세	시간	1세	시간	2세
07:30 ~ 09:00	등원 및 맞이하기	07:30 ~ 09:00	등원 및 맞이하기	07:30 ~ 09:00	등원 및 맞이하기
09:00 ~ 09:30	수유, 이유하기 기저귀 갈기 씻기 실내 자유놀이	09:00 ~ 10:20	실내 자유놀이 손 씻기 오전 간식	09:00 ~ 10:50	실내 자유놀이 오전 간식 화장실 가기
09:30 ~ 10:00					
10:00 ~ 10:30	실외놀이	10:20 ~ 10:35	정리정돈 기저귀 갈기 배변활동		
10:30 ~ 12:00	수유 및 낮잠	10:35 ~ 11:45	실외 놀이 및 정리 손 씻기 및 이동	10:50 ~ 11:50	실외놀이 및 정리 손 씻기 및 이동
12:00 ~ 13:00	수유 및 점심 식사 이 닦기	11:450 ~ 13:00	점심 식사 이 닦기 기저귀 갈기	11:50 ~ 13:00	점심 식사 이 닦기
13:00 ~ 14:30	실내 자유놀이	13:00 ~ 16:00	조용한 놀이 낮잠 준비 및 낮잠 낮잠 깨고 정리하기	13:00 ~ 16:00	조용한 놀이 낮잠 준비 및 낮잠 낮잠 깨고 정리하기
14:30 ~ 15:30	오후 수유 오후 낮잠				
15:30 ~ 16:00	실외 산책				
16:00 ~ 17:00	기저귀 갈기 손·발 닦기 이유식 실내 자유놀이	16:00 ~ 16:30	손 씻기 및 오후 간식	16:00 ~ 16:30	손 씻기 및 오후 간식
17:00 ~ 18:00	수유 및 낮잠	16:30 ~ 18:00	오후 실내 자유놀이 및 실외 놀이	16:30 ~ 18:00	오후 실내 자유놀이 및 실외 놀이
18:00 ~	귀가 준비	18:30 ~	귀가 준비	18:30 ~	귀가 준비

출처 : 보건복지부(2013c). 0~2세 제3차 어린이집 표준보육과정 교사용 지침서. 재구성.

영아의 신체에 해가 없어야 하며, 운동능력에 적절한 것으로 선택한다.

셋째, 친숙하고 편안하며 영아가 쉽게 접촉하고 탐색하는 과정에서 정서적 안정감을 느낄 수 있는 환경을 마련한다. 예를 들면, 기저귀 갈이 대 주변은 영아가 기저귀를 갈면서 볼 수 있는 모빌, 영아가 흥미를 끌 수 있는 그림 등을 부착해 주고, 휴식 영역은 다른 영역과 구분되면서도 다른 영아나 교사를 바라볼 수 있도록 구성한다.

넷째, 능동적인 탐색을 이루어질 수 있는 환경을 마련한다. 영아기는 오감각을 통해 세상을 경험하고 배워나간다. 이동을 하지 못하는 어린 영아도 능동적으로 생각하고, 바라보고, 소리를 듣고, 빨고, 만지며 냄새 맡을 기회를 제공해주어야 한다. 또는 기거나 걸을 수 있으면 도전적으로 주변을 탐색하고 신체적 조절을 연습할 수 있는 기회를 준다, 대근육 활동은 실외뿐만 아니라 실내에서도 가능하도록 환경을 마련해 주어야 한다.

다섯째, 영아는 주변에 대해 이해해 나가면서 소속감과 안정감을 갖게 된다. 놀잇감의 위치와 배치, 하루 일과 시간의 대략적인 흐름, 교사의 반응 등을 영아가 예측할 수 있어야 한다. 하루 일과의 흐름을 통해 스스로 놀잇감 정리, 의복 관리, 식사 시간, 낮잠 시간 등에 익숙해지면서 영아의 자율성과 독립심을 기르는 데 도움을 줄 수 있다.

여섯째, 교사가 영아들의 행동을 예측하고 조절할 수 있어야 하며 영아는 스스로 환경을 조절하고 통제할 수 있어야 한다. 따라서 교사는 한 명의 영아와 상호작용하는 동안에도 다른 영아를 돌보거나 도움이 필요할 때 즉시 이동할 수 있도록 자료와 기구를 배치한다.

2) 실내 환경구성

영아들은 인적자원은 못지않게 물리적 환경에 의해 많은 영향을 받고 놀이 환경 속에서 끊임없이 성장 · 발달하며, 탐색과 놀이 속에서 신체적 경험과 감각적 경험들을 직접 느끼고 학습해 나간다. 또한 놀이 속에서 사용되는 연령에 적합한 놀잇감의 수와 다양성이 또래와의 상호작용을 촉진하며(신혜원, 1992), 이러한 물리적 환경구성은 영아들에게 중요한 변인이 되고 있다. 또한 영아들이 하루 일과를 보내고 있는 보육실의 흥미 영역이란 분리된 공간을 제공하여 각 영역에서 영아발달을 도모하기 위하여 의도하는 보육활동을 영아 스스로가 자료를 선택하여 놀이에 몰입할 수 있도록 도와주어야 한다. 이때 흥미영역의 구분을 최소한으로 하여 움직일 수 있는 공간을 최대화하고, 안정되고 따뜻한 분위기의 놀잇감과 휴식영역을 한곳에 구성해 놓아서 가정과 같은 편안함을 느끼게 해야 한다. 또한 영아들은 아직 자기중심성이 강하므로 자기와 타인과의 감정조절이 어려워 영아들 간에 놀잇감에 대한 갈등이 종종 발생하기 때문에 최소한 두 개 이상씩 구비하여 갈등을 최소화하고, 교사는 한 눈으로 전체 영아를 볼 수 있는 동선을 최소한으로 하여 어떤 영아와도 매 순간 상호작용할 수 있는 공간 구성이 필요하다.

보육실의 놀이 공간은 다른 영아들에게 방해받지 않고 놀이할 수 있을 만큼 충분한 공간 확보가 되어야만 또래와의 긍정적인 상호작용이 이루어지고 더욱 창조적인 활동에 참여할 수 있다(최지현, 2000). 보육실의 크기도 영아의 연령을 고려하여 흥미 영역의 수와 구성을 정하고, 영아가 활동할 수 있는 크기의 공간으로 확보하는 것이 바람직하다. 너무 멀리 흩어지지 않도록 보호하면서 그들의 호기심을 자유롭게 채울 수 있도록 놀이영역의 공간을 충분히 확보해 주어야 한다(안혜량, 2013).

영아의 보육실은 연령에 따라 다소 차이는 있으나 각 영역별 활동을 기본적으로 수유 및 급식영역, 대근육 영역, 탐색영역, 정적활동 영역으로 배치하며, 연령과 공간의 크기에 따라 소꿉영역, 미술영역 등을 별도로 구성한다. 영역별 실내 영아반(0~2세) 환경구성의 내용과 특성은 표 12-15와 같다.

표 12-15 실내 영역별 영아반 환경구성의 내용 및 특성(예시)

영역	주요 활동 내용	0세반	1세반	2세반
수유 · 급식 영역	• 수유 및 이유 • 간식 및 급식	• 개별 수유용품 및 보관장 • 냉장고 • 수유용 의자, 침대 • 쿠션, 모빌, 음악	• 수유용품 및 보관장 • 냉장고 • 쿠션 급식 탁자 • 음식 그림 • 손 씻기	• 급식시설 • 음식 그림 • 손 씻기 자료 • 간식 당번
휴식 및 낮잠 영역	• 휴식 • 낮잠	• 개별 침구 • 요람 • 조용한 음악	• 낮잠용 침구 • 휴식영역, 쿠션 • 조용한 음악 • 그림책	• 낮잠용 침구 • 휴식영역, 쿠션 • 조용한 음악 • 그림책
배변 · 기저귀 갈이 영역 /세면 영역	• 기저귀 갈이 • 대소변훈련 • 화장실 이용	• 개별 기저귀 및 보관장 • 위생용품 • 기저귀 갈이대 • 밀폐 휴지통 • 목욕시설	• 영아용 변기 • 세면대, 목욕시설 • 기저귀, 위생용품 • 기저귀 갈이대 • 밀폐 휴지통	• 영아용 화장실 • 세면대 • 손 씻기 순서표 • 기저귀 갈이대
대근육 영역	• 기기, 걷기, 뛰기 등 신체 이동 • 밀고 당기기 • 오르고 내리기 • 타기 · 균형 잡기 • 대근육시설 이용	• 영아 체조용 매트 • 기어 다니기 영역 • 쿠션 · 경쾌한 음악 • 보행 보조기구 • 스펀지 공 • 기어 오르기대	• 걷고, 뛰기 • 오르기 기구 • 다양한 공 • 통과하기, 던지기 • 균형 잡기 등을 위한 시설과 공간	• 오르기, 달리기 • 던지고 받기 • 균형 잡기 • 통과하기, 구르기 • 밀고 당기기, 점프 등의 시설과 공간
정적활동 영역	• 까꿍놀이 • 인형놀이 • 사진 • 책 보기 • 거울놀이	• 까꿍 놀이감, 모빌 • 손인형 • 안전거울 • 사진 · 그림자료 • 영아용 책	• 인형류 • 그림 • 이야기 꾸미기 자료 • 책, 안전거울 • 의자와 쿠션	• 인형류 • 그림 • 이야기 꾸미기 자료 •책, 안전거울 • 의자와 쿠션
탐색 영역	• 끼우기, 포개기 • 걸기, 쌓기 • 촉감활동 • 분류, 퍼즐 • 방울, 북, 악기 • 연주	• 천천히 움직이는 놀잇감 • 담고, 쏟기 자료 • 영아용 북, 딸랑이 • 촉감 놀이감	• 끼우기, 포개기 • 끼우기 놀잇감 • 퍼즐, 분류상자 • 촉감상자 • 북, 방울 • 사진 • 담고, 쏟기 • 모양, 색깔 자료	• 끼우기, 포개기 • 비교, 분류 상자 • 서열자료, 퍼즐 • 담고, 쏟기 • 색깔 자료 • 순서 짓기 • 모양 상자 • 동식물

영역	주요 활동 내용	0세반	1세반	2세반
미술 영역	• 낙서, 그리기 • 점토 • 붙이고, 자르기	• 탐색영역에 영아용 크레파스 • 두껍고 큰 도화지	• 작업 책상 • 밀가루 점토 • 영아용 크레파스 • 도장 찍기 • 구기기, 찢기	• 작업 책상과 의자 • 점토 • 크레파스, 수성매직 • 콜라주 자료 • 입체구성 자료
역할영역	• 옷 입기 • 인형 업기, 유모차 • 인형, 가면놀이 • 밥상 차리기	• 영아용 유모차 • 인형모자, 가방	• 유모차, 인형, 포대기 • 플라스틱 우유병과 그릇 • 옷 갈아입기 • 전신 거울 • 동물머리띠	• 인형놀이용품 • 주방용품 • 가방, 옷, 모자, 신발 • 역할 의상(운동선수, 소방관 등) • 동물가면
기타	• 물놀이 영역 • 모래놀이 영역 • 음률영역	• 목욕 시 물놀이	• 여름철 물놀이 • 모래 놀이대	• 물놀이 영역 • 모래놀이 영역 • 음률영역

출처: 이만수 외(2010). 영아보육전문교육과정Ⅰ. 경기도보육교사교육원연합회. p. 204.

3) 실외 환경구성

영아의 신체 이동성이 적다고 해서 실외활동이 필요하지 않다고 생각하면 안 된다. 영아는 하루 일과를 통해 나무, 하늘, 땅과 같은 자연을 접하며 관찰하고 산책하고 뛰어다녀야 한다. 실외환경이 부족한 경우에는 대체할 수 있는 다양한 경험을 실내 환경에서 준비되어야 한다. 실외환경은 정적활동, 대근육 활동, 탐색활동, 역할놀이, 모래놀이 등을 구분하여 배치한다. 0세 영아는 유모차를 이용하여 이동하거나 영아교사의 도움을 받아서 움직이며, 1세 영아는 걷기, 오르기, 균형 잡기 등 신체조절 및 대근육 운동능력을, 2세 영아는 영아용 탈 것(목마, 세발자전거), 작은 공 등의 도구를 이용하여 운동능력의 발달을 도모한다(이만수 외, 2010). 영역별 실외 영아반(0~2세) 환경구성의 내용과 특성은 표 12-16과 같다.

표 12-16 실외 영역별 영아반 환경구성의 내용 및 특성(예시)

영역	주요 활동 내용	0세반	1세반	2세반
정적활동 영역	• 휴식 • 관찰 • 조용한 놀이	• 영아를 안고 있을 수 있는 편한 의자와 쿠션, 그늘 • 유모차	• 휴식용 편안한 의자와 그늘 • 탁자와 의자, 책	• 탁자와 의자, 그늘 • 책, 퍼즐
대근육 영역	• 복합놀이기구 • 탈 것의 이용 • 기기, 달리기 • 신체이동	• 기어 다니는 공간 • 오르고, 내리기 • 기구, 그네 • 부드러운 공	• 걷고, 뛸 공간 • 오르기 기구 • 그네, 탈 것 • 공, 흔들말	• 다용도 공간 • 오르기 기구 • 그네, 탈 것 • 평균대, 공 • 이동형 놀이기구
탐색활동 영역	• 감각활동 • 물 · 모래놀이 • 동물 기르기 • 식물재배	• 정적활동영역과 함께 사용 가능 • 감각매트, 꽃 • 물놀이 욕조	• 감각매트 • 꽃, 식물 • 애완동물 • 바람개비 종 • 물놀이, 모래놀이 • 색풀 그림, 점토	• 애완동물 • 식물 • 나뭇잎, 씨앗 • 물놀이, 모래놀이 • 색풀 그림, 점토
역할놀이 영역	• 모형도구 사용하기 • 가족역할 하기 • 가작화 놀이	• 모자 • 놀이집	• 놀이집 • 모자 • 플라스틱 그릇 • 자동차와 핸들 • 물놀이 영역	• 놀이집 • 플라스틱 그릇 • 자동차와 핸들 • 모자와 가방 • 기타 역할놀이 • 소품
기타	• 물 · 모래놀이 • 미술활동	• 여름철 목욕놀이	• 물놀이 영역 • 모래놀이 영역	• 물놀이 영역 • 모래놀이 영역

출처 : 이만수 외(2010). 영아보육전문교육과정 I . 경기도보육교사교육원연합회. p. 208.

CHAPTER 13

유아를 위한 보육계획 및 운영

Educare Curriculum

유아기는 영아기와 구별되는 발달적 변화가 다양하고 빠르게 진행되는 매우 중요한 시기임에 틀림이 없다. 유아는 스스로 자연스럽게 놀이하고 경험할 때 학습이 이루어지고 자신의 흥미에 기초하여 모든 영역을 통합하여 전인적인 발달을 도모하게 된다.

유아를 위한 보육계획은 그들의 발달 수준과 흥미가 잘 반영된 통합적인 보육계획을 수립하는 것이 필수적이다. 또한 3~5세 유아를 대상으로 적용되는 공통 교육과정은 유아교육 현장의 자율성을 기반으로 21세기 핵심역량인 창의성, 감성, 사회성을 키울 수 있도록 한다(육아정책연구소, 2019). 제13장에서는 유아반 보육과정의 특성을 살펴보고, 보육과정의 운영 계획으로 개정 누리과정에서의 보육과정 운영 계획, 유아 놀이를 지원하는 계획안 작성을 알아보고 유아반 하루 일과 운영 및 환경구성에 대해 살펴보고자 한다.

1 유아반 보육과정의 특성

유아반을 위한 보육과정을 수립할 때 유아기의 특징을 알아야 한다. 즉 결정적 시기, 누적성, 불가역성 등의 용어로 대변되는 유아기의 발달 특징은 유아기의 신체적, 지적, 언어적, 사회·정서적 등의 모든 영역에서 활발하게 유의미한 발달을 이루는 시기라는 점을 강조하고 있다. 이러한 시기의 유아기는 영아기보다 다소 체계적인 보육계획이 필요하다(김지은 외, 2012).

유아를 위한 보육과정의 특성을 고려한 계획과 운영을 위해서는 다음과 같은 사항을 고려해야 한다(황혜경 외, 2015).

첫째, 유아를 위한 보육계획은 각 연령별 발달적 특성과 요구를 바탕으로 마련되어야 한다. 유아 개개인의 다양한 흥미와 능력에 있어 발달적 차이를 고려하여야 한다. 이를 위해 유아의 흥미와 발달과정에 대한 관찰과 기록이 토대가 되어야 하며, 유아의 이해 수준, 기술, 지식이 증가함에 따라 영아와 달리 활동과 교재·교구의 난이도, 복합성, 다양성을 증가시키는 보육과정을 계획하여야 한다.

둘째, 유아들이 점차 일정한 계획과 순서에 맞추어 스스로 계획, 활동하고 사회적 생활에 적응할 수 있도록 도와야 한다. 즉, 유아기는 자율성, 주도성이 높아지는 시기이며, 신체·정서 조절능력이 증가되는 시기임을 고려하여 보육과정을 계획하여야 한다.

셋째, 성인, 또래, 교사, 교재·교구와의 상호작용과 탐색을 격려하는 학습 환경을 제공하고 통합된 방식으로 발달의 모든 영역이 지원되는 보육과정을 계획하여야 한다. 즉, 유아기는 호기심과 탐구적 지식 욕구가 증가하는 시기이므로 이에 부응하는 신체적, 인지적, 언어적, 사회·정서적 발달을 충족시키는 다양한 놀이 활동과 통합적 경험이 이루어지도록 보육과정을 계획하여야 한다.

2 유아반 보육과정 운영 계획

3~5세 유아반의 보육과정은 '놀이 중심'의 보육과정으로 배움의 내용, 방식 등에 대해 교사는 유아 놀이에 담긴 의미와 가치를 이해할 수 있어야 한다. 개정 누리과정(2019)은 교육과정 실행의 출발점을 유아가 주도하고 놀이 중심 교육과정을 지원하는 것이며, 교육과정 실행의 중심은 유아의 놀이라는 신념을 심어 주고자 하였다. 다음은 개정 누리과정 중심으로 보육과정 운영 계획 및 교사가 놀이를 지원하는 계획안 작성에 대해 살펴보고자 한다(교육부 · 보건복지부, 2019a).

1) 개정 누리과정 중심 보육과정 운영 계획

3~5세 누리과정의 일과 운영은 1일 4~5시간 이외에도 영유아교육기관의 특성을 반영하여 융통성 있게 운영할 수 있으나 개정 누리과정에서 지향하는 유아놀이 중심 교육과정이 이루어지도록 해야 한다. 보육계획안 수립은 교사가 기관과 학급(반)의 수준에 맞도록 유아의 놀이를 지원하기 위해 필요한 사항을 미리 구상하거나 준비한 모든 과정이 포함될 수 있다.

계획안을 작성할 때에는 교사의 자율성을 강조하며, 교육과 보육 모두 포괄하여 유아의 경험이 교육적 가치를 가지도록 놀이를 중심으로 계획을 수립한다. 구체적으로는 유치원과 어린이집은 각 기관의 교육철학, 가정과 지역사회의 특성, 유아의 요구 등을 반영하여 자율적으로 계획을 수립할 수 있다. 교사는 기존에 활용하였던 연간, 월간, 주간, 일일 계획안을 기관 및 학급(반)의 특성에 적합하게 변경하여 사용할 수 있다. 즉 계획안의 종류, 형식, 분량 등을 자율적으로 조정하여 작성할 수 있다. 예를 들어, 기관 수준에서 매년 작성하는 연간 계획 이외에 월간과 주간, 주간과 일일 계획을 통합하거나 기관과 담당 학급(반)의 특성에 따라 간단한 일지 등을 활용하여 계획안을 작성할 수 있다. 또한 기관에서 배부하는 계획안은 유아가 활동할 내용을 미리 계획하여 안내하는 방식에서 유아가 실제 놀이한 내용과 배움에 대한 기록을 공유하는 방식으로 변화할 수 있다.

2) 유아 놀이를 지원하는 계획안 작성

유아가 주도하는 놀이는 미리 계획하여 운영하기 어렵기 때문에 교사는 유아가 놀이하며 경험한 내용을 중심으로 계획안을 기술할 수 있다. 기존에 계획안을 자유놀이, 대·소집단활동, 바깥 놀이 등을 포함하는 정해진 형식에 맞추어 기술해 왔다면 개정 누리과정에서의 계획안은 유아가 실제 놀이한 내용 및 놀이를 지원하는 내용을 포함하되 자율적인 형식으로 바뀔 수 있다. 이것은 유아가 실제 경험한 놀이 내용과 그에 따른 교사의 놀이 지원 계획을 기술하는 형식으로, 기존의 방식에 비해 사전 계획을 최소화하여 계획을 수립한다는 특징이 있다. 교사는 필요에 따라 안전과 관련된 사항, 유아 특성에 따라 개별적으로 지원해야 하는 사항 등을 계획할 수 있다. 계획안을 자율적으로 작성하고, 사전 계획을 최소화함으로써 교사는 유아가 주도하는 놀이를 적극적으로 지원할 수 있다. 다만, 교사는 자율적인 계획 수립의 의미를 계획안을 작성하지 않아도 된다거나 단순히 업무를 줄이는 방식으로 이해하지 않도록 유의해야 한다.

3 유아반 하루 일과 운영

우리나라에는 국가수준의 표준보육과정이 있어서 기본적인 보육의 내용과 수준을 제시하고 있으나 어린이집마다 각각의 특성과 상황에 맞추어 어린이집에 맞는 하루 일과를 운영할 것을 권고하고 있다. 즉, 어린이집의 하루 일과는 등원부터 시작하여, 실내 자유놀이, 정리정돈, 대소집단

활동, 실외 자유놀이, 간식 및 휴식, 점심과 낮잠 시간, 오후 실내·외 자유놀이, 하원 및 귀가 준비 등이 포함되어 있으며, 이러한 하루 일과는 유아의 발달 수준에 맞게 다양한 활동들로 구성되어 있다. 또한 유아가 하루 중에서 이루어지는 개별 활동 및 집단 활동 등이 모여 하루 일과를 구성하게 된다(Ministry of Health and Welfare, 2011; 박찬화 외, 2011). 이러한 하루 일과는 놀이 중심, 경험 중심, 활동 중심 등으로 하루 일과를 구성하고 체계적인 활동이 이루어지도록 계획해야 한다. 유아는 하루 일과를 통해 교사와 활발하게 상호작용하고 관계를 형성하며 궁극적으로 어린이집에서 정서적 안정감을 갖게 된다. 또한 하루 일과 속에서 유아는 또래와 지속적으로 놀이하고 또래 간의 갈등을 해결하며 삶에 필요한 기술과 방식을 습득하면서 함께 공존하는 세계를 배우게 된다(이경미, 2009a; Kim, 2003).

3~5세 유아는 개정 누리과정을 통해 하루 일과에서 놀이, 일상생활, 활동 등을 하면서 다양한 경험을 하도록 하였다. 놀이는 바깥 놀이를 포함하여 하루 일과 중 가장 길게, 우선적으로 하루 일과에 포함하여 유아가 충분히 놀이할 수 있도록 하였다. 일상생활에 포함되는 등원, 손 씻기, 화장실 다녀오기, 간식과 점심, 낮잠, 휴식 등은 유아의 신체적 리듬을 반영하여 편성·운영함으로써 유아들이 즐겁게 하루를 보낼 수 있도록 한다. 활동은 유아가 놀이를 통한 배움을 확장해 갈 수 있도록 돕는 교사의 지원이 필요하다. 교사는 유아가 주도하는 놀이를 지원하기 위해 필요에 따라 활동을 계획하여 운영할 수 있다. 또한, 교사는 미리 계획한 활동을 모두 해야 한다거나 정해진 순서대로 일과를 운영해야 한다는 부담을 내려놓고 유아가 주도하는 놀이의 흐름에 따라 융통성 있게 일과를 운영하도록 하였다.

4 유아반 환경구성

보육환경은 유아의 발달에 직접적인 영향을 미치며 특히 보육환경 중 물리적 환경은 교수법, 사회적 지위, 교육철학 등과 분리할 수 없고, 유아의 발달에 밀접한 관계가 있다(Olds, 2001). 또한, 물리적 환경은 교사가 유아를 돌보는 일을 용이하게 하여 교사들이 계속 머물고 싶은 즐거운 환경을 제공하게 된다고 하였다. 또한, 그는 유아를 위한 이상적인 보육환경으로는 자유롭게 움직일 수 있는 환경, 심리적으로 안락한 환경, 스스로 할 수 있는 유능감을 주는 환경, 자신을 통제하고 조절할 수 있는 환경을 제안하였다(Olds, 2001). '자유롭게 움직일 수 있는 환경'은 안전한 범위에서 유아의 움직임을 유발하며 이러한 움직임은 유아가 자유롭게 자신의 능력을 탐색하게 하여 인지발달의 기초가 된다고 하였다. '심리적으로 안락한 환경'은 유아가 편안함을 느끼고 주변에서 일어나는 일이나 사물에 관심을 가지게 한다. 이때 지나친 자극은 유아를 놀라게 하거나 방향 감각을 잃게 하므로 다양한 움직임을 주는 정적 수준의 자극을 제공하여 안락감을 느낄 수 있도록 해야 한다. '스스로 할 수 있는 유능감을 주는 환경'은 유아의 욕구를 충족시키고 과업을 쉽게 수행하도록 한다. 또한 아동 스스로 도구와 재료를 다루고 자유자재로 이동할 수 있게 움직임을 조절하도록 도와준다. 이를 위해서 유아가 스스로 할 수 있는 일을 찾도록 하고 집단의 크기를 줄이며 유아가 각 활동의 한계와 가능성을 인식하도록 한다. 이러한 환경구성을 위한 구체적인 방법은 흥미 영역의 구성이다. '자신을 통제하고 조절할 수 있는 환경'은 사적인 공간을 포함하는데 개별 유아는 자신에게 주어진 공간 안에서 적절하게 신체를 조절하고 통제하는 방법을 연습할 수 있다(최목화 외, 2002).

1) 유아를 위한 보육환경의 특성

발달에 적합한 보육환경을 제공하는 것은 유아의 발달을 지원하고 촉진할 수 있으며, 부적절한 행동을 줄일 수 있다. 그러나 발달적으로 적합하지 못한 환경은 교사나 어른의 도움이나 개입을 많이 필요로 하는 상황이 자주 발생하고, 유아가 싫증을 내거나 놀이에 집중하지 못하는 경우가 많으며, 유아가 시도하지만 자주 실패하는 상황이 발생할 수 있다(양승옥 외, 2015).

다음 내용은 자스트위키(Gestwicki, 1995)가 제시한 연령별 발달적 차이에 따른 물리적 보육환경의 특성을 정리한 것이다(전남련 외, 2015, 재인용).

(1) 자율성을 증진시키는 보육환경

유아가 놀잇감을 쉽게 꺼내고, 정해진 곳에 갖다 놓기가 편리하며, 치울 수 있는 도구가 가까이 비치되고 있고, 도움 없이 스스로 사용할 수 있는 도구를 제공함으로써 유아에게 의미 있는 책임감을 유도할 수 있다. 특히 탐색을 허용하고, 조작하고, 새롭게 구성하여 볼 수 있도록 충분히 많은 놀잇감을 마련해 주는 것이 중요하다.

(2) 신체 운동을 증진시키는 보육환경

이 시기의 유아들에게는 올라가는 기구, 계단, 타는 장난감, 밀고 당기는 장난감, 터널 등 대근육 사용의 기회를 충분히 줄 수 있는 것이어야 한다. 또한 활발한 움직임 후에는 편안히 쉴 수 있도록 쿠션, 안락의자 등을 마련해 주거나 보육프로그램 중 정적인 활동으로 유도하는 것이 바람직하다.

(3) 감각 운동적 탐색을 증진시키는 보육환경

유아들은 호기심이 왕성하여 물체에 대한 실험을 즐기거나 좋아한다. 물체의 한계를 보려고 두드리고, 던지는 등 다양한 방법을 적용하여 탐색하려 한다. 예를 들며, 포개지는 종이컵, 퍼즐, 적목, 그림물감, 가정용 용품, 자연물 등 다양한 놀잇감을 제공하는 것이 필요하다. 또한 이 시기의 유아들은 상상놀이가 시작되므로 다양한 역할을 경험하고, 상상을 허용하고 지원할 수 있는 놀잇감의 제공도 필요하다. 3~4세 유아에게 전화기, 동물인형, 각종 자동차, 청진기, 아기 인형 등의 구체적인 상상 놀잇감이 제공되어야 한다.

2) 실내 환경구성

유아를 위한 실내 환경구성은 전남련 외(2015)의 내용을 재구성하여 살펴보고자 한다.

(1) 조작영역

조작영역의 환경구성

조작영역은 끼우고, 맞추고, 짝짓고, 크기나 모양, 색깔에 따라 분류해보는 활동, 연결하는 활동 등을 통하여 변별력을 기르고 눈과 손의 협응력을 기르게 한다. 특히 종이접기에 대한 흥미를 보이면 평면 접기보다 입체 접기에 더 많은 흥미와 관심을 보이고 성취감을 느낄 수 있다. 또한, 여러 가지 기하 도형, 소형 블록, 끈 끼우기, 구슬 끼우기 등을 배치하여 유아들의 집중하고 몰입할 수 있는 영역을 제공한다.

(2) 탐구영역

탐구영역의 환경구성

자발적인 관심이나 흥미에 따라 주변 물체의 성질이나 상태를 자유롭게 탐색할 수 있는 환경을 마련해 주어야 한다. 이 시기의 유아들은 주변 세계에 대한 많은 호기심을 가지고 있기 때문에 자연물과 같은 흥미 있는 자료에 대해서 주의 깊은 탐색행동을 보인다. 예를 들면, 개미가 기어가는 행렬을 지켜본다든가 나뭇잎의 색깔이나 새로 나온 새싹을 비교해보기도 한다.

(3) 낮잠 및 휴식 영역

낮잠 및 휴식영역의 환경구성

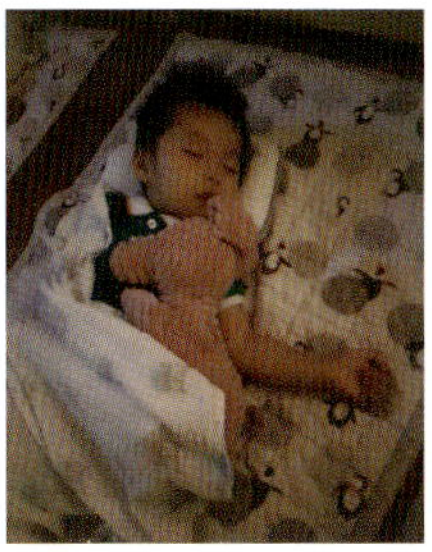

낮잠이나 휴식을 위한 공간은 놀이 공간과 분리하는 것이 이상적이나 장소가 협소하거나 보육교사가 자지 않고 있는 유아들을 돌보아야 할 경우에는 활동실이나 유희실 내에 마련할 수도 있다. 이 시기의 유아들 전 활동의 피로감을 풀어주기 위해 하루에 한 번 이상 낮잠을 편안하게 잘 수 있도록 개인용 침구와 부드러운 봉제인형, 조용한 음악 테이프와 녹음기 등을 비치한다. 자극적인 환경을 차단할 수 있도록 조명을 조절할 수 있거나 햇빛을 가리는 커튼이 필요하다.

(4) 역할놀이 영역

역할놀이 영역의 환경구성

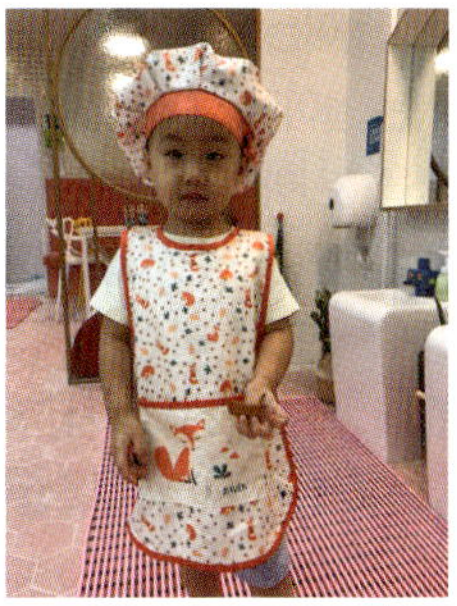

유아들은 가작화 놀이(pretend play)를 하게 되는데 상상놀이에 참여할 기회를 제공할 수 있는 환경을 마련해 주어야 한다. 소꿉놀이 영역에는 여러 가지 유형의 극놀이를 할 수 있도록 소품 등을 준비해 준다. 특히 어린 유아들에게는 가정의 일상생활에 대해 상상놀이를 할 수 있는 물건들을 우선적으로 제공해주어야 한다. 역할놀이 자료로 가정놀이 세트(식탁, 의자, 싱크대, 부엌 가구, 음식 모형 등의 소꿉용품)와 병원놀이 소품, 여러 가지 행사자료, 다양한 의류, 신발, 모자 등을 비치한다.

(5) 의사소통 영역

의사소통 영역의 환경구성

유아기에 접어들면서 언어의 폭이 넓어지고, 어휘 수가 급속하게 증가하는데, 언어발달은 중요한 발달과업 중의 하나로 인지발달의 매개체가 된다. 이 시기에 유아들의 흥미를 유발할 수 있도록 다양한 그림책, 촉감 그림책, 그림이 큰 그림책, 글자가 조금 들어 있는 책 등을 제공하여 자주 접할 수 있는 기회를 제공한다. 또한 유아들이 자신의 목소리를 담아서 들어볼 수 있도록 녹음할 수 있는 도구, 마이크, 이어폰 등을 비치하여 녹음된 자신의 목소리를 듣거나 또래에게 들려주는 등 서로에게 배려하는 바람직한 태도를 기르도록 한다.

③ 잔디나 자갈을 깔아 흙이나 모래가 실내로 들어오지 않게 한다.
④ 놀이기구가 설치된 곳에는 모래나 완충 소재를 깔아 두는 것이 바람직 한다.

(2) 실외환경의 조건

실외환경이 갖추어야 할 조건으로는 첫째, 안전해야 하며, 둘째, 실내환경에서 이루어지는 활동과 유사한 활동이 이루어지도록 구성해야 하고, 셋째, 실내환경과 마찬가지로 각 영역을 구분하여 구성하며, 넷째, 심미적인 즐거움을 줄 수 있도록 구성되어야 한다(서영숙 외, 2013).

실외환경을 구성함에 있어서 안전을 위해 고려해야 할 사항은 다음과 같다(Marchoefer & Vadnais, 1988).

① 유아들의 신체 치수에 맞게 기구를 제공한다.
② 기구가 설치된 영역에 맞는 놀이를 제공한다.
③ 유아들이 도전할 수 있으면서 안전을 최우선으로 고려한다.
④ 미끄럼틀, 시소, 그네는 유아가 쉽게 놀이할 수 있도록 구성한다.
⑤ 기구의 끝마무리를 점검하여 갈라진 틈이나 모서리가 없도록 구성한다.
⑥ 기구에서 떨어지는 경우 크게 다치는 일이 없도록 바닥에 고무판이나 모래를 깐다.
⑦ 놀이 중에 유아들끼리 부딪히는 일이 없도록 넓은 놀이공간을 충분히 준다.
⑧ 안전한 높이의 난간을 만들어 추락 사고로 떨어지는 일이 없도록 사전에 방지한다.
⑨ 유아의 몸이 놀이기구 사이에 끼일 정도의 틈이 있는지를 점검한다.
⑩ 놀이기구의 접촉 부분에 유아의 옷이 걸리지 않게 볼트를 확인해야 한다.
⑪ 놀이기구에 날카로운 모서리나 돌출 부분이 있는지 점검한다.

이와 같이 실외 환경구성의 원리 중 가장 중요한 것은 안전성이며, 다양한 놀이기구의 설비와 점검이 필요하다. 즉, 근육을 사용하여 협응 능력을 기르는데, 미는 장난감, 기어오르는 기구, 그네, 장난감 집, 모래 파내는 도구 등은 실외 놀이영역에서 필요한 기본 기구들이다. 또한 놀이기구영역 구분과 바닥표면의 다양화를 통해 유아들의 안전과 탐구심을 제공해 줄 필요가 있다. 마지막으로 표준보육과정에서도 언급하였듯이 심미적 즐거움을 느낄 수 있도록 실내공간에서 벗어나 긴장을 풀고 자유로이 활동할 수 있는 공간이어야 한다. 또한 자연의 변화와 아름다움을 체험할 수 있는 공간이므로 가능한 자연물이 포함될 수 있도록 공간 구성을 함으로써 자연의 변화와 아름다움을 느낄 수 있는 기회를 제공해야 한다(서영숙 외, 2013).

참고문헌 REFERENCE

국내 서적

강문희, 문미옥, 박경자, 서영숙, 우남희, 이강이, 이숙재, 이순형, 이영, 이옥(2002). **21세기 유아교육**. 서울: 학지사.

고문숙, 권민균, 김명화, 김수영, 김수향, 임영심, 정정희(2014). **보육과정**. 경기: 양서원.

고정곤, 이영희, 김재현, 이시진, 장지현(2015). **영유아를 위한 현장실천중심의 보육과정**. 경기: 양서원.

고후순, 김동일, 조옥희(1996). **유아교육사상가**. 경기: 양서원.

교육과학기술부(2008). 유치원 교육과정 개정.

교육부, 보건복지부(2013). 3~5세 연령별 누리과정 해설서.

교육부, 보건복지부(2019a). 2019 개정 누리과정 해설서.

________________(2019b). 2019 개정 누리과정 놀이이해 자료.

교육부, 보건복지부, 육아정책연구소(2019a). 2019 개정 누리과정 보도자료.

교육부, 보건복지부, 육아정책연구소(2019b). 2019 개정 누리과정 교사연수 자료.

권수정, 이은진, 김민정, 백경미(2014). **보육과정**. 경기: 공동체.

권영례(2010). **유아수학교육**. 경기: 양서원.

김계중, 조영주, 김정숙, 문수영, 최종문(2015). **보육과정**. 서울: 창지사.

김상림, 한준아, 권영희(2015). **보육과정**. 경기: 양서원.

김영희, 유경애(2008). **유아교육과정**. 서울: 동문사.

김은심(1997). **유아동작교육**. 경기: 정민사.

김은하(2015). 국가수준 유치원 교육과정 제정 및 개정 과정에 나타난 유아교육 지식과 권력. 숙명여자대학교 교육대학원 석사학위논문.

김재복(1984). 보육과정의 통합적 접근에 관한 연구. 동국대학교 대학원 박사학위논문.

김정원, 이경화, 이연구, 전선옥, 조순옥, 조혜진(2006). **보육과정**. 서울: 파란마음.

김지은, 문혁준, 김경회, 김현주, 김혜금, 김혜연, 신혜원, 암선희, 안효진, 임연진, 조혜정, 황옥경(2012). **보육과정**(개정). 서울: 창지사.

박찬화, 나종혜, 권연희, 최목화(2011). 보육시설의 하루 일과 운영 유형 분석. **한국생활과학회학술 대회, 2011**(2), 161-162.

박홍자(2002). **유아 수과학교육**. 서울: 동문사.

백혜리, 노은호, 황성원, 조미환, 박종옥, 이순영, 곽혜경, 최효영(2013). **보육과정**(개정). 서울: 창지사.

보건복지부(2012). 제2차 표준보육과정 고시.

________(2013a). 제3차 어린이집 표준보육과정 고시.

________(2013b). 제3차 어린이집 표준보육과정 해설서.

________(2013c). 0~2세 제3차 어린이집 표준보육과정 교사용 지침서.

________(2013d). 어린이집 표준보육과정에 기초한 영아보육프로그램 0세 1권.

________(2013e). 어린이집 표준보육과정에 기초한 영아보육프로그램 1세 1권.

________(2013f). 어린이집 표준보육과정에 기초한 영아보육프로그램 1세 2권.

________(2013g). 어린이집 표준보육과정에 기초한 영아보육프로그램 2세 1권.

________(2013h). 어린이집 표준보육과정에 기초한 영아보육프로그램 2세 2권.

________(2018). 2018년 보육사업 안내.

보건복지부, 한국보육진흥원(2017). 제3차 어린이집 평가인증 안내(통합지표).

____________________(2021). 2021 어린이집 평가 매뉴얼(어린이집용).

보건복지부(2020). 제4차 어린이집 표준보육과정 해설서(보건복지부 고시 제2020-75호).

보건복지부 · 육아정책연구소(2020). 잘 놀아야 잘 자란다. 놀이 중심 표준보육과정 개정. 보도참고자료.

보건복지부(2021). 2021년 보육사업 안내.

서영숙, 서혜전, 김영명, 채혜선, 김진숙(2013). **보육학개론**. 경기: 양서원.

서영숙, 서혜전, 안소영, 정영희, 양영아, 남미선, 이종현, 안지혜(2017). **보육과정**. 경기: 공동체.

신귀순(2006). 보육의 질이 영유아 발달에 미치는 영향에 대한 메타분석. 경희대학교 대학원 박사학위논문.

신옥순(2005). **유아교육학개론**. 서울: 학지사.

신혜원(1992). 보육시설의 질적 수준에 따른 아동의 놀이실 행동. 연세대학교 대학원 석사학위논문.

심성경, 조순옥, 이정숙, 이춘자, 이선영, 이효숙(2014). **유아교육개론**(제4판). 서울: 창지사.

안혜랑(2013). 영아 전담과 영유아통합 어린이집 만 2세반의 보육환경 및 보육프로그램 비교. 서울 여자대학교 교육대학원 석사학위논문.

양옥승, 최경애, 이혜원(2015). **영유아교육과정**. 서울: 학지사.

육아정책연구소(2019). 2019 개정 누리과정 신구 대조표(고시문).

윤매자(2010). 영유아권리존중 보육에 관한 자율장학의 효과와 의미. 숙명여자대학교 대학원 박사학위논문.

_____(2019). **보육교사(인성)론**. 경기: 양성원.

윤매자, 백은영, 신혜경, 이찬숙, 이희정, 주현경(2012). **보육학개론**. 경기: 양서원.

윤매자, 이화명, 김진영, 김영미(2021). **아동관찰 및 행동연구**. 경기: 지식공동체.

윤애희(2003). **(교사를 위한) 유아놀이지도**. 서울: 창지사.

이경미(2009a). 유아교육기관에서 유아가 경험하는 하루일과에 대한 연구. 이화여자대학교 대학원 석사학위논문.

_____(2009b). 유아의 성과 연령에 따른 유아교육기관에서의 하루일과. **교육과학연구, 40**(3), 171-193.

이경화(2019). 2019 개정 누리과정의 성격과 그 실천을 위한 유아교사의 역량 탐색. **어린이교육비평, 9**(2), pp. 7-33.

이기숙(1999). **유아교육과정**. 경기: 교문사.

이기숙, 장영희, 정미라, 엄정애(2001). **유아교육개론**. 경기: 양서원.

이대균, 김경화, 송정원, 송경섭(2009). **보육과정**. 경기: 양서원.

이만수, 이창수, 최옥순, 박지연, 최경애, 박은미(2010). **영아보육전문교육과정 I**. 경기: 경기도보육교사 교육원연합회.

이미정(2017). 보육교사의 표준보육과정 이해도가 보육과정 운영 어려움에 미치는 영향. **아시아문화학술원, 8**(5), pp. 337-355.

이미화(2019). “잘 놀아야 잘 자란다.” 놀이 중심 표준보육과정 개정. **육아정책포럼, 64**, 15-22.

이숙재(2012). **유아를 위한 놀이의 이론과 실제**. 서울: 창지사.

이순형, 이혜승, 이성옥, 황혜신, 이완정, 이소은, 권혜진, 이영미, 정윤주, 한유진, 성미영(2005). **보육학개론**. 서울: 학지사.

이영석, 임명희, 아정화(2003). **현대 유아교육과정**. 서울: 교육과학사.

이원영, 이영자, 주영희(1991). **유아교육원리**. 서울: 대한교과서주식회사.

이은해, 김온기, 이미화, 이재선(1995). **어린이집 영아반 운영의 실제**. 서울: 서울과학사.

이정욱(2018). 미래사회를 위한 3~5세 연령별 누리과정 개정과 교사의 교육과정 재구성. 한국유아교육학회, 추계학술대회.

임수양(2002). **3~4세 유아를 위한 이야기책 속에서 찾아낸 재미있는 수학 활동**. 서울: 창지사.

임재택(1995). **유아교운영관리: 유치원과 보육시설**. 경기: 양서원.

장영희(2000). 방과후 아동교육 프로그램의 활성화 방안에 관한 연구. 단국대학교 행정대학원 석사학위논문.

장정란, 강복화, 강인숙, 권미진, 박혜정, 오성숙, 이영화(2018). **보육과정**. 서울: 창지사.

전남련, 김재환, 성은숙, 이은임, 김기성, 이효수(2015). **보육과정**(4판). 경기: 양서원.

정옥분(2012). **아동심리검사**. 서울: 학지사.

조미숙(2016). 만 1세 영아반 교사가 하루 일과에서 경험하는 어려움. 성신여자대학교 대학원 석사학위논문.

주현정, 신혜원(2018). 교사의 전문성 인식, 교수 의도 행동에 따른 교사-영유아 상호작용. **한국보육학회지, 18**(2), 1-15.

지성애, 마송희(2000). 유아의 읽기태도 척도 개발 연구. **한국영유아보육학회지 21**(1), 39-57.

최목화, 최병숙, 유옥순, 박선희, 이정희, 박경옥(2002). **보육시설 디자인**. 서울: 창지사.

최애경, 안부금, 좌승화(2010). **영유아교육과정**. 경기: 양서원.

최지현(2000). 영아 특성 및 보육환경(보육시설과 교사) 변인이 영아의 놀이실 행동에 미치는 영향. 울산대학교 일반대학원 석사학위논문.

한유미, 오연주, 권종윤, 강기숙, 백석인(2006). **스웨덴 아동보육제도**. 서울: 학지사.

홍순정, 장은정, 서윤경(2004). 원격교육 교수자의 역량모델 규명. **교육정보미디어 연구, 10**(2), 81-112.

황혜경, 김용희, 김지영, 심윤희, 김보영, 이회현(2015). **영유아 보육과정**. 경기: 양서원.

▌국외 서적 ▌

Bowlby, J.(2009). *Attachment*. **애착**(김창대 역). 경기: 나남출판사.

Chomsky, N.(1986). *Knowledge of language*. N.Y.: Praeger.

Dewey, J.(1897). My Pedagogic Creed. In Johe Dewey(ed., 1972) *The Early Works Vol. 5*, pp.84-95. Carbondale and Edwards ville: southem Illinois University.

Duckworth, E.(1987). *The having or winderful ideas and esays on teaching and learning*. N.Y.: Teashing College Press.

Dunst, C., Lowe, E., & Barthilomew, P.(1990). Conthingent social responsiveness, family, and infant communicative competence. *National Student Speech Language Hearing Association Journal, 17*, 39-49.

Huizinga, J.(2003). *Homo Ludens*. **호모루덴스**.(김윤수 역). 서울: 까치.

Isaacson, W.(2011). *Steve Jops*. (안진환 역). 서울: 민음사.

Katz, L., & Chard, S.(1989). Engaging children's mind: *The Project approach*. Norwood, NJ: Ablex.

Kim, H. J.(2003). A study the daily life of child in Korea. Unpublished doctoral dissertation, Ewha Womans University, Seoul, Korea.

Marchoefer, P. E., & Vadnais, L. A.(1988). *Caring for the developing child.* Delmar Publisher Inc.

Ministry of Health and Welfare(2011). Accreditation guidebook for Child Care Cesnters. Seoul: Ministry of Health and Welfare.

NAEYC(1991). Guidelines for appropriate curriculum content and assessment in programs serving children ages 3 through 8. *Young Children, 30*, 25-67.

Olds, A.(2001). *Child Care Design Guide*. New York: McGraw-Hill.

Shaffer, D. R.(2000). *Social and personality development*. Belmont, CA: Wadsworth/Thomson Learning.

Shaffer, D. R., & Kipp, K.(2007). *Developmental psychology: Childhood and adolescence*(7th ed.). Belmont, CA: Wadsworth/Thomson Learning.

Tyler, R. W.(1949). *Basic principles of curriculum and instruction*. Chicago: University of Chica-go Press.

Wallin, D. J.(2010). *Attachment in Psychotherapy*. **애착과 심리치료**(김진숙 외 2인 역). 서울: 학지사.

▌참고 사이트 ▌

국가직무능력표준 NCS www.ncs.go.kr

한국보육진흥원 www.kcpi.or.kr

KOSIS 국가통계포털(2021) www.kosis.kr

저자소개

윤매자

숙명여자대학교 대학원 아동복지과(아동보육과 교육) 문학박사

현) 장안대학교 사회복지과 교수

저서) 방과후 아동지도(2010, 공저), 방과후 아동지도 이해(2012, 공저), (영유아기 부모역할을 위한) 부모교육(2012, 공저), 아동복지론(2012, 공저), 다문화 사회와 가정(2012, 공저), 영유아 다문화 교육의 이론과 실제(2012, 공저), 영아보육의 이해(2013, 공저), 영아보육의 실제(2013, 공저), 영아보육의 이해(개정)(2016, 공저), 영유아발달(2017, 공저), 정신건강론(2017, 공저), 보육실습(2017, 공저), 아동복지론(3판)(2017, 공저), 보육교사(인성)론(2019), 보육과정(2019), 아동권리와 복지(2020), 영유아발달(2판)(2020, 공저), 영아보육의 이해(3판)(2021, 공저), 아동관찰 및 행동연구(2021, 공저), 놀이지도(2021. 공저)

안창희

국민대학교 대학원 유아교육과(교육공학 및 교육과정) 교육학박사

현) 한국열린사이버대학교 아동학과 특임교수

논문) 유아교사의 누리과정 실행 정도에 대한 중요도와 요구도 인식 탐색: 혼합연구 중심으로(2020), 유아교육과정 실행에 대한 교사지원방안 탐색: 누리과정 중심으로(2019), 의미연결망 분석을 통한 유아교육발전 계획의 경향 분석. 한국유아교육학회, 37(3). pp. 411-434(2017)

저서) 놀이지도(2021, 공저)

보육과정

초판 1쇄 인쇄 / 2021년 8월 15일
초판 1쇄 발행 / 2021년 8월 20일

•

공저자 / 윤매자 · 안창희
발행인 / 이 중 수
발행처 / **동 문 사**

•

서울특별시 서대문구 홍제원 1길 12
(홍제동 137-8)
Tel : 02)736-3718(대), 736-3710, 3720
Fax : 02)736-3719
등록번호 : 1974.04.27. 제9-17호
가격 : 21,000원

•

ISBN : 979-11-6328-326-3 (93370)
E-mail : dong736@naver.com
www.dongmunsa.com